48분
기적의 독서법

48분 기적의 독서법

김병완 지음

1% 비범한 당신을 만드는 48분 기적의 프로젝트!
인생의 3년, 천 권 집중 독서로 세상의 지배자가 되라!!

미다스북스

프롤로그

어느날 문득 보니
나는 길가에 뒹구는 나뭇잎 같은 존재였다

나는 대기업을 다니던 평범한 회사원이었다. 이른바 명문 대학을 졸업하고 삼성전자에 입사하여 휴대폰 연구원으로 10년 이상 남들과 다를 바 없는 샐러리맨 생활을 하였다. 회사생활이 10년 지나고 난 다음, 그러니까 지금부터 3년 전 내 인생을 송두리째 뒤흔들어놓았던 큰 사건이 발생했다.

사실을 그대로 말하자면, 그 사건은 '외부적 발생'이라기보다 '내면적 자청'이었다. 낙엽이 지던 어느 가을날 길가에 뒹구는 나뭇잎들을 보고 불현듯 '바람에 뒹구는 쓸쓸한 저 나뭇잎'이 내 신세와 같다는 생각이 들었다. 아니, 생각만이 아니라 나와 같은 샐러리맨의 미래의 모습이 연상되면서 뇌와 심장에 심한 충격이 왔다. 나 같은 직장인은 회사라는 나무를 통해 영양분을 공급받아 살아가야 하는 낙엽인 것이다. 생명력이 자체 공급되는 나무 본체가 아니면 아무 의미나 가치, 생명도 유지시킬 수 없는 낙엽과 매우 닮아 있다는 깨달음이었다.

다람쥐 쳇바퀴 돌 듯하는 생활과 회사라는 조직(나무)에서 이끄는 대로 그 나무에 매달려 살아야만 하는 회사 의존적 기생 생활에는 더 이상 비전이 없고, 미래가 없다는 생각이 들었다. 그때부터 회사일이 손에 잡히지 않았다. 몇 달을 고민한 끝에 그해 겨울 12월 31일을 마지막으로 10년 이상 다닌 회사를 떠나게 되었다.

그리고, 나는 가족과 함께 부산으로 이사를 갔다. 부산에서도 금정산 金井山 자락 아래에 있는 신도시였다. 그곳에서 하루도 빠짐없이 도서관에 출근하여 책을 읽었다. 말 그대로 목숨을 걸고 책을 읽었다. 심지어 어느 때는 엉덩이에 피가 나서 도서관 의자에 옷이 눌러붙는 것도 모르고 책을 읽기도 했다.

도서관 문이 열리면 앉아서 닫힐 때까지 책만 읽었다. 처음 한 권을 읽을 때는 1~2주가 넘게 걸린 것 같았다. 조금 어려운 책이기도 했지만, 읽는다는 행위 자체가 내 몸에 익숙하지 않았기 때문이다. 그때 책 한 권을 읽는다는 것이 그렇게 시간이 걸리고 힘들고 어려운 것이라는 걸 깨달았다. 독서라는 간단한 행위가 매우 인내가 필요하고 집중력이 필요한 작업이라는 사실을 나이 마흔이 넘어 겨우 실감하게 된 것이다.

그동안 책을 읽지 않은 것에 대한 속죄의 길이었다.

계절이 바뀌고 또 계절이 바뀌길 수차례. 도서관 생활을 시작한 이래

두 번째 겨울이 왔다. 그러니까 1년이 지난 것이다. 책을 통해 세상을 조금씩 발견해가던 내게 무언가 변화가 시작되었다. 그동안 미처 깨닫지 못한 것들이 내 의식과 감성 속으로 스며들고, 40년 동안 한 번도 미치지 못했던 생각의 지경까지 사고와 의식이 확장되는 것을 느끼고 그 충격과 경이의 감정으로 어느 때는 정말 한동안 멍한 상태로 기절할 뻔하기도 했다. 어떻게 인간은 자기 자신이 앉은 그 자리에서 동서고금을 초월하여 또 다른 수천수만 가지의 세상을 경험할 수 있는지 너무나 놀라운 일이 눈앞에서 바로 나에게 일어나고 있었기 때문이다.

서서히 책이 모든 것을 가능하게 해줄 수 있다는 믿음을 가지게 되었다. 실로 놀라운 경험이었다. 도서관 의자에 앉아 있는데도 구름 위를 걸어다니는 기분을 느껴본 적이 있는가? 그때 내가 그랬다. 책이 마법이라도 부리는 듯 책의 세계 속으로 빠져들어 나는 책에 미쳐가고 있었다. 그 깨달음이 온 것은 책에 미친 시간을 보낸 지 만 1년이 되었을 때였다. 그리고 나는 그 깨달음을 더욱 강하게 만들며 세 번째 겨울을 맞이했다. 1,000일이 지난 것이다. 그때 비로소 내가 무엇을 하며 살아야 하는지에 대한 명확한 길이 보였다. 나는 한 치의 의심도 없이 그것을 실천했다. 그리고 기적이 일어났다. 사실 그것은 기적이 아니었다. 수천 권의 책을 읽게 되면 어떤 바보라도 충분히 기적과 같은 변화와 성장이 자신의 삶에 발생한다는 단순하고도 놀라운 진리를 몸소 실천하고 경험한 것에 불과하기 때문이다.

보통 독서는 우리에게 '놀이나 취미'거나 '시험이나 교양'의 행위 속에 존재한다. 볕이 잘 드는 창가에 앉아 휴일에 즐기는 취미활동의 하나가 바로 독서이다. 그러나 그 독서가 누군가에게는 인생을 뿌리부터 완전히 바꾸어 위대한 인생의 초석과 발판이 되어주기도 한다는 사실을 아는가? 바로 교보생명, 교보문고의 대산 신용호 선생처럼, 일본 제일의 부자 손정의 사장처럼, 한국인 최초의 노벨상 수상자인 김대중 전 대통령처럼 말이다.

이들은 자신의 삶에 위기가 왔을 때 그 시간적 격리 혹은 훼손을 독서라는 행위로 메웠을 뿐이다. 그러나 그 시간의 축적 속에서 쌓여진 '미친 독서'는 그들의 인생을 완전히 뒤바꿔놓았다. 그들에게는 공통점이 있었다. 자신이 피할 수 없었던 인생의 최대 위기를 기회로 삼았던 것이다. 그것도 오롯이 책을 읽을 기회로 말이다. 그리고 그들은 단순히 책을 교양으로 삼아 읽은 정도가 아니라, 완전히 책에 미칠 정도로 책에 파고들었고, 손에서 책을 놓지 않았던 그야말로 수불석권_{手不釋卷}의 인물들이었다.

자 당신은 어떤가, 당신에게 책은 장식용인가, 아니면 쉴 때 베고 자거나 냄비나 올려놓는 받침대나 베개인가?

이 책에 등장하는 독서의 기적을 몸소 보여주는 위대한 독서 혁명가 12인의 삶처럼 한 번뿐인 인생을 위대하게 살고자 하는 사람이라면 책에 미쳐보라! 더도 말고 덜도 말고 48분씩 하루에 두 번만 미쳐보라. 그렇게 1년만 꾸준히 살아보라. 그 다음부터는 책 없이 살 수 없는 책광인생冊狂人生(책에 미친 인생이란 뜻으로 필자가 이 책에서 처음으로 사용하는 신조어)이 될 것이다. 그리고 그 책광인생이 당신을 위대한 인물로 바꾸어놓을 것이다.

그렇게 될 때, 당신은 엄청난 직원들을 거느린 회사의 CEO도 될 수 있을 것이고, 수많은 사람들에게 영향을 줄 수 있는 위대한 작가도 될 수 있을 것이고, 수많은 이들과 소통할 수 있는 유명 방송인이 될 수도 있을 것이고, 세계를 정복하는 사업가가 될 수도 있을 것이며, 인류 문명의 발전에 공헌하는 위대한 과학자가 될 수도 있을 것이다. 나아가 훌륭한 리더십을 지닌 정치가가 될 수도 있고, 심지어 위기에 빠졌을 때는 풍전등화에 놓인 나라를 구하는 영웅도 될 수 있을 것이다.

위대한 인물까지 갈 것 없이 평범한 직장인에 불과한 일개 소시민이었던 내가 그렇게 변했다. 책광인생으로 전환되자 나는 1년에 열 권의 책을 출판사와 계약을 하고도 남는 다작가가 되었다. 내게 독서는 혁명과 기적, 그 자체였다.

독서讀書는 내 삶의 혁명革命이었다

아무리 많은 노력을 해도, 아무리 많은 지식을 쌓아도, 아무리 많은 돈을 벌어도, 아무리 눈부신 성공을 해도, 아무리 높은 지위에 올라도, 사람은 잘 바뀌지 않는다. 사람이 바뀐다는 것은 그 사람의 환경이나 조건이 달라졌다는 것도, 새로운 지식이나 경험이 더 많이 주입되었다는 것도 의미하지 않는다. 그것은 의식의 혁명적인 변화를 의미한다. 그런 점에서 진정한 혁명을 가져다줄 수 있는 것은 이 지상에서는 독서뿐이다. 그것만이 자신의 사고와 의식, 그 자체를 완벽하게 달라지게 할 수 있는 유일한 방법이기 때문이다.

 어떤 이는 독서를 통해 자기발전을 이루어 행복하고 성공적인 삶을 살지만, 어떤 이는 독서를 아무리 해도 혁명 같은 변화가 일어나지 않아서, 어제와 다를 바 없는 삶을 살기도 한다. 그렇다면 그 차이는 무엇일까? 그 차이는 한마디로 독서의 임계점臨界點을 통과하지 못했기 때문이다. 가장 쉬운 예가 물이다. 물이 끓어야 라면이라도 해먹을 수가 있다. 그런데 어떤 사람은 항상 물이 끓기 직전에 불을 끄는 사람들이 있다. 물론 실제로 물을 끓이는 일이야 다 끓을 때까지 기다리면 되는 간단한 작업이지만 독서의 임계점은 눈에 보이지 않고, 코로 냄새 맡을 수 없고, 귀로 들을 수도 없다. 그렇기 때문에 수많은 사람들이 독서의 임계점을 넘지 못하게 되는 것이다.

 남의 책을 많이 읽어라. 남이 고생하여 얻은 지식을 아주 쉽게 내 것으로 만들 수 있고, 그것으로 자기 발전을 이룰 수 있다.

 고대 그리스 철학자 소크라테스의 말처럼 책을 읽는다는 것은 개인의 성장과 발전을 위해 대단히 유용한 것임에 분명하다. 어떤 이가 평생

남의 책을 많이 읽어라.
남이 고생하여 얻은 지식을
아주 쉽게 내 것으로 만들 수 있고,
그것으로 자기 발전을 이룰 수 있다.
-소크라테스Socrates

동안 연구한 것을 책 한 권을 통해 얻을 수 있으니 말이다. 그런데 앞서 말한 바와 같이 같은 책을 읽고도 결과가 다르게 나타나는 것은 참으로 이해할 수 없는 일임에 분명하다. 과연 무엇 때문에 이런 현상이 나타나는 것일까? 그것은 바로 독서의 법칙을 모르기 때문이다. 그저 책을 많이 읽는다고 큰 인물이 되고 꿈을 이룰 수 있는 것은 아니다.

기적의 독서법, 인생역전 책 읽기 프로젝트를 활용하라!

기적의 독서법은 무엇인가?

첫째, 독서량이 일정한 임계점을 돌파하는 목표를 설정해야 한다. 둘째 일정 시간 안에 필요한 양의 독서를 마쳐야 한다.

여기서 말하는 임계점은 의식과 사고의 차원이 한 단계 격상되는 기준점을 말하는데, 무엇보다 중요한 것은 임계점을 돌파할 수 있을 정도로 독서를 해야 한다는 사실이다. 독서를 하되 1년이면 1년, 3년이면 3년 시간을 정해서 독서의 과제를 완수해야 한다는 것이다. 같은 양의 책을 읽더라도 3년 동안 읽는 것과 100년 동안 읽는 것은 분명 차이가 있다는 의미이다.

중국 공산당의 주석이었던 마오쩌둥 역시 학교를 다니는 대신 도서관에 파묻혀 '집중독서'를 한 경험이 있다. 발명왕 에디슨 또한 12세 무렵 학교를 그만두고 디트로이트 시립 도서관에 있는 책을 모조리 독파해버렸다. 3중장애인임에도 위대한 삶을 살았던 헬렌 켈러 역시 '집중 독서' 기간이 있었다. 아인슈타인, 처칠, 존 스튜어트 밀 등의 경우도 마찬가지다. 이들 모두 '집중 독서의 법칙'에서 제시하는 두 가지 조건을 달성하였기 때문에 성공적인 삶을 살 수 있었던 것이다.

양良이 질質을 낳는다.

> 많은 것을 바꾸고 싶다면 많은 것을 받아들여라. - 사르트르

많은 책을 읽은 사람이 한 권의 명저를 읽은 사람보다 많은 것을 얻게 될 것이고, 많은 변화를 이룰 것이라는 의미이다. 한 권의 명저를 읽는 것은 하나의 멋진 우물을 경험하는 것이다. 그러나 아무리 크고 멋진 우물이라 할지라도 구백구십구 개의 우물보다는 수량이 적을 것이고, 그 운치 또한 비교할 수 없을 것이다. 다시 말해 아무리 좋은 책이라 할지라도 수백 권의 책을 대신할 수는 없다는 의미다. 수천 권의 책을 읽은 사람은 수천 개의 우물을 경험하는 것과 같다. 수천 개의 우물이 모이면 바다가 되는 법이다.

그러면 필자처럼 잘 다니던 직장을 한순간 무모하게 때려치울 수도 없고 보통사람으로서 '집중독서를 통한 임계점 돌파'를 어떻게 하란 말인가? 그에 대한 필승의 해답으로 '48분 기적의 독서법 프로젝트'를 제시한다. 먼저 1년만 시행해보라. 그리고 가능하다면 3년을 완수해보라. 당신은 진정코 당신이 원하는 인생을 얻을 것이다. 그것이 허무맹랑한 것이 아니라 진정 당신이 꿈꾸는 삶이라면! 그것도 필연적으로 반드시!

거대한 사고의 바다를 경험한 사람과 그렇지 못한 사람의 차이는 오직 경험한 사람, 그리고 그 경험을 통해 사고의 바다를 항해하고 정복해 본 사람만이 알 수 있는 일이다. 독자 여러분들이 직접 느끼고 경험해보시길 간절히 바란다. 당신을 '48분 기적의 독서법'이 만드는 인생역전 책 읽기 프로젝트'의 심원한 세계로 초대한다. 이 초대에 기꺼이 응해 독서와 함께 차원이 다른 새로운 세계에서 차원이 다른 새로운 삶을 개척하는 차원이 다른 새로운 인생에 심취되시길 두 손 모아 기원한다.

2011년 겨울
독서혁명가 김병완

| CONTENTS |

프롤로그
어느날 문득 보니 나는 길가에 뒹구는 나뭇잎 같은 존재였다   4

CHAPTER 1
48분의 기적

01 시간의 차원이 달라진 시대   22
02 왜 하필 48분인가?   25

CHAPTER 2
48분 독서로
잔잔한 삶에 혁명을 일으켜라

01 독서는 가장 아름다운 습관이다   30
02 책에 미치면 오히려 행복하다   36
03 많이 읽으면 달라진다   42
04 책에 미쳐야 미래형 인재가 된다   46

   시간을 활용한 독서로 인생의 전성기를 맞이한 사람들 1
   3년 독서 법칙을 실천한 CEO 소프트뱅크 손정의 회장   52

05 책 속에는 당신이 닮고자 하는 그 모두가 있다	57
06 당신의 독서는 당신의 잠든 위대함을 깨운다	62
07 독서를 하지 않는 48분은 그야말로 인생낭비다	70
08 큰 사람은 모두 책이 만들었다	77
09 책을 읽는 것은 사람만이 가진 삶의 특권이다	82

시간을 활용한 독서로 인생의 전성기를 맞이한 사람들 2
감옥을 도서관으로 삼다 故 김대중 전 대통령   88

CHAPTER 3
인생역전은 48분이면 충분하다

| 01 버려지는 1분을 찾아라 | 96 |
| 02 5분도 금 같은 오전에 48분 만드는 방법 | 106 |

시간을 활용한 독서로 인생의 전성기를 맞이한 사람들 3
병상에서 2년 6개월 동안 3천 권을 읽다 이랜드그룹 박성수 회장   113

| 03 지친 오후를 달래는 48분간의 독서타임 | 116 |
| 04 주말은 충전의 시간, 책꽂이를 충전하라 | 126 |

시간을 활용한 독서로 인생의 전성기를 맞이한 사람들 4
1,000일 독서로 거인이 되어 우뚝 서다 교보문고 신용호 회장   130

CHAPTER 4
48분간 어떻게 기적을 일으킬 것인가

01 어떤 책을 읽을 것인가?	136
02 명저 한 권의 함정에 빠지지 말라	144
🕴 시간을 활용한 독서로 인생의 전성기를 맞이한 사람들 5	
학교 중퇴 후 도서관을 통째로 읽어치운 위대한 발명가 에디슨	156
03 우공이산愚公移山! 우직하게 읽으면 천재도 이긴다!	160
🕴 시간을 활용한 독서로 인생의 전성기를 맞이한 사람들 6	
대학시절 4천 권의 책과 4천 편의 영화를 섭렵한 작가 나카타니 아키히로	174
04 끊임없이 틈을 내서 읽어라	178
05 1,000권에서 시작되는 혁신적인 삶	183
🕴 시간을 활용한 독서로 인생의 전성기를 맞이한 사람들 7	
아름다운 독서광 시골의사 박경철	199

CHAPTER 5
시간이 단축되는 획기적인 독서법

01 단 1분이라도 완전히 빠져드는 몰입 독서법	206
02 평균 완독 시간을 줄여주는 이미지 독서법	212
🕴 시간을 활용한 독서로 인생의 전성기를 맞이한 사람들 8	
삶의 바닥에서 희망의 스토리를 만들다 민들레영토 지승룡 사장	218
03 책으로 책을 읽게 해주는 1+1 독서법	222
04 책 없이도 빠른 독서 습관을 길러주는 상상 독서법	226
🕴 시간을 활용한 독서로 인생의 전성기를 맞이한 사람들 9	
수만 권 독서의 달인 김용옥 교수	230

05 생각의 폭과 의식의 깊이가 달라지는 호기심연상 독서법	234
06 책에서 달콤한 체리만 골라 먹는 포인트 독서법	240
🚶 시간을 활용한 독서로 인생의 전성기를 맞이한 사람들 10 **독서로 왕따에서 시대의 영웅이 된** 나폴레옹	244
07 훌륭한 독자가 되기 위한 원칙	249
🚶 시간을 활용한 독서로 인생의 전성기를 맞이한 사람들 11 **학교를 그만두고 도서관에 파묻힌** 중국의 국부 마오쩌둥	268

CHAPTER 6
천 권 독서 필승 노하우

01 48분씩 3년이면 1,000권이다	274
02 48분 기적의 독서법의 비밀	282
🚶 시간을 활용한 독서로 인생의 전성기를 맞이한 사람들 12 **세계 최고의 독서가** 알베르토 망구엘	290

에필로그
책을 읽는다는 것은 삶의 특권이다	294

[책 안의 선물]
1. 천 권 독서를 돕는 Must Have T-독서프로젝트	301
2. Must Read S-독서리스트	331

CHAPTER 1
48분의 기적

3년이란 시간은 너무 멀게만 느껴진다. 과연 누가 3년 동안
책에 미칠 수 있을까? 허황된 이야기에 불과할지도 모른다.
그 허황된 3년을 눈앞에 생생하게 보여줄 수 있을 만큼 확실한
시간으로 마법같이 바꾼 것이 바로 하루 48분 기적의 독서법이다.

01
시간의 차원이 달라진 시대

시간은 누구에게나 공평하게 주어진 자본금이다.
이 자본을 이용한 사람에겐 승리가 있다.
- 칼 샌드버그 -

최근 기획재정부 조사에 의하면 2040년 한국인의 평균수명은 90세가 된다고 한다. 90년이란 세월을 산다는 것은 과거 50년 전만 해도 상상도 하지 못할 나이가 아닐 수 없다. 중세에는 인간의 평균수명이 50세도 되지 않았다고 한다면 믿을 수 있을까? 의심이 들겠지만 사실이다. 심지어 고대 그리스인들의 평균 기대 수명은 서른 살이었다. 이러한 사실을 잘 말해주고 있는 책을 살펴보자.

인류 역사의 오랜 기간 동안 중년은 대개 무시되었다. 탄생, 젊음, 노년,

죽음은 모두 나의 대우를 받아왔지만 중년은 무시되었을 뿐만 아니라, 심지어 별개의 실체로 여겨지지도 않았다.

물론 인류 역사의 대부분 기간 동안 중년이 무시된 것은 충분히 이해할 수 있는 것이다. 삶이 가혹하고 짧았으므로 중간에 할당할 시간이 없었던 것이다. 그리스 시대에 이르러서는 원숙함이 존경을 받았다. 예컨대 그리스 시민들은 50세가 되어야 배심원이 될 수 있었다. 하지만 그리스 시대에 중년에 해당하는 연령은 현재 중년 연령의 근처에도 미치지 못한다. 무엇보다 그렇게 오래 사는 그리스인이 그다지 많지 않았다. 고대 그리스인의 평균 기대 수명은 서른 살이었다. 더 오래 산 행운의 영혼들이라 해도, 인생의 높은 봉우리에 도달해 상쾌한 공기를 들이마시자마자 허겁지겁 노년의 골짜기로 하산했다고 보면 될 것이다.

물론 지금은 그 모두가 달라졌다. 1세기 전만 해도 약 47세였던 선진국의 평균수명이 지금은 78세에 달하는 등 인간의 수명이 늘어남에 따라 우리에게는 더 이상 걸음마를 배우는 아이를 쫓아다니지도, 그렇다고 휠체어를 타고 복도를 굴러다니지도 않는 긴 폭의 시간이 생겼다.

바버라 스트로치, 김미선 역, 《가장 뛰어난 중년의 뇌》(해나무)

1세기 전만 해도 선진국의 평균수명이 47세였다고 한다. 그런데 우리나라는 1세기 전에는 선진국의 반열에 속하지도 못했다. 당연히 평균수명이 훨씬 더 낮았을 것이라고 추측해볼 수 있다. 100년 전의 평균수명이 40세 정도라고 했을 때, 지금은 그때에 비해 무려 2배나 더 긴 인생을 싫든, 좋든 살아야 하는 시대이다. 물론 중도에 자살을 하거나, 사고를 당하거나, 불치의 병에 걸려 먼저 이 세상을 마감하는 사람도 물론 있다. 그럼에도 불구하고 평균을 따져보면, 확실히 옛날보다 오늘날 오래 사는 사람들이 많은 것은 사실이다. 그것도 매우 건강한 상태로 노년을 즐기면서 살아가는 사람들이 많다. 심지어 18세기에 살았던 사람들에 비해서는 놀랍게도 평균수명이 오늘날 세 배 정도나 늘어났다. 한마디로 인간의 생존 기간이 늘어났고, 그로 인해, 삶의 모습이 바뀌었다고 말할 수 있다. 달리 말해, 삶의 구조와 틀 자체가 바뀌었다고 하는 편이 맞을 것이다.

이렇게 길어진 인생에서 우리는 한 가지 중요한 사실을 명심해야 한다. 그것은 바로 한국인의 2040년 평균수명인 90년이란 세월 중에서 딱 3년만 책에 미치면 길어진 인생이 확연하게 달라질 수 있다는 사실이다.

하지만 3년이란 시간은 너무 멀게만 느껴진다. 과연 누가 3년 동안 책에 미칠 수 있을까? 허황된 이야기에 불과할지도 모른다. 그 허황된 3년을 눈앞에 생생하게 보여줄 수 있을 만큼 확실한 시간으로 마법같이 바꾼 것이 바로 하루 48분 기적의 독서법이다.

02
왜 하필 48분인가?

시간을 지배할 줄 아는 사람은
인생을 지배할 줄 아는 사람이다.
- 에센 바흐 -

우리의 평균수명인 90세의 인생 주기를 하루 24시간에 비유해보자. 90년 중의 3년이란 시간은 하루 중 정확히 48분에 해당한다. 다시 말해 인생에서 3년을 독서에 투자한다는 것은 하루 중 48분을 투자한다는 것과 같다.

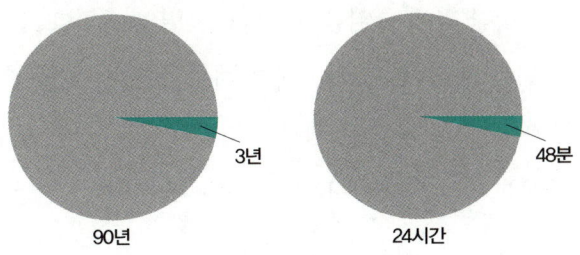

그런데 이 책에서 말하는 3년간의 독서는 단순한 취미나 교양을 위해 틈날 때마다 책을 읽는 것을 말하는 게 아니다. 3년이란 시간 동안 인생이 기적처럼 바뀌기 위해서는 1,000권의 책을 읽어야 하는 것이다.

3년간 1,000권의 독서는 단순한 숫자 이상의 의미를 갖고 있다. 3년이란 기간 동안 1,000권의 책을 읽으면 삶의 임계점을 돌파하게 된다. 삶의 임계점이란, 의식과 사고가 비약적으로 팽창하여 인생이 획기적으로 전환되는 시점을 말한다. 이렇게 획기적인 인생역전은 3년이란 한정된 시간 동안 1,000권의 책을 읽어야 비로소 가능해진다.

그런데 48분씩 읽어서 3년 만에 1,000권을 읽을 수 있을까?

보통 책의 분량과 내용의 난이도 등에 의해서 책 한 권을 읽는 시간은 매우 다양하게 걸린다. 또 사람에 따라 책 읽는 속도가 다르다. 이렇게 독서에 있어서 시간은 고정적이지 않다. 그런데 한 가지 일을 오래 하다 보면 점점 속도가 빨라지게 되는 경험을 한다. 가까운 예로 텔레비전에서 나오는 생활의 달인처럼 숙련된 사람들의 일처리 속도는 눈으로 봐도 믿기지 않을 정도로 빠르다.

독서 역시 마찬가지다. 많이 읽는 사람이 빨리 읽는다. 물론 책의 종류에 따라 시간이 달라질 수 있다. 만화책이나 흥미롭고 부담 없는 자기계발서는 1시간 안에도 읽을 수 있다. 반면 빼곡하게 정보가 담긴 교양 도서나, 전문 학술서를 읽는 데는 하루가 넘게 걸릴 수도 있다. 이를 다 고려했을 때, 보통 성인의 경우 집중해서 읽으면 책 한 권에 평균 1시간 30분에서 2시간 정도 시간이 소요된다. 그렇다고 당신의 독서 내공이 약해서 시간이 더 걸릴 게 뻔하다고 지레짐작하여 시작도 전에 포기할 필요는 없다. 이 책의 3장에 나오는 독서법에서는 시간을 단축시켜줄 독서법에 관해 설명하고 있다.

또한 이 책에서는 48분 기적의 독서를 소개하고 있지만, 실행에 있어서 좀 더 현실적인 책 읽기를 권한다. 하루 두 번에 걸친 48분의 독서가 그것이다. 하루는 오전과 오후, 12시간씩으로 이뤄져 있다. 그 중에서 오전에 한 번, 오후에 한 번 48분을 투자하여 책을 읽는다면 시간의 배분에 따라 하루 일과에 큰 영향을 끼치지 않으면서 인생이 바뀌는 독서를 체험할 수 있다. 더군다나 여기서 말한 48분은 오직 독서를 위해 따로 빼는 시간이 아니라, 자기도 모르게 흘려버리는 자투리 시간들의 총합을 의미한다. 그 시간들이 모여 한 달 동안 쌓이게 되면 48시간 동안 책을 읽은 것이 된다. 그리고 그 한 달 동안의 48시간이 1년 동안 쌓이면, 576시간 동안 책을 읽은 것이 된다. 또 3년이 되면 1,728시간(103,680분)이 된다.

이런 상황들을 고려하여 책 한 권을 읽는 데 걸리는 시간을 평균 1시간 40분, 즉 100분이라고 가정했을 때, 3년 동안 48분 기적의 독서법으로 책을 읽으면,

$$103,680(분) \div 100(분) = 1036.8권$$

즉 1,000권 이상의 책을 읽게 된다는 것이다.

하루 중 오전과 오후 48분만 투자하라! 핵심은 바로 이것이다. 현재 당신의 생활에 전혀 무리가 없이 '독서의 기적'을 일으킬 수 있는 최소한의 시간을 최적의 시스템으로 활용하는 방법이 바로 이것이다.
자, 이제 당신도 '48분 기적의 독서법'의 주인공이 되어보고 싶지 않은가? 한번 미쳐보라!

CHAPTER 2

48분 독서로
잔잔한 삶에
혁명을 일으켜라

습관이 바뀌면 우리의 삶은 송두리째 바뀐다. 소가 수레를 끌고
가는 것과 마찬가지로 습관이 우리의 삶을 끌고 가기 때문이다.
좋은 습관을 갖는 것은 그 어떤 성공의 법칙보다 중요하다.

01
독서는 가장 아름다운 습관이다
습관이 바뀌어야 인생이 바뀐다

독서가 정신에 미치는 효과는
운동이 신체에 미치는 효과와 같다.
- 리처드 스틸 -

도서관의 자기계발 코너에는 성공하는 법을 알려주는 수많은 도서들이 있다. 꿈을 크게 갖고, 크게 생각하고, 큰 목표를 세우며, 좋은 전략을 세우라 한다. 그러나 그렇게 한다고 누구나 성공하는 것은 아니며, 오히려 실패하는 사람이 더 많다. 반대로 그렇게 하지 않더라도 하루하루 성장하며 성공을 일구어가는 사람이 있다.

성공하는 사람과 실패하는 사람의 차이는 무엇일까? 그것은 바로 습관의 차이다. 아무리 거창한 꿈, 목표, 좋은 전략이 있어도 자신의 일상을 채워 삶을 이끌고 나아갈 수 있는 습관을 갖고 있느냐 아니냐가 성공을 좌우하기 때문이다.

　갑자기 꿈을 바꾼다고 인생이 바뀌지는 않으며, 또한 삶의 전략을 바꾼다고 인생이 달라지지는 않는다. 그러나 습관이 바뀌면 우리의 삶은 송두리째 바뀔 수 있다. 소가 수레를 끌고 가는 것과 마찬가지로 습관이 우리의 삶을 끌고 가기 때문이다. 그래서 습관이 바뀌면 인생이 달라진다는 것이다. 따라서 좋은 습관을 갖는 것은 그 어떤 성공의 법칙보다 중요하다.

　　습관이란 인간으로 하여금 어떤 일이든지 하게 만든다. - 도스토옙스키

　습관을 바꾸어야 하는 이유가 바로 위의 명언 속에 담겨 있다. 같은 시간 동안 같은 일을 하는 두 사람이 있다고 하자. 그런데 한 사람이 다른 사람보다 두세 배 많은 성과를 낸다. 천부적인 능력이나 노력의 차이 때문이라 생각하는가? 아니다. 그것은 결정적으로 습관의 차이 때문이다.

　그렇다면 무슨 습관을 어떻게 바꾸어야 할까? 어떤 습관이 유익한 습관이며 미래지향적일까? 결론부터 이야기하자면 삶에서 가장 유익한 습관은 '책에 미치는 습관'이다. 책을 읽지 않던 사람에게 갑자기 독서 습관이 생기지는 않는다. 의식적인 노력이 필요하다. 1년만 오전 48분, 오후 48분 독서하는 습관을 들여보자. 처음부터 3년이란 먼 기간을 내다볼 필요는 없다. 1년 동안 몸에 익은 48분 독서 습관은 삶의 변화를 일으키는 시발점이 돼줄 것이다.

습관이란
인간으로 하여금
어떤 일이든지 하게 만든다.
-도스토옙스키Fyodor Dostoevskii

사람 자체를 바꾸어주는 습관은 오로지 독서 습관뿐이다. 습관 중의 으뜸인 것이다. 책이 아닌 다른 것에 미친 사람은 책에 미친 사람보다 열정적으로 보일 수 있고, 에너지가 넘치는 것처럼 보일 수 있다. 그러나 삶의 유익함에서는 비교할 수 없다.

스스로 습관을 만들어보지 않은 사람은 자신을 용광로에 넣고 담금질을 하지 않았기 때문에 절대로 뜨거운 삶을 살 수 없으며, 살 수 있는 방법을 찾지도 못한다. 물에 물 탄 듯, 술에 술 탄 듯 그럭저럭 남들이 하는 만큼 살 것이고, 남들이 받는 대우만큼 받을 것이며, 평범한 일상에 자신의 재능을 사장시키고 말 것이다.

주위를 둘러보라. 하루하루 시간을 보내며 살아가는 이들이 얼마나 많은가? 그들의 삶은 5년이 지나고 10년이 지나도 달라지지 않는다. 그들에게는 열정이 없으나 특별히 나빠지지도 않는다. 그러나 세상은 이런 이들에게 더 높고 더 좋은 자리를 허락하지 않는다. 자신의 삶을 불태우지 않는, 열정이 없는 이들에게 세상은 아주 작은 자리만 내어줄 뿐이다. 그것이 바로 심은 대로, 뿌린 대로 거두는 자연의 법칙이다. 봄에 씨앗을 심지 않으면 가을에 열매를 거둘 수 없는 법이다.

불광불급不狂不及이란 말이 있다. 미치지 않으면 목표에 이르지 못한다는 말이다. 하지만 미쳐도 제대로 미쳐야 하고, 올바르고 가치 있는 것에 미쳐야 그 의미가 더 크다. 그중에서도 책에 미친 사람은 목표로 삼은 대업을 이룰 수 있는 거인으로 성장한다. 이를 책광대업冊狂大業이라는 말로 표현하고자 한다. 이제 우리는 기로에 서 있다. 하루하루 적당히 살 것인가? 아니면 책에 미쳐서 위대함의 씨앗을 자신의 정신과 마음에 심을 것인가? 선택은 온전히 당신의 몫이다.

책광책습冊狂冊習은 '책에 미친 사람만이 책 읽는 습관을 기를 수 있다'라는 의미이다. 책에 미치지 않으면 책을 읽는 습관을 기를 수 없다. 먼저 1년만 48분 기적의 독서법으로 책에 미쳐보자! 책 읽는 습관의 가치는 절대 돈으로 환산할 수 없을 정도의 잠재력을 가진 인생 최고의 축복이 될 것이다.

02
책에 미치면 오히려 행복하다

모든 책은 빛이다.
다만 그 빛의 밝기는 읽는 사람이 발견하는 만큼 밝아질 수 있다.
결국 독자에 따라서 그것은 빛나는 태양일 수도, 암흑일 수도 있다.
- 모티머 애들러 -

행복은 현재의 상태에 만족할 때 느낄 수 있는 감정이다. 그러나 이것만으로는 참된 행복이라 말할 수 없다. 참된 행복은 만족스런 현재와 더불어 나날이 성장하는 자신을 발견할 때 느낄 수 있다.

책에 미친 인생이 행복한 이유가 바로 이것이다. 독서를 통한 기쁨과 자기계발이라는 두 마리 토끼를 동시에 잡을 수 있기 때문이다. 미래는 단순히 상상하는 것만으로 얻을 수 있는 것이 아니다. 그러므로 현재의 삶을 적절히 통제하면서 핵심 역량을 한 곳에 집중해야 한다.

미래의 나는 내가 '지금 무엇을 가졌느냐'가 아니라 내가 '무엇을 끊임없이 추구하느냐'에 의해 좌우된다. 경영의 구루guru(권위자) 중에 한 명인 게리 해멀Gary Hamel의 말이다. 그는 1990년대에 '높은 수준의 청사진을 그려 그에 따른 도전 목표를 명확히 하고, 개인과 기업의 핵심 역량Core Competence을 한 곳으로 모아야 한다'라고 강조했다.

김성호, 《일본전산 이야기》(쌤앤파커스)

여기서 말하는 핵심 역량이 바로 독서다. 에너지와 시간과 관심을 온전히 책에 집중하는 것이다. 독서를 하면 새로운 것을 배우고 익히는 즐거움을 경험하고, 하루하루 성장하는 자신을 발견하게 될 것이며, 결국 행복하고 즐거운 삶을 살게 될 것이다. 이런 이유에서 책에 미친 사람은 행복하다.

그러나 사실 책에 미친 사람을 만나는 것은 쉽지 않다. 세상엔 책보다 편하게 빠질 수 있는 말랑말랑한 오락거리가 많기 때문이고, 딱딱한 책을 대면하면 부담을 느끼기 때문이다. 그러나 생각을 바꾸면 지옥 또한 천당이 될 수 있다. 책에 대한 생각이 바뀌면 독서가 얼마나 즐거운 일인지 알게 된다.

IT 혁명을 선도한 빌 게이츠는 초등학교 시절부터 엄청난 양의 책을 읽었다. 독서를 통해 의식과 사고의 수준이 한 단계 격상되는 임계점을 돌파한 것이다. 그의 아버지의 말에 의하면 빌 게이츠는 염려가 될 정도로 도서관에 파묻혀 살았다고 한다. 하루의 대부분을 책만 읽은 덕분에 다른 사람이 평생 동안 읽어도 못 읽을 분량의 책을 초등학교 졸업 전에 다 읽을 정도였다. 언젠가 그는 한 인터뷰에서 "오늘의 나를 있게 한 것은 우리 마을 도서관이었고, 하버드 졸업장보다 소중한 것이 독서하는 습관이다"라고 말했다.

　우리가 책에 미쳐야 하는 또 다른 이유가 있다. 독서는 다른 사람의 시선을 의식하지 않고 자신의 길을 갈 수 있게 해주는 원동력이다. 우리는 고정관념을 깨고 편견 없는 눈으로 세상을 보는 법을 배워야 한다. 타인과 같은 생각을 하며, 타인과 같은 삶을 살고 싶은 사람은 없다. 자신만의 길이 무엇인지 찾아 그 길을 갈 수 있다면 참으로 만족스런 인생이다. 타인의 시선에 연연하지 않고, 소신을 갖고 자신의 길을 당당하게 갈 수 있다면 진정 훌륭한 인생이다. 책이 주는 힘을 믿고 조금씩 꾸준히 실천해 나간다면 충분히 가능한 일이다.

책은 곧 세상이며, 세상이 돌아가는 원리를 가장 잘 알려주는 최고의 교사다. 따라서 책에 미친 사람은 언제 어떤 일에 임하더라도 최고의 선택과 판단을 할 수 있으며, 그로 인해 더 나은 삶을 살 수 있는 것이다.

책에 미쳐 진정한 행복을 경험한 사람 중에 잘 알려진 사람이 있다. 바로 조선 후기의 실학자이자 문인인 이덕무李德懋이다.

> 어릴 때부터 스물한 살이 될 때까지 하루도 선인들의 책을 손에서 놓은 적이 없었다. 그의 방은 매우 작았지만, 그래도 동·서·남 삼면에 창이 있어 동에서 서쪽으로 해 가는 방향을 따라 빛을 받아가며 책을 읽었다. 행여 지금까지 보지 못했던 책을 대하게 되면 번번이 기뻐서 웃고는 했기에 집안 사람들 누구나 그가 웃는 모습을 보면 기이한 책을 얻은 줄 알았다.
>
> 특히 두보의 오연율시를 좋아하던 그는 골똘히 시를 생각할 때면 앓는 사람처럼 읊조리기도 하였다. 그러다가 심오한 뜻을 깨치기라도 하면 매우 기뻐하며 일어나 이리저리 왔다 갔다 하기도 했는데, 그 소리가 마치 갈까마귀가 우짖는 듯했다. 때로는 조용히 아무 소리 없이 눈을 휘둥그레 뜨고는 뚫어지게 바라보기만 하다가, 때로는 꿈꾸는 사람처럼 혼자 중얼거리기도 하였다. 이에 사람들이 그를 가리켜 '책에 미친 바보看書痴'라고 불렀지만 그 또한 기쁘게 받아들였다. 그의 전기를 지어주는 다른 이가 없기에 붓을 들어 그 일을 쓰고는 '간서치전看書痴傳'이라 하였다. 그의 이름과 성은 기록하지 않는다.
>
> 이덕무, 《책에 미친 바보》(미다스북스)

책에 미치면 인생이 즐거워질 수 있다. 인생을 역전시킬 수도 있다.

이제 책에 미치자. 즐거움과 성공을 동시에 얻게 될 것이다. 즐기는 독서가와 무언가를 얻기 위해 의식적으로 노력하는 사람과는 차이가 날 수밖에 없다. 물론 독서를 즐기는 것만으로도 충분히 의의가 있다. 그러나 진정한 행복과 즐거움은 책에 미쳐야 알 수 있다. 책에 미쳐야만 삶에서 즐거움과 유익을 얻을 수 있으며 성장하는 자신을 온전히 발견할 수 있는 것이다.

03
많이 읽으면 달라진다

책 읽는 습관을 기르는 것은
인생에서 모든 불행으로부터 스스로를 지킬 피난처를 만드는 것이다.
- 서머셋 몸 -

많아지면 달라진다.

노벨물리학상 수상자인 필립 앤더슨Philip Anderson이 1972년도《사이언스Science Magazine》에 발표한 논문의 제목이자 주제이다. 그는 논문에서, '여러 부분이 합쳐지면 단순한 물리적인 합보다 많은 새로운 성질이 만들어진다'라고 했다.

이 말은 '48분 기적의 독서법'에도 적용된다. 1,000권의 책을 읽는다면 한 권이 주는 지혜와 깨달음과 사고의 양보다 훨씬 많은 지혜와 깨달음과 사고가 형성된다. 사람의 머리와 가슴이 1,000권 이상의 창조적 현상을 경험하는 것이다. 결국 1,000권의 책을 읽으면 생각 이상의 큰 바다로 나아갈 수 있다는 것이다.

한 권의 책을 읽는 것은 한 개의 우물을 경험하는 것이고, 1,000권의 책을 읽는 것은 천 개의 멋진 우물을 경험하는 것이다. 천 개의 멋진 우물을 3년 동안 경험하는 것은 커다란 대양을 만나는 것과 다르지 않다. 또한 천 개의 우물을 접하더라도 오랜 시간에 걸쳐 서서히 그리고 순차적으로 만나는 것과 일정 시간 동안 집중적으로 만나는 것은 전혀 다른 결과를 낳는다. 중요한 것은 일정한 기간, 즉 3년이라는 시간이기 때문이다. 1,000권의 책을 3년 안에 읽게 되면, 그로 인한 시너지 효과는 엄청나다. 책에는 마법이 있다. 단 한 권의 책에도 엄청난 위력이 있는 법이다. 따라서 그런 책이 1,000권이 쌓이면 그리고 그것이 서로 연결되고, 융합되고, 통합된다면 그 효과는 그 누구도 짐작할 수 없을 것이다.

다양한 사람을 만나지 않고, 상대하기가 쉽고 만만한 사람만 만나는 이들이 있다. 이런 이들은 사람에게서 배우고 느끼는 것들이 적다. 만나면 불편하고, 만나기조차 어려운 이들 중에서 뛰어난 사람이 많고, 이들과 자주 만날 때 깨달음을 얻게 되는 경우가 많다. 다소 불편하더라도 이들과 자주 만나는 것은 자신의 발전과 성장에 도움이 될 것이다.

독서도 마찬가지이다. 쉽고 재미있는 책만 읽으려 하면 안 된다. 재미 삼아, 교양 삼아, 취미 삼아 읽는 것이 아닌 삶의 획기적인 발전을 모색하기 위한 것이라면 책의 종류나 분야를 가려서는 안 된다. 책 읽기는 삶에서 가장 중요한 도전이기 때문이다.

> 평소에 독서를 하지 않는 사람은 시간적으로나 공간적으로나 자기 하나만의 세계에 감금되어 있다. 그러나 그러한 사람들이라도 손에 책을 들기만 하면 생각조차 하기 어려운 별천지에 있는 자신을 발견할 것이다.
>
> 임어당, 원창화 역, 《생활의 발견》(홍신문화사)

책은 하나의 작은 세계이다. 그 세계를 접함으로써 우리는 사유하고, 위안을 얻고, 지혜를 얻고, 통찰력을 얻게 되고, 꿈꾸는 법을 깨닫고, 밝은 내일을 설계할 수 있다. 그렇게 접한 작은 세계가 많아지고, 그 세계들이 연결되어 하나로 통합될 때 더 나은 미래와 더 나은 꿈을 설계할 수 있다. 이것이 바로 책의 위력이며 마법이다.

그러나 단 한 권의 책이라면 상황은 전혀 달라진다. 특정 분야의 책만을 골라 읽는 것 역시 마찬가지이다. 매우 한정적인 체험만 할 수 있기 때문이다. 그렇기 때문에 1,000권의 책을 읽어야 하며, 3년이라는 한정된 기간에 틈틈이 마쳐야 한다는 것이다. 이것이 3년을 목표로 한 48분 기적의 독서법이 주는 유익이다.

세상을 오롯이 담고 있는 책이 온전히 내 안으로 들어왔을 때의 모습을 상상해보라. 당신이 상상하는 것은 3년 후에 얻게 될 엄청난 변화에 비하면 빙산의 일각에 불과할 것이다.

3년 동안 이뤄지는 48분의 집중적인 독서는 당신의 인생을 바꿀 가장 짧은 시간이자 가장 커다란 경험이 될 것이다.

04
책에 미쳐야 미래형 인재가 된다

한 권의 책을 읽음으로써
자신의 삶에서 새 시대를 본 사람이 너무나 많다.
- 헨리 데이비드 소로우 -

위대해지려고 각오한 자만이 위인이 될 수 있다.

프랑스 역사상 가장 위대한 대통령으로 평가 받고 있는 샤를 드골 Charles de Gaulle의 말이다. 위대해지려면 마음가짐이 중요하다는 의미이다.

지금 우리사회 곳곳에선 미래형 인재를 요구하고 있다. 그렇다면 미래형 인재란 무엇을 말하는 건가? 사회, 정치, 기업, 학문 분야에서 원하는 미래형 인재는 창의성과 상상력을 바탕으로 문제 해결력과 혁신 능력을 가진 사람을 말한다. 지식과 기술만을 가진 것은 과거형 인재이다. 이들은 원하는 조건 아래에서는 자신의 능력을 온전히 발휘할 수 있다. 그러나 오늘날과 같이 변화가 심하고, 미래를 예측하기 어려운 상황에서는 능력을 제대로 발휘할 수 없다. 그러므로 미래 사회를 이끌어갈 인재가 되기로 결심했다면 문제 해결과 혁신 능력을 배양하는 데 매진해야 한다. 이러한 인재를 T자형 인재라고도 한다.

T자형 인재는 한 가지 분야에 대한 전문지식만 가진 것이 아니라, 다양하고 폭넓은 식견을 가지고 있으며, 고정관념에 함몰되지 않고, 열린 생각을 가지고 다양한 문제를 접할 때마다 혁신적인 방법으로 해법을 강구해낼 수 있는 사람을 말한다. T자형 인재의 특성은 기업가 정신과 창조성인데, 이는 세상을 보는 시각이 전혀 달라야 하고, 세상에 널려 있는 기회와 가능성을 찾아내는 능력을 말한다. 이는 수많은 사고와 사상을 접하고, 다양한 세상을 경험해야 가능한 일이다.

티나 실리그, 이수경 역, 《스무살에 알았더라면 좋았을 것들》(엘도라도)

많은 사람들이 독서를 통해 세상을 깨우쳐 큰 사람으로 거듭났다. 그들이 의식과 사고의 도약을 통해 얻은 깨우침은 우리가 상상할 수 없는 커다란 깨우침이며, 어떤 시련과 역경에도 흔들리지 않는 태산만큼이나 무거운 깨우침이며, 아무리 어려운 문제나 최악의 상황에서도 헤쳐 나갈 수 있는 지혜를 주는 깨우침이다. 급변하는 시대를 살면서도 미래를 내다볼 수 있는 혜안과 통찰력을 제공하는 깨우침이며, 지금 당장 무엇을 해야 미래에 열매를 맺을 수 있는지 알려주는 현실감과 실천 가능성이 있는 깨우침이다. 상상력과 창조성이 경쟁력이라는 유익을 선사하는 깨우침이다.

아인슈타인은 '상상력이 지식보다 중요하다. 지식은 한계가 있지만, 상상력은 세상을 품고도 남는다'라고 말한 바 있다. 스티브 잡스가 역사의 한 획을 그을 수 있었던 것 또한 놀라운 상상력 덕분이었다. 스티브 잡스만큼 학식이 있는 사람은 세상에 많다. 그러나 그처럼 혁신적인 상품을 구상하고 만들어낸 사람은 거의 없다. 스티브 잡스가 뛰어난 성과를 거두게 된 것은 그가 가진 지식을 더욱 가치 있게 만들어준 상상력이 있었기 때문에 가능한 일이었다. '구슬이 서 말이라도 꿰어야 보배'가 된다는 말처럼 지식을 더욱 가치 있고 쓸모 있게 해주는 것이 상상력이다.

그렇다면 상상력을 향상시키기 위해 무엇을 해야 할까? 어디서 그런 상상력을 얻을 수 있을까? 아무리 좋은 학교를 다니고, 지식을 습득하고 기술을 연마해도 상상력을 향상시키는 것은 쉽지 않다. 하지만 독서는 이를 가능케 한다.

21세기는 감성의 시대이자 창조의 시대라고 한다. 아무리 뛰어난 기술과 지식이 바탕이 되었더라도 인간의 감성을 자극하지 못하면 외면을 받는 시대이다. 한 예로, 아이폰이 출시되기 전부터 삼성, 소니, 노키아 등에서는 뛰어난 휴대폰을 많이 출시했다. 그러나 소비자들은 새로운 제품에 더 이상 감흥을 느끼지 못했고, 필요성을 인지하지 못했다. 기존 제품의 기능을 향상시키거나, 새로운 기능을 추가한 것에 불과했

상상력이 지식보다 중요하다.
지식은 한계가 있지만,
상상력은 세상을 품고도 남는다.
-아인슈타인Albert Einsteinmn

기 때문이다. 그러나 아이폰이 출시되면서 반전이 시작되었다. 바로 스티브 잡스의 지식이나 기술이 아닌 상상력과 창조성에 근거한 것이다. 상상력과 창조성이 최고의 경쟁력인 시대가 된 것이다.

'내가 세계를 알게 된 것은 책에 의해서였다'라는 장 폴 사르트르Jean Paul Sartre의 말과 같이 독서는 자신의 지식과 세상을 연결해주는 유용한 도구이며, 세상과 사람을 소통하게 만드는 가장 이상적인 방법이다. 사람은 독서를 한 만큼 세상을 아는 법이다. 독서를 하지 않으면 자신만의 회로에 갇히게 된다. 독서를 통해 많은 사람들의 생각과 교류함으로써 자신의 생각을 확장해야 한다. 책을 읽을수록 생각은 확장될 것이고, 인생의 고비마다 더 나은 선택을 하게 될 것이며, 더 창조적인 삶을 살아가게 될 것이다.

일본 도호쿠대 가령의학연구소의 가와시마 류타 교수는 책을 많이 읽으면 상상력을 향상시키는 우수한 전두전야前頭前野가 많이 만들어진다고 했다. 전두전야는 대뇌의 맨 앞 부분에 있는 것으로 인간다움과 창조성을 주관하는 곳을 말한다.

새로운 것을 창조하는 능력은 워킹 메모리Working Memory의 기능이다. 그것은 지금까지 보존되어온 지식을 상황에 맞게 이끌어내 적절히 사용하는 능력으로 전두전야가 이 기능을 맡고 있다. 전두전야가 여러 곳에 지령을 내려 기억을 조합하고 통합하여 사용한다. … 따라서 전두전야의 기능을 좋은 상태로 유지할 수 있다면 나이가 들어도 창조력 역시 떨어지지 않을 것이다.

이시우라 쇼이치, 박재현 역, 《뇌 새로고침》(열음사)

독서를 하면 다양한 간접 경험을 통해 전두전야가 발달된다. 창조성과 상상력이 부족한 사람이라도 많은 책을 단기간 동안 읽으면 뇌는 그것에 반응하여 전두전야를 비롯한 기능이 발달할 뿐만 아니라 뇌의 전체 부위가 네트워크로 연결되어 입력된 지식과 정보를 저장하고 소화하려 노력하게 된다. 이것이 바로 뇌의 본질적인 기능인데, 이에 가장 효과적인 것이 독서인 것이다. 결국 독서는 이미 인쇄된 활자를 읽는 것에서 끝나는 것이 아니다. 책을 통해 새로운 내용을 상상하고 창조할 수 있는 것이다. 48분 기적의 독서법은 매일 당신의 창의력을 높여, 어느 분야에서도 인정받는 인재로 만들어줄 것이다.

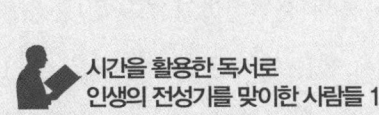
시간을 활용한 독서로
인생의 전성기를 맞이한 사람들 1

3년 독서 법칙을 실천한 CEO
소프트뱅크 손정의 회장

'내가 가진 것이라고는 꿈과, 그리고 아무 근거도 없는 자신감뿐이다. 그리고 거기서 모든 것이 시작되었다.'

손정의 회장은 1957년 8월 일본 사가현 도스시에서 출생한 재일 한국인 3세로 24세의 나이에 허름한 창고에서 직원 2명과 함께 창업하여 성공한 한국계 일본인 사업가이다.

손정의는 81년 9월 자본금 1천만 엔으로 단 2명의 사원을 데리고 일본 소프트뱅크를 설립했다. 회사를 시작한 바로 그 날 그는 사과 궤짝을 엎어놓고 그 뒤에 올라가 '1조엔 매출 목표'를 역설했다. 아르바이트 사원 2명은 어안이 벙벙한 표정으로 입을 크게 벌렸고 이때 받은 충격 때문인지 두 달 후에 회사를 그만두었다.

강준만,《권력과 리더십3》(인물과사상사)

얼마 지나지 않아 2명의 직원은 손정의 사장에게 '미친 놈'이라고 욕을 하고는 회사를 떠났다. 그의 꿈이 너무 원대하다

못해, 허황되고 뜬구름 잡는 소리처럼 들렸기 때문일 것이다. 그리고 불과 2년 후 손정의 회장은 인생 최대의 위기를 맞는다. 중증 만성간염으로 꼬박 3년간 병원에 입원을 해야 했기 때문이다.

입원 당시 소프트뱅크는 불과 2년 만에 사원 125명, 매출 45억 엔이라는 놀라운 성과로 성공가도를 걷고 있었다. 하지만 그는 당장 입원하지 않으면 생명이 위태로울지도 모른다는 의사의 경고를 듣고 어쩔 수 없이 병실로 가야했다.

병실에 입원한 그는 밤이 되면 혼자 울었다. 태어난 지 1년 6개월밖에 안된 딸과 성공 궤도에 오른 회사를 두고 죽어야 하는 자신의 처지가 불쌍했기 때문이다. 그는 병마와 싸우면서 고독과도 싸워야 했다. 그러나 손정의는 그대로 포기하지 않았다. 또한 그의 입원은 자신과 삶에 대한 깊은 성찰을 하는 계기가 되었다.

손정의는 83년 B형 간염으로 병원에 입원하는 불운에 처하게 된다. 그는 치료에 전념하기 위해 경영 일선에서 물러나 병실에 퍼스컴, 팩시밀리, 전화를 설치해놓고 이른바 '원격 조종 경영'에 들어갔다. 그는 3년 넘게 병마와 싸웠는데, 그 기간 동안 4천 권의 책을 읽었다고 한다. 그는 29세인 86년 5월에 완치되어 사장직에 복귀했다. 이후 소프트뱅크는 다시 초고속 성장을 맞게 된다.

강준만, 《권력과 리더십3》(인물과사상사)

또 다른 책에는 이렇게 적혀 있다.

투병 중에 4천 권을 독파하자. 한 줄기 빛은 단숨에 퍼져서 주변의 어두움을 날려 보냈다. "좋아!" 손정의는 침대에서 벌떡 일어섰다. 본래의 그답게 밝고 활기찬 자신으로 돌아가는 것 같았다. 만약 다 나아서 일생을 되돌아보았을 때, 그만큼 책을 열심히 읽은 때도 없었다고 할 정도로 읽으리라 다짐했다. (……) 지금이 절호의 기회다. 지겨울 정도로 책이라는 책은 모두 읽어보자 결심했다. 게다가 지금 경영자로서 가장 힘든 시기를 빠져나가고 있다. 독서가 관념으로 머리에 새겨지는 것이 아니라 살아 있는 것으로서 피가 되고 살이 되고 있었다. 병실에 다 둘 수 없을 정도로 많은 경영서와 역사서, 전략서 등 모든 장르를 병행해서 읽어나갔고, 투병 중에 읽은 책 숫자는 약 4천 권에 이르렀다.

오시타 에이지 저, 은영미 역, 《나는 절대로 쓰러지지 않는다》(나라원)

결국 병상에서 보낸 3년은 소프트뱅크를 엄청난 기업으로 성장시킬 계기가 되었다. 3년의 집중 독서가 그의 말처럼 평생을 보장하는 튼튼한 토대가 되었던 것이다. 3년 동안 손정의는 책에 미쳐 살았다. 책보다 더 나은 위안도 없었고, 책 말고는 다른 대안이 없었다. 물론 책 읽기를 좋아하는 그에게 병상에서의 책 읽기는 좋은 기회이기도 했다. 병원에서 보내는 하루하루가 아까웠지만, 그는 책으로 보상받겠다 결심한 것이다.

그렇게 그는 4천 권의 책을 읽었고, 의식과 사고 수준이 비약적으로 도약했다. 그는 엄청난 독서를 통해 인생에서 중요한 것은 얼마나 오래 사느냐가 아니라 스스로를 담금질하고, 성장시키고, 열정을 불태웠느냐가 중요하다는 결론을 얻게 되었다.

1981년 손정의는 세계 최대의 네트워크 제국을 구축하였다. 이에 대해 미국의 《비즈니스위크》에서는 손정의를 가리켜 '사이버 제국의 지배자Cyber Mogul'라고 쓰기도 했다.

그에게 3년 동안의 독서는 미래를 내다보는 눈을 갖게 해주었고, 사업의 방향을 결정하도록 도와주었다. 다시 말해 자신의 사업에 대한 전체적인 그림을 그리는 계기가 된 것이다. 얼핏 보면 소일거리로 책을 읽었다고 볼 수도 있다. 물론 그럴 수도 있다. 그러나 그런 책이 수천 권이 쌓이게 되면 자신도 모르는 힘과 지혜를 얻게 된다. 인생을 살면서 만나게 되는 시련과 역경을 극복할 수 있도록 도와주는 원동력이 되는 것이다. 일본의 최고 부자 손정의를 만든 것은 바로 3년간의 집중 독서 경험이다.

손정의 회장은 시련과 위기를 잘 헤쳐나가는 사람으로 평가받는다. 한 가지 사례로 2004년 가입자 정보 425만 건이 유출되고, 범인으로부터 협박 전화를 받은 적이 있었다. 그러나 그는 순발력과 단호한 위기 대처 능력으로 문제를 잘 해결했다. 그리고 그 덕분에 일본에 초고속 인터넷 세상이 열린 것이다.

그가 직원들에게 했던 말이 가슴에 와닿는다. 그는 '세상이나 정치가들에게 욕을 하고, 경기가 나쁘다고 불평을 해도 세상은 바뀌지 않는다. 오히려 본인의 그릇이 작다는 것을 세상에 알리는 것에 불과하다'라고 말했다. 참으로 삶의 근본을 지적한 이야기이다.

앞이 안 보일수록 더욱 더 멀리 내다봐야 한다. 먼 곳을 보면 경치가 선명하고 가까운 곳은 보려고 하면 뱃멀미가 심해진다. 나는 300년 앞을 내다보면서 사업을 해왔다.

그가 300년 앞을 내다볼 수 있는 것 그리고 수많은 시련과 역경을 헤쳐나와 승승장구할 수 있었던 것은 바로 3년 독서의 법칙을 오롯이 실천한 덕분이었다.

05

책 속에는 당신이 닮고자 하는
그 모두가 있다

책은 위대한 천재가 인류에게 남겨주는 유산이다.
이는 아직 태어나지 않은 자손들에게 주는 선물로
한 세대에서 다른 세대로 전달된다.
- 에디슨 -

자신을 완성시켜라, 우리는 완성된 상태로 태어나지 않는다.

《비평가》를 집필한 17세기 스페인의 작가인 발타자르 그라시안 Baltasar Gracián의 말이다. 사람은 미완성으로 태어나기 때문에 자신을 완성시켜야 할 운명을 가졌다. 그렇다면 자신을 완성시키기 위한 효율적인 방법은 무엇일까? 바로 롤모델을 찾는 것이다. 롤모델을 정하고 그를 따라하다 보면 자신만의 방법을 찾아낼 수 있기 때문이다.

금융의 황제라 불리는 조지 소로스George Soros는 독서를 통해 최고의 삶을 살아가는 사람이다. 그는 런던에서 9년 동안 밑바닥 생활을 하면서도 손에서 책을 놓지 않았고, 뉴욕의 금융회사에서 일을 하면서도 독서를 멈추지 않았다. 퇴근 후에는 책에 파묻혀 살았고, 주말이나 휴일에는 책을 읽은 후 논문을 썼다.

나 역시 직장 생활을 하면서 독서를 했지만, 독서로 나의 사고와 의식이 비약적으로 성장할 것인지에 대한 의문을 품고 있었다. 그런데 조지 소로스를 통해 해답을 얻은 것이다. 학자나 노벨상 수상자가 아닌 금융 투자로 성공을 거두고 금융의 역사를 새로 쓰고 있는, 3조 6천억 원을 연봉으로 받는 그가 나에게 답을 준 것이다.

세계적인 투자가로 알려진 조지 소로스는 사실 철학자가 되고 싶었다. 어릴 때부터 이해가 되지 않아도 늘 철학고전만 읽어왔다. 조지 소로스는 독서를 통해 사고의 수준이 비약적으로 향상되었다고 말했다. 물론 당시의 독서만으로 금융황제가 되었다고 하기에는 다소 억측이라 여길 수도 있다. 맞는 말이다. 오늘의 조지 소로스가 탄생된 배경에는 밑바닥 생활을 하던 런던에서의 9년이 밑천이었다.

"영국 런던에서 (……) 9년간 패배자로 살았다. 청년은 접시닦이, 웨이터, 페인트공, 농장 노동자, 통조림 공장 공원, 마네킹 공장 공원, 수영장 안내원, 철도역 짐꾼 등으로 일했다. (……) 특기할 만한 사실은 그런 실패의 나날을 보내는 와중에도 청년이 온 힘을 다해 철학고전(책)을 읽었다는 점이다. 그는 아리스토텔레스, 에라스무스, 마키아벨리, 홉스, 베르그송 같은 천재 철학자들의 저작을 마치 고시를 준비하듯 빈틈없이 공부했고, (……) 그의 뜨거운 철학 공부는 9년간의 런던 생활을 마치고 미국으로 간 뒤에도 계속 되었다. 그는 뉴욕의 한 금융회사에 입사했는데, 근무 중에도 시간만 나면 철학 서적(책)을 읽었고, 퇴근하면 아예 철학 서적(책)에 묻혀 살았다. 주말이나 휴일에는 철학과 대학원생에게 (철학 책에 대해) 개인지도를 받았고, 때때로 밤을 지새우면서 철학 책에 대해 철학 논문을 썼다.

이지성, 《리딩으로 리드하라》(문학동네)

런던에서 그는 능력이 없다는 이유로 자주 해고를 당했다. 그러나 그는 공부에 매진했고, 런던정치경제대학에 합격했다. 또한 합격 이후에도 독서를 멈추지 않았다.

조지 소로스는 독서를 통해 얻은 남다른 의식과 사고 수준을 자신의 저서인 《금융의 연금술》이라는 책에서 '철학적 사고'라 말했다. 철학적 사고를 할 수 있었기 때문에 오늘의 성공을 이룰 수 있었다는 것이다.

철학적 사고(책을 통해 비약적 도약을 이룬 사고)를 통해 얻은 이론을 현장에 적용한 결과 나는 주가가 오를 때나 내릴 때나 언제든지 돈을 벌 수 있었다. 철학적 사고(책을 통해 비약적 도약을 이룬 사고)를 통해 얻은 이론을 금융시장에 적용하기 시작한 때부터 나는 거대한 이익을 얻을 수 있었다.

책에서 얻은 사고와 혜안과 통찰력이 남다른 시각을 갖게 해주었고, 남보다 크게 앞서 나갈 수 있었던 이유라는 것이다. 만약 그가 독서를 하지 않았다면 평범한 금융인의 길을 걷고 있었을 것이다.

세계의 모든 돈과 신용의 흐름을
시각화할 수 있는 신비에 가까운 능력의 소유자
- 조지 소로스George Soros

그는 30여 년 만에 런던으로 돌아가 자신의 철학적 사고를 바탕으로 파운드화 매도에 나섰는데, 1주일 만에 10억 달러라는 거금을 벌었다. 한 개인이 영국의 중앙은행을 이긴 역사적인 일을 벌인 것이다. 그는 투자 성공 비결이 무엇이냐는 질문에 '철학하는 것'이라고 말했는데, '철학하는 것'은 '사고하는 것'을 뜻한다. 이는 책을 통해 의식과 사고 수준이 비약적으로 도약했기 때문에 가능한 일이었다. 그와 함께 일한 펀드매니저들은 그의 놀라운 견해와 안목에 대해 다음과 같이 말했다.

세계의 모든 돈과 신용의 흐름을 시각화할 수 있는 신비에 가까운 능력의 소유자.

그가 만약 독서를 하지 않았다면, 독서를 했다 하더라도 몇 십 권에 지나지 않았다면 자본주의 시스템의 맹점을 꿰뚫어볼 수 있는 능력을 갖지 못했을 것이고, 금융의 황제가 되는 일은 없었을 것이다.

06
당신의 독서는
당신의 잠든 위대함을 깨운다

읽은 책이 한 권이면 한 권의 이익이 있다.
하루 종일 글을 읽었다면 하루의 이익이 있다.
- 과문철 -

　모든 사람은 위대함의 씨앗을 가지고 태어난다. 그러나 그 씨앗의 미래는 알 수 없다. 꽃을 피우게 될지 그냥 썩어버릴지 말이다. 미래에 대한 확신과 꾸준한 노력이 있다면 활짝 핀 꽃을 보게 될 것이고, 그렇지 않으면 그 자그마한 씨앗마저 사라지고 말 것이다. 결국 자신의 씨앗이 어떤 것인지 알아야 하고, 그 씨앗이 온전히 자라게 하여 자신이 특별한 존재가 되도록 해야 한다.

　우리 안에는 태어날 때부터 위대함이라는 씨앗이 파묻혀 있었다. 그로 인해 놀라운 재능과 능력, 가능성, 특권과 기회들이 주어졌지만, 그 씨앗을 진정 꽃피게 만드는 것은 바로 스스로의 확신과 노력이다. 이 씨앗 덕분에, 우리가 가진 잠재력과 가능성은 무한하다. 한 사람이 실현할 수 있는 일이 얼마나 큰지 우리는 가늠조차 못 할 정도이다.

우리가 가진 것들을 활용하면 활용할수록, 재능과 잠재력은 소진되는 것이 아니라, 오히려 더 늘어나고 발전하게 된다. 당신이 세운 목표를 위해 쉬지 않고 끊임없이 노력할 수 있는 일들은 무엇이 있는가? 당신을 특별하게 만들어주는 무언가를 찾아보라. '가장 위대한 나'가 되는 비전을 그려보라! 당신은 이 세상 다른 어떤 사람과 마찬가지로, 특별해질 수 있는 충분한 권리를 부여 받았다.

스티븐 코비, 김경섭 역,《성공하는 사람들의 7가지 습관》(김영사)

2만 권의 도서를 소장한 장서가 장석주 선생은 저서인 《취서만필醉書漫筆》에서 다음과 같이 말했다.

한 권 한 권의 책을 읽는 것보다 중요한 것은 책에 관한 총체적 시각을 갖고, 책과 책 사이의 소통과 연결선들을 아는 것이다. 교양은 책을 읽어내는 능력과 책 자체에서 나오는 것이 아니라, 그것들 전체 속에서 길을 잃지 않을 줄 안다는 것, 즉 그것들이 하나의 앙상블을 이루고 있다는 것을 알고, 각각의 요소를 다른 요소들과의 관계 속에 놓을 수 있다는 것에서 길러진다.

독서는 뇌의 신경회로가 편협한 생각과 사고에 빠지는 것을 막아주고, 복잡하면서도 다양하고 풍부한 신경회로가 될 수 있도록 도와준다. 생각과 사고의 질과 양이 풍부해짐을 의미하는 것이다.

3중 장애인이면서도 위대한 삶을 살다간 헬렌 켈러Helen Adams Keller 역시 독서를 통해 삶의 질곡에서 거듭난 사람이다. 장애자라는 자괴감에서 벗어난 것은 물론 자신의 영혼이 하늘을 날아오르는 듯한 자유로움을 느끼게 해준 것이 독서였기 때문이다.

자기계발서의 고전이라 할 수 있는 나폴레온 힐Napoleon Hill의 《생각하라 그러면 부자가 되리라Think and grow rich》에서는 생각의 중요성을 언급하고 있다. 생각을 바꾸면 인생이 바뀐다는 것인데, 이는 수많은 자기계발서의 일관된 주장이기도 하다. 그러나 이 말에는 큰 맹점이 있다. 《돈 한 푼 없이 부자로 사는 법》의 저자인 필 컬러웨이Phil Callaway는 희극 배우 릴리 톰린의 말을 다음과 같이 소개하고 있다.

쥐들의 경쟁에서 문제는 비록 당신이 승리자가 된다 하더라도 당신은 여전히 한 마리의 쥐일 뿐이다.

사고와 의식 수준이 향상되지 않으면 생각을 바꾸더라도 삶이 변하지 않는다. 생각만 바꾼다고 삶이 달라질 수 있다면 세상에 실패자는 없을 것이다. 쥐가 무리의 우두머리가 된다고 고양이가 될 수는 없는 법이다. 결국 생각과 사고의 틀을 탁월하게 만드는 것이 중요하다. 생각을 바꾸는 일은 그 다음의 일이다.

아인슈타인은 '문제를 발생시킨 당시의 사고 수준으로는 그 문제를 해결할 수 없다'고 했다. 문제를 해결하기 위해서는 문제의 수준보다 탁월한 의식과 사고 수준을 갖추어야 한다. 오랫동안 가난에서 벗어나지 못하거나 실패만 거듭한 사람은 아무리 생각을 바꾸어도 가난과 실패의 삶에서 벗어날 수 없다. 사고 수준은 그대로인데, 생각만 바꾸는 것은 껍데기만 바뀌는 것에 불과하다. 여러 사람이 창업을 하지만 성공하는 사람은 불과 3%에 불과하다. 이 역시 사고의 의식 수준이 원인이 된 결과이다.

《책, 열 권을 동시에 읽어라》의 저자인 나루케 마코토는 책을 읽지 않는 사람을 원숭이라고 일갈했다. 독서를 많이 한 사람과 그렇지 않은 사람의 차이가 그만큼 크다는 의미이다. 이는 운동선수와 건강을 위해 취미 삼아 운동을 하는 사람을 비교하는 것과 같으며, 운동선수와 아예 운동을 하지 않는 사람을 비교하는 것과 같은 일이다.

한 권의 책에는 하나의 작은 세계가 존재한다. 100권을 읽은 사람은 100개의 세계를 경험한 것과 같고, 1,000권의 책을 읽은 사람은 1,000개의 세계를 경험한 것과 같다. 이는 경험의 문제이고 생각의 폭에 관한 문제이며, 의식의 깊이가 얼마나 깊은지의 문제이다. 1,000권의 책을 읽은 사람이 얼마나 풍성한 삶을 살게 될지는 애써 언급하지 않아도 충분히 짐작할 수 있을 것이다.

책을 많이 읽다 보면 어느새 장르의 경계가 사라지는 것을 느끼게 될 것이다. 주식투자를 하기 위해 사람들은 주식관련 서적을 읽는다. 그러나 그런 책은 주식을 하는 사람이라면 누구나 읽는 것이기 때문에 남보다 앞설 수 없다. 경계를 뛰어넘는 독서가 필요하다. 오로지 주식에만 집중하는 것이 아니라 사회, 정치, 경제, 문화 등에 관한 전반적인 이해도가 높은 사람이 주식투자도 성공하는 법이다.

공자는 학문을 익히는 것을 산을 만드는 것에 비유했다. 학문을 하는 사람의 생각과 의식에 따라 어떤 산은 동네 앞산에 머물게 되고, 어떤 산은 누구나 우러러보는 태산이 된다는 것이다. 이런 차이는 마지막 한 줌의 흙에서 나온다. 아무리 큰 산이라도 한줌의 흙이 바탕이 되며, 산을 쌓기 위해 필요하지 않은 흙은 없기 때문이다. 천리 길 또한 한 걸음에서 시작되지만 끝을 맺는 마지막 걸음도 한 걸음이다. 한 권 한 권의 책이 모여 수천 권의 책이 되고, 그것이 결국 태산이 된다. 수천 권의 책을 읽었더라도 마지막에 읽는 한 권의 책이 중요하다.

2011년《포브스Forbes》가 선정한 억만장자 명단 중에 눈에 띄는 사람이 있다. 바로 세계 최연소 억만장자인 약관의 청년 마크 주커버그Mark Elliot Zuckerberg이다. 2010년 타임지가 선정한 '올해의 인물'이기도 한 그의 재산은 우리 돈으로 약 15조 원 정도라고 한다. 그는 이런 엄청난 부를 어떻게 이룬 것일까?

그는 한 분야의 전문가가 되는 것에 만족하지 않았다. 다양한 분야의 학문을 공부하고 통합하였다. 컴퓨터과학과 심리학을 공부했으며, 고전과 역사에 관한 공부도 게을리하지 않았다. 이처럼 여러 분야에 관한 지식과 통찰력을 가지고 있었기 때문에 페이스북이라는 새로운 매체를 선보이게 된 것이다. 페이스북이야말로 모든 학문의 결정체이다. 기술적인 면에서는 컴퓨터에 관한 전문지식이 있어야겠으나, 사람들에게 접근하기 위해서는 사회학, 심리학, 매체학 등의 학문이 연관되어야 가능하기 때문이다. 만약 그가 컴퓨터 분야의 공부에만 몰두했다면 공간을 뛰어넘어 사람과 사람을 연결하는 새로운 라이프스타일의 페이스북은 절대 탄생하지 못했을 것이다. 기성세대의 권위와 고정된 사고방식에서 벗어날 수 있었던 것은 그의 의식과 사고 수준이 비약적으로 성장했기 때문이며, 덕분에 사소하게 보이는 아이디어를 인류의 삶을 바꾸어줄 소셜 네트워크로 승화시킬 수 있었던 것이다.

21세기에 성공하기 위해서 우리는 더 많이 연결되고,
다른 사람들이 어디 출신인지 잘 이해하고,
우리가 모두 연결되어 있다는 데 대해 더 감을 잘 잡고 있어야 합니다.
-마크 주커버그Mark Zuckerberg

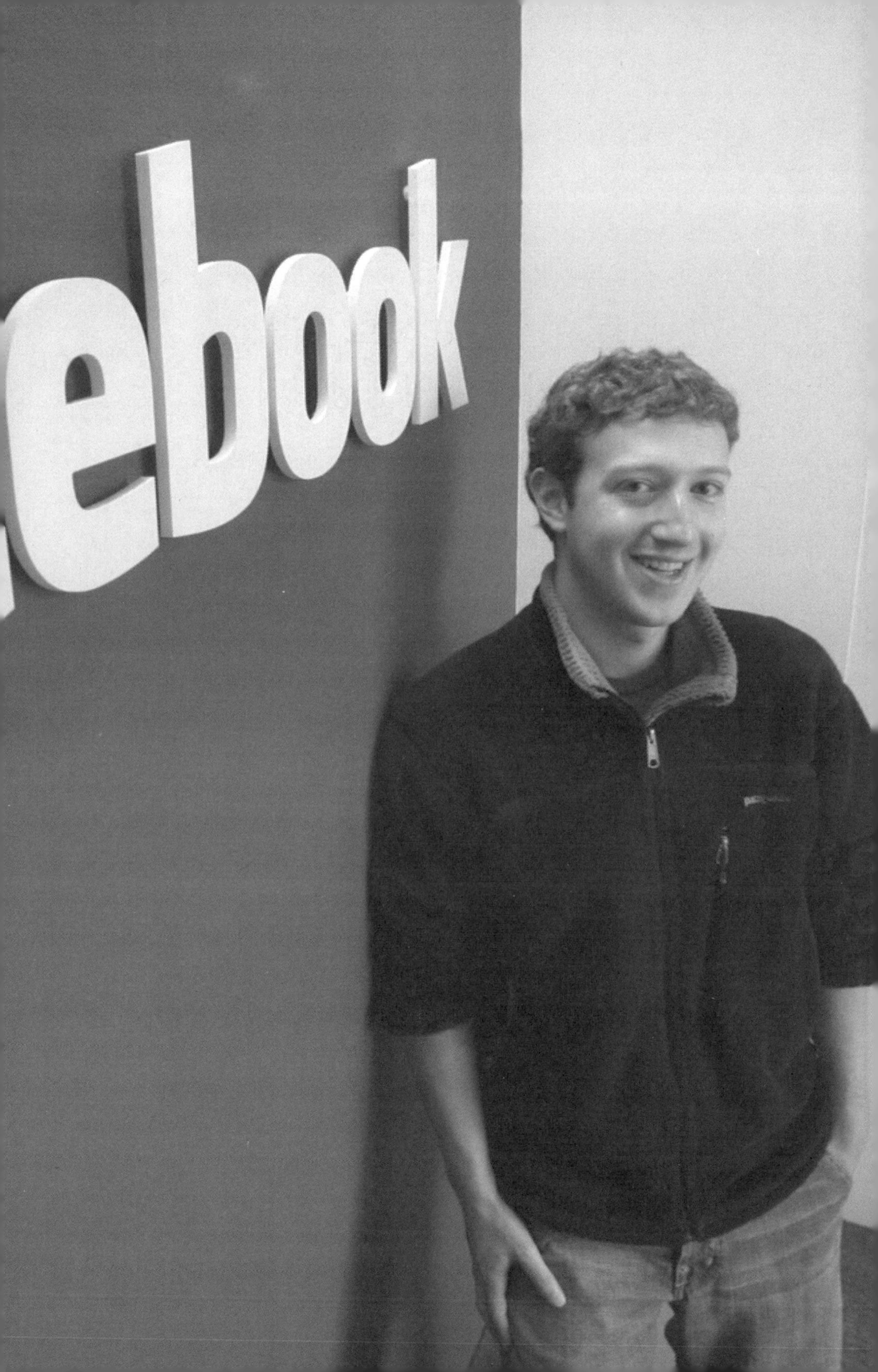
ebook

07
독서를 하지 않는 48분은 그야말로 인생낭비다

아무 하는 일 없이 시간을 허비하지 않겠다고 맹세하라.
우리가 항상 뭔가를 한다면 놀라우리만치 많은 일을 해낼 수 있다.
- 토마스 제퍼슨 -

헤르만 헤세Hermann Hesse는 자신의 저서인 《헤르만 헤세의 독서의 기술》에서 책의 위력에 대해 다음과 같이 말했다.

인간이 자연에게서 거저 얻지 않고 스스로의 정신으로 만들어낸 수많은 세계 중 가장 위대한 것은 책의 세계다. (……) 말과 글과 책이 없이는 역사도 없고, 인간이라는 개념도 존재할 수 없다. (……) 어떤 민족에게나 말과 글은 신성하고 마력적인 것이다. 이름을 지어 붙이는 것이나 글을 쓰는 것은 본래 마력을 지닌 행위, 즉 정신을 통해 자연을 정복하는 신비한 행위여서 글자는 어디서나 신이 내린 선물로 칭송 받았다. 대부분의 민족들에게 읽기와 쓰기는 사제 계층만 전유했던 신성한 비술이었으니, 어떤 젊은 사람이 이 엄청난 기예를 익히기로 결심한다면, 이는 실로 대단하고 비상한 사건이었다. 그것은 쉽지 않은 일이었고, 소수에게만 허락되었으며, 희생과 헌신을 대가로 치러야만 했다. (……) 그 모든 마력은 지금도 온전히 존재하며, 지성은 여전히 엄격한 서열 속에서 소수의 특권층만이 누리는 비밀이다. 다만 지금은 그 소수집단의 정체가 노출되지 않을 뿐이다. 책과 글이 모든 계층의 공유물이 된 지 이미 수백 년이 지났지만, 마치 계층별 의복 규정이 철폐된 이후 유행이 일반의 공유물이 되었으되 유행의 창조는 예나 지금이나 소수의 몫으로 남아 있는 것과 같은, 또 같은 옷이라고 날씬한 체격에 세련된 미적 감각을 지닌 멋진 여인이 입었을 때와 평범한 사람이 입었을 때가 전혀 다르게 보이는 것과 같은 이치다.

해마다 수천수만의 어린이들이 학교에 입학하여 처음으로 글자를 써보고 한 자 한 자 글을 깨치는 모습을 보게 된다. 그런데 얼마 지나지 않아 대부분의 아이들은 읽기능력을 그저 당연하고 대수롭지 않게 여기는 반면, 어떤 아이들은 한 해 두 해를 넘기고 십 년 이십 년이 지나도록 학교에서 배운 그 마법의 열쇠를 사용하며 새록새록 매료되고 탄복한다. 오늘날 읽기는 누구나 다 배우지만, 얼마나 강력한 보물을 손에 넣었는지를 진정으로 깨닫는 이는 소수에 불과하다는 얘기다. 난생처음 글을 배워 혼자 힘으로 짧은 시나 격언을 읽어내고 또 동화와 이야기책을 읽게 된 아이는 스스로 얼마나 대견해하는가? 그런데 소명을 받지 못한 대개의 사람들은 이렇게 배운 읽기 능력을 그저 신문기사를 읽는 데나 활용할 뿐이다.

그대에게 행복을 가져다주는 책은 없다.
그러나 책은 은밀하게 그대를 그대 자신 속으로 되돌아가게 한다.
-헤르만 헤세 Hermann Hesse

하지만 소수만은 철자와 단어의 그 특별한 경이에 여전히 매료당한 채 (그들에게 이는 그야말로 하나의 마술이요 마법의 주문이 되었으므로) 살아간다. 바로 이들이 진정한 독자가 된다.

독서의 위력을 깨닫게 해주는 말이다. 독서를 할 수 있다는 것보다 더 강력한 삶의 도구는 없고, 이보다 더 강한 위력을 발휘하는 것은 세상에 존재하지 않는다. 이런 이유로 나약하기 그지없고, 모든 면에서 서툴고, 어리석었던 사람이 큰 인물이 될 수 있는 것이다.

독서를 할 수 있는 능력은 이 세상에서 가장 강력한 무기를 손에 쥔 것과 다를 바 없다.

이런 능력이 있는 사람이 평생 동안 불과 몇 권의 책을 읽거나 아예 책을 읽지 않는다면 삶을 낭비하는 것과 다르지 않다. 그러나 불과 1%도 안 되는 사람만이 1,000권 이상의 책을 읽을 뿐, 나머지는 그저 취미삼아, 교양삼아 책을 읽는다. 오전과 오후의 자투리 시간을 모아 48분 동안의 독서만으로도 삶이 획기적으로 바뀔 수 있는데 시도조차 하지 않는 것이다. 이런 방법이 있다는 것조차 깨닫지 못하는 사람도 꽤 많을 것이다. 시간을 활용한 독서라는, 강력한 무기를 제대로 활용한다면 훨씬 더 풍요로운 삶을 영위할 것이 분명한데, 그저 눈앞에 보이는 돈이나 명예, 휴식에 급급하며 기회를 놓치고 있으니 참으로 안타까운 일이다.

세계를 정복한 알렉산더 대왕이나 나폴레옹은 전쟁터에 나가면서도 엄청난 양의 책을 가지고 다녔다. 세계적인 거부 워런 버핏Warren Bufett의 독서량은 일반 사람들보다 다섯 배가량 많다고 한다. 독서력에 관한 그들의 비범함은 결국 그들이 일반사람들의 반열을 훌쩍 뛰어넘게 만들었다.

많이 읽을수록 좋다. 이것이 바로 최고의 정답이자 결론이다. 하루하루 정해진 일정에 따라 살고 있는 대다수의 사람들이 많은 독서를 하려면 결국 시간의 분배를 새로 해야 한다. 의미 없이 멍하게 보내는 시간을 긁어모아서 48분의 시간을 만들어라. 그 시간에는 필히 독서를 하고, 독서를 하지 못하는 나머지 시간을 아까워해라. 꾸준함과 열정을 갖춘 독서가 평범한 사람을 위대한 사람으로 재탄생시킨다. 꿈만 꾸어서 되는 것이 아니며, 끌어당김의 법칙을 실천한다고 되는 것도 아니며, 목표를 크게 잡는다고 성공하는 것이 아니다. 큰 건물을 짓기 위해서는 토대가 튼튼해야 한다. 그렇지 않으면 사상누각이 되고 만다. 꾸준하고 열성적인 독서야말로 큰 건물을 짓기 위한 기초공사이다. 인간의 삶에서 가장 필요한 기초공사는 인격과 지혜와 혜안을 갖추는 것이고, 그것은 오로지 독서를 하는 사람만이 가능하기 때문이다.

세상의 여러 위인 중에서 독서를 하지 않은 사람은 없다. 대부분 평생에 걸쳐 독서를 했고, 그 열정 또한 대단한 사람들이었다. 현대 경영학의 창시자인 피터 드러커Peter Ferdinand Drucker는 '책을 읽지 않는다는 것은 무지하다는 점에서 문맹자와 별반 다를 바 없다'라고 말했다.

21세기를 살아가는 사람이 독서를 하지 않으면서 성공을 하겠다거나 리더가 되겠다는 것은 마치 초등학교도 졸업하지 않고 대학에 가겠다는 어리석은 결심과 같다. 성공적인 삶을 위한 가장 기본적인 덕목은 바로 48분의 시간 동안 꾸준하고 열성적으로 독서하는 것이다.

08
큰 사람은 모두 책이 만들었다

한 인간의 존재를 결정짓는 것은
그가 읽은 책과 그가 쓴 글이다.
- 도스토옙스키 -

나는 적어도 책 한 권에 인생이 변했노라고 말하는 비열한 인간은 되기 싫었던 것이다.

이응준 작가의 시, 〈어둠의 뿌리는 무럭무럭 자라나 하늘로 간다〉에 나오는 구절이다. 가슴을 후벼파는 듯한 구절이다. 한 권의 책이 인생을 바꿔주었다고 자랑스럽게 말하는 사람을 종종 볼 수 있다. 나는 그런 배짱이 어디서 나오는지 궁금하다. 그것은 그 사람의 인생이 아주 작기 때문이라 생각된다. 한 권의 책만으로도 바뀔 수 있는 인생이라면 그 크기를 짐작하고도 남는다. 연못이 작으면 작은 돌멩이 하나로도 큰 파장을 일으킬 수 있다. 그러나 연못이 아닌 호수에서는 절대 불가능한 일이다. 호수가 크면 커다란 돌멩이가 필요하고, 한 개가 아닌 수천 개가 필요하기 때문이다.

나는 감히 단언한다. '책 한 권으로 인생이 변했다'라고 말하는 사람을 경계하라고 말이다. 그처럼 작은 인생을 사는 사람과 어울리면 결국 똑같은 사람이 될 수밖에 없다. 내가 이런 이야기를 할 수 있는 것 역시 지난 40년 동안 작은 인생을 살았던 과거가 있기 때문이다. 나 또한 몇 권의 책을 읽고는 자랑스럽게 말한 적이 있었다. '와! 이 책이 내 인생을 바꿨어! 정말 놀라운 책이다.'

이후 독서량이 많아지면서 나는 몇 권의 책이 준 감동과는 비교할 수 없는 큰 감동과 충격과 자극을 주는 무궁무진한 세계가 있음을 알게 되었다. 참으로 어리석기 짝이 없는 노릇이었다.

책 한 권으로 삶이 바뀌었다고 말하는 사람은 1,000권의 책이 삶을 어떻게 바꾸어줄지 상상도 하지 못할 것이다. 책 한 권에 담긴 지혜와 의식과 생각이 삶을 지배하기 때문이고, 그것이 전부라 여기기 때문이다. 소경이 만진 코끼리 다리와 같은 것이다. 한 권의 책으로는 절대 삶을 바꿀 수 없으며, 성공적인 삶을 살 수 없으며, 큰 사람이 될 수 없다. 현재의 삶이 어떻든 간에 사람의 삶은 생각보다 크고 복잡하다.

우리 사회에는 수많은 책이 분류 체계를 가지고 서점에 배치되어 있다.

교보문고 기준으로 본다면 23개로 분류되어 있고, 매년 각각의 분류 베스트셀러를 모아보면 1,500권 정도가 배출되곤 한다. 물론 이 모든 책을 모두 볼 수는 없지만 우리 실생활에 필요한 분야를 선택할 수 있다. 이를테면 국제정치경제, 금융, 리더십, 트렌드, 재테크, 자기계발, 인문과 역사, 미래학, 심리학, 융합과 크로스오버 분야는 우리가 앞으로 살아갈 인생에 필요한 항목들이다. 그러나 이런 책들이 우리에게 주는 의미가 어떤 것인지 제대로 인식하지 못하는 경우가 많다. 대표적으로 국제정치경제와 금융은 어려운 분야라고만 생각했지 그 분야가 내게 왜 필요한지, 어떻게 활용할 수 있는지에 대해서는 학교에서 배운 바가 없다. 또 서점에서는 심리학 책들이 베스트셀러에 오르곤 하는데 그 책들이 왜 필요한지, 심리학으로 볼 수 있는 프레임과 세상은 무엇인지에 대해서도 우리는 아는 바가 없다.

독서의 균형 감각을 갖추려면 이 모든 분야의 책이 필요하다. 과거에는 책 한 권이 인생을 바꾸어놓는다는 말이 있었지만, 이미 그런 이야기는 과거의 이야기가 되어버렸다. 서점에서 책 한 권으로 인생을 찾았다고 한다면 그것은 마치 로또 1등 당첨과 같다고 봐야 한다. 세상에는 수없이 많은 책과 사상이 있다. 그 책들이 한 권으로 통합되기란 전혀 가능하지 않은 일이다. 그렇기 때문에, 우리는 많은 책을 봐야 하고, 그 가운데서 균형 감각을 가져야 한다.

이동우, 《밸런스 독서법》(북이십일)

어떤 명저도 그 안에 담긴 것을 세상에 비교하면 초라하기 짝이 없다. 책을 쓴 사람이 모든 지혜와 지식을 겸비한 완벽한 사람이 아니기 때문

훌륭한 건축물을 아침 햇살에 비춰보고 정오에 보고 달빛에도 비춰보아야 하듯이 진정으로 훌륭한 책은 유년기에 읽고 청년기에 다시 읽고 노년기에 또 다시 읽어야 한다.
-로버트슨 데이비스 Robertson Davies

이다. 아는 것보다 모르는 것이 많은 불완전한 인간에 불과하기 때문에 그 사람이 전해주는 지혜와 지식 또한 제한적일 수밖에 없다. 그러나 책을 읽는 사람에 따라 달라질 수 있다. 책에는 하나의 세계만 담겨 있지만, 책을 읽는 사람의 자세에 따라 책을 빛나게 하고, 생명을 불어넣어줄 수 있기 때문이다. 다양한 독서를 통한 넓은 지혜와 생각을 가진 사람이 한 권의 책을 통해 또다른 세계를 만나는 순간, 그 세계는 어마어마한 크기로 확장될 수 있다.

1,000권 이상의 책은 사람을 성공으로 이끌기에 충분한 위력을 발휘하고, 큰 사람이 되기에 부족함이 없을 정도로 수천 명의 지혜와 인격과 성공의 길이 담겨 있다. 수천 명의 지혜와 인격과 성공의 길이 1,000권의 책으로 전해지고, 독서를 통해 이런 지혜와 혜안을 전수받은 이들이 세상을 움직인다. 앞으로도 이와 같은 일은 영원히 반복될 것이다.

1,000권의 책을 읽지 않으면 세상을 이끌어갈 수 없고, 세상이 어떤 원리로 돌아가는지 이해할 수 없으며 미래조차 예측해낼 수 없다. 1,000권의 책을 읽지 않으면 사람들의 마음을 이해할 수 없고, 참된 인격 또한 갖출 수 없다. 그러므로 1,000권의 책을 읽지 않으면 성공이라는 말은 그저 남의 이야기일 뿐이다.

09

책을 읽는 것은
사람만이 가진 삶의 특권이다

가장 발전한 문명사회에서도 책은 최고의 기쁨을 준다.
독서의 기쁨을 아는 자는 재난에 맞설 방편을 얻은 것이다.
- 랄프 왈도 에머슨 -

우리나라에 노벨상 수상자가 거의 없는 것이나 세계적인 위인이 많이 나오지 않는 것은 세계 최하위 수준의 독서량 때문이다. 독서를 많이 하게 되면 마음의 사슬이 풀리고, 갇힌 영혼이 자유롭게 되는 임계점을 경험하게 된다. 그것이 독서의 힘이다.

얼마나 많은 사람들이 독서를 통해 인생의 새 장을 열어왔는가!

당신도 오늘부터 이런 부류의 사람들과 어깨를 나란히 하기를 바란다. 꿈만 꾼다고, 목표를 높게 잡는다고 당신이 원하는 것을 얻는 것은 절대 아니다. 용감하게 책에 미쳐라. 당신 앞에 눈부신 미래가 펼쳐질 것이다. 그때가 되면 오프라 윈프리Oprah Gail Winfrey와 같은 생각을 하게 될 것이다.

미래를 내다보았다. 너무 눈이 부셔 눈을 뜰 수가 없었다.

3년 독서의 법칙을 실천하여 의식과 사고가 비약적으로 도약하고, 정신의 고양과 상상력과 통찰력이 길러지면 미래가 눈에 보인다. 비로소 생생한 꿈을 꾸게 되고, 비전을 그릴 수 있다. 바로 위인들이 했던 것처럼 말이다. 이것이 바로 독서가 주는 비전이고, 그로 인해 꿀 수 있는 인생의 꿈이다.

의식과 사고 수준은 어제와 같은데 위대한 꿈과 비전을 갖는 것은 원숭이가 사람 흉내를 내는 것과 같다. 자기계발서를 수십 권 읽어도 소용없을 것이고, 삶은 절대 바뀌지 않을 것이다. 밑 빠진 독에 물을 붓는 격이 되기 때문이다. 3년 동안 독서에 미친다면 이처럼 밑 빠진 독에 물을 채울 수 있으며, 나아가 비등점을 넘어서 물이 끓는 것처럼 인생이 성공으로 끓게 된다.

꿈을 꾸려면 하루하루 성장하고 발전하는 자신을 먼저 만들어야 한다. 자신이 성장하게 되면 자연스럽게 꿈을 꾸게 되고, 비전을 품게 되고, 생각을 바꾸게 되고, 목표를 크게 설정하게 된다. 이를 위해 책을 읽어야 한다. 아주 많이 그리고 다양한 분야의 책을 읽어야 하는 것이다.

사람이 반드시 해야 할 일은 가지고 태어난 위대한 본성을 키우는 것이다. 그것이 바로 자신에 대한 의무다. 자신의 삶을 가치 있게 만드는 것이다. 내 가족을 위해, 내 자녀를 위해 더 좋은 세상을 만들고 싶은가? 그렇다면 자신이 먼저 위대한 사람이 되자. '사람은 스스로 위대해지기를 작정했을 때만 위대해진다'라는 샤를 드골의 말이 다시 생각난다.

마음을 먹으면 위대해질 수 있다는 강한 믿음을 갖자. 그리고 지금 당장 책을 들자. 그 다음에는 쉬지도, 중단하지도, 서둘지도 말고 읽고, 또 읽자. 그렇게 책에 빠져들다 보면 어느 순간 강한 태양빛을 보게 될 것이다. 자신의 사고와 의식 수준이 급격히 혁신되는 것을 느끼는 것이다. 독서라는 커다란 장독에 지혜와 지식과 통찰력과 혜안의 물이 가득차 넘치는 가슴 벅찬 경험을 하는 것이다.

생각만 해도 얼마나 멋지고, 놀라운 경험인가? 한 번도 가보지 못한 신대륙을 걸어가듯이 한 번도 경험하지 못한 새로운 경지로 들어서자. 자신의 가치를 높이고, 비전을 성취하고, 성공으로 인도하는 것은 생각과 의식이다. 그것을 향상시키는 최고의 방법은 48분 기적의 독서법이다.

> 인간은 누구나 후천적인 노력으로 성인이 될 수 있지만, 그렇게 하도록 만들 수는 없다.

순자荀子의 말이다. 48분 기적의 독서법을 실천하면 천재가 될 수 있지만, 그것을 하는 것은 오로지 자신의 선택이다. 누가 강요한다고 되는 것이 아니다. 사람의 운명은 각자의 손에 달려 있는 것이다. 스스로의 운명을 창조하자. 프랑스의 문학사가 비르만의 말처럼 말이다.

인간은 자기의 운명을 창조하는 것이지, 받아들이는 것이 아니다.

헤르만 헤세는 〈책들〉이라는 시에서 '책 속에서 자신을 발견할 수 있고, 지혜를 얻을 수 있고, 필요한 모든 것을 찾을 수 있다'라고 말하고 있다. 이제 여러분들 차례다.

재주가 남보다 부족하다고 한계 짓지 마라. 나보다 어리석고 둔한 사람도 없겠지만 결국에는 이룸이 있었다. 모든 것은 힘쓰는 데 달렸을 따름이다.

우리의 선조 백곡栢谷 김득신金得臣 선생이 책을 통해 자신을 넘어섰던 것처럼, 여러분도 자신을 넘어서는 거인이 되길 바란다. 누구나 할 수 있다. 내 인생 최고의 특권은 책을 읽는 것이었다. 마찬가지로 이런 경험을 함께하기를 바란다.

책 들

헤르만 헤세

이 세상의 모든 책들이
그대에게 행복을 가져다주지는 않는다.
하지만 남몰래 가만히 알려주지
그대 자신 속으로 돌아가는 길을

그대에게 필요한 것은 모두 거기에 있지
해와 달과 별
그대가 찾던 빛은
그대 자신 속에 깃들어 있으니

그대가 오랫동안 책 속에 파묻혀
구하던 지혜
펼치는 곳마다 환히 빛나니
이제는 그대의 것이리.

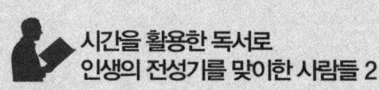# 시간을 활용한 독서로
인생의 전성기를 맞이한 사람들 2

감옥을 도서관으로 삼다
故 김대중 전 대통령

사형선고, 암살기도, 6년간의 투옥, 2차례의 망명, 거듭된 낙선 등 거의 40년에 걸친 정치적 박해를 이겨내고 1997년 대한민국의 제15대 대통령이 된 김대중의 일대기는 믿기 어려운 멜로드라마적 요소를 갖추고 있다. 그것은 1948년 대한민국이 수립된 이후 이 나라가 걸어온 역사의 축소판이기도 하다.

프랭크 B. 기브니(《얼어붙은 혁명》의 저자, 미국 환태평양연구소 소장)

수많은 고초와 파란을 겪은 후 대통령이 되고, 노벨평화상을 수상하여 세계적인 인물이 된 김대중 전 대통령의 저력은 어디서 나온 것일까? 나는 감옥에서 보낸 4년 동안의 폭발적인 독서를 통해 사고와 의식의 비약적인 도약을 경험한 것이 원동력이라 믿는다. 그가 남긴 자서전과 옥중서신을 보면 감옥에서의 독서로 임계점을 돌파하는 독서 혁명을 이룩했기 때문이며, 그것을 토대로 대통령이 될 수 있었고, 노벨평화상을 수상하는 역사적인 인물이 될 수 있었던 것이다.

김대중 전 대통령은 원래 책을 좋아했지만, '학력 콤플렉스'로 인해 더욱 독서를 가까이 했다. 특히 1977년 진주교도소 시절과 1981년 청주교도소 시절에는 하루 10시간씩의 독서를 했던 것이다. '독서의 달인', '독서왕'이라고 불리기도 하는 김대중 전 대통령은 감옥에 있었던 시기가 오히려 마음 놓고 독서를 할 수 있어 좋았다는 말을 하기도 했을 정도이다.

사람의 적응력은 놀랍다. 어떤 악조건에서도 시간이 흐르면 결국 대처하는 방법을 터득하게 된다. 그것은 생존의 본능이자 지혜이다. 처음에는 세상과 격리되어 갇혀 있다는 것을 용납할 수 없었다. 내게 아무런 잘못이 없었기에 더욱 받아들이기 쉽지 않았다. 그러나 사색이 나를 자유롭게 했다. '억울한 자의 고난'은 결국 신학과 역사를 찾게 만들었고, 마음을 다스리자, 점차 마음의 안정과 평화를 찾기 시작했다. 나중에는 변화 없는 매일 매일의 감옥 속에서 즐거움까지 느끼기 시작했다. 어제가 오늘 같고, 오늘이 내일 같은 감옥에서 무슨 즐거움이냐고 물을 사람들을 위해 나는 감옥에서 얻은 몇 가지 즐거움에 대해 말하고자 한다. 감옥에서도 분명 낙樂이 있었다.

나의 경우, 감옥 안에서 네 가지 즐거움을 맛보았다. 그 첫째이자 가장 큰 것이 독서의 즐거움이었다. 과거 1977년의 진주 교도소 생활 때도 그랬지만, 1981년 청주 교도소에서의 2년간의 생활은 그야말로 독서의 생활이라 해도 과언이 아니다. 철학, 신학, 정치, 경제, 역사, 문학 등 다방면의 책을 동서양의 두 분야에 걸쳐서 읽었다.

나는 러셀의《서양철학사》, 토인비의《역사의 연구》, 플라톤의
《국가론》, 아우구스티누스의《신국론》, 테야르 드 샤르댕 신부의
저서들, 라인홀드 니버와 하비 콕스의 신학 서적들과 그리스 이
래의 문학 서적들을 탐독하고, 많은 영향을 받았다. 문학 서적 중
에서는 특히 러시아 문학에서 얻은 감명이 컸다. 푸시킨, 레르몬
토프, 도스토옙스키, 톨스토이, 투르게네프의 작품을 읽었다.《논
어》,《맹자》,《사기》등 동양 고전과 원효와 율곡에 대한 저서, 그
리고 조선 말기의 실학 관계 서적에서도 많은 것을 배웠다. 진주
와 청주에서의 4년여의 감옥 생활은 나에게는 다시없는 교육의
과정이었다. 정신적 충만과 향상의 기쁨을 얻는 지적 행복의 나날
이었다. 감옥이야말로 나의 대학이었다.

김대중,《김대중 자서전》(삼인)

그는 자서전에서 이런 사실을 다 밝혔다. 그가 얼마나 폭 넓
고 방대한 양의 독서를 했는지 짐작할 수 있는 대목이다. 이후
그는 번잡한 세상과 단절한 채 오로지 독서만 할 수 있었던 그
시절을 동경한다는 말을 자주 했다.

나는 양서를 읽을 때마다 '내가 여기 오지 않았더라면 이런 진
리를 알 수 없었을 것이다'고 생각하며 감격하였다. 그런 의미에
서만 본다면, 교도소에 수감된 것을 정말 다행스럽게 생각할 때도
있다. 독서를 하면서 나는 인간에게는 완벽한 불행은 없다는 것을

절실히 느꼈다. 지금도 빨리 읽어보고 싶은 좋은 책을 만나면, '교도소에서는 금방 다 읽을 수 있을 텐데' 라는 생각을 하곤 한다.

출옥 후에 책을 볼 시간이 없을 때에는 정말이지 아무런 구애를 받지 않고, 독서에 몰입할 수 있었던 감옥이 그리웠다. 다시 감옥에 들어가고 싶다는 충동이 일기도 했다. 그 속에서 체득한 보석 같은 삶의 진리를 생각하면 감옥에 가는 역경은 얼마든지 감당할 수 있을 것만 같았다.

김대중,《김대중 자서전》(삼인)

그가 독서에만 몰두할 수 있었던 것은 교도소 생활이 너무나 고독한 생활이었기 때문이기도 하다. 특히 청주교도소에 있을 때는 완벽하게 외부와 차단된 채 수감생활을 해야 했다. 간수들이 있는 방의 옆에 있는 독방에 수감되었고, 그의 옆 방은 빈 방이었다. 복도는 콘크리트로 막아버렸고, 감방 주변은 새로운 벽돌 담장을 쌓았다. 결국 세상과 완벽하게 고립된 그런 수감 생활을 했던 것이다.

이런 상태에서 그의 선택은 오로지 독서뿐이었다. 4년 동안의 수감 생활을 통해 대한민국 최고의 독서왕이 탄생한 것이다. 이런 사실을 입증하기라도 하듯《김대중 옥중서신》에는 책 이야기로 가득 차 있다. 또한 가족들에게 보내는 엽서에도 그는 오로지 책 이야기만 했다.

그의 일생에서 집중적인 독서를 할 수 있었던 수감 기간이야말로 수천 억을 주고도 바꿀 수 없는 귀중한 도약의 기간이었다. 이 기간 동안 그는 의식과 사고의 비약적인 도약을 이룩한 것이다. 그가 얼마나 많은 양의 독서를 했는지는 그가 갖춘 해박한 지식을 보면 충분히 가늠해볼 수 있다.

에디슨이 디트로이트 도서관을 통째로 읽어버린 것처럼 분야를 가리지 않았고, 심지어 백과사전, 문학, 철학, 경제학, 사회학 등과 같은 책도 모두 섭렵했다. 그가 얼마나 많은 책을 읽었는지는 최진 교수의 《대통령의 독서법》이란 책을 보면 자세히 알 수 있다.

그는 4년 동안의 수감 생활 동안 2천 권에서 3천 권 정도의 책을 읽은 것으로 추정된다. 이 역시 3년 독서의 법칙을 오롯이 실천한 것이다. 나아가 그는 자신이 머물렀던 감옥을 '작지만 큰 대학'이라고 명명하기도 했다.

미국의 제42대 대통령 빌 클린턴은 김대중 전 대통령을 '지혜와 용기를 갖춘 지도자로서 한국을 위해 헌신하였고, 전 세계 평화와 자유를 사랑하는 사람들에게 감동과 자극을 주었다'고 말했으며, 또한 '용기 있는 민주주의 투사였고, 인권과 평등의 수호자'였으며, '경제 위기로부터 한국을 구출하였고, 국가 안보를 증진하였다'고 말했다. 그렇기 때문에 그의 업적은 노벨평화상을 수상하고도 넘칠 만한 것이라고 했다.

김대중 전 대통령은 3년 독서의 법칙을 통해 보다 큰 세계를 경험한 전형이다. 추운 겨울에도 온갖 풍상을 참고 이겨내는 '인동초忍冬草'라 비유되는 그는 4년 동안 감옥에서의 집중 독서를 통해 한 차원 더 높은 세계로 도약한 3년 독서 법칙의 대표적인 사례다.

CHAPTER 3

인생역전은
48분이면 충분하다

시간은 항상 상대적이다. 인생을 역전하기 위한 책 읽기는
시간을 다루는 것부터 시작한다. 세상에는 시간을 좀먹는 일들이
정말 많다. 그러나 48분 기적의 독서법은 시간을 만들어낸다.
잃어버린 1분들이 모여서 삶을 바꾸는 폭발적인 동력으로
거듭나는 것이다.

01
버려지는 1분을 찾아라

짬을 이용하지 못하는 사람은 항상 짬이 없다.
- 유럽 속담 -

시간이 없는 사람은 없다

아무리 바빠도 우리는 매일 꼭 밥을 먹고, 꼭 신문을 보고, 꼭 인터넷 서핑을 즐기고, 심지어 그렇게 바쁘다면서 텔레비전도 본다. 하지만 정작 자신의 미래와 성장을 위해서는 5분의 시간도 투자하지 못하고 시간을 낭비하는 경향이 있다.

인생을 바꾸는 데 필요한 시간은 그리 길지 않다. 오전 48분, 오후 48분의 시간만 활용하여 책을 읽는다면 분명 놀라운 기적을 경험하게 될 것이다. 이러한 시간 관리를 꾸준하게 3년만 실천한다면 인생역전 책 읽기 프로젝트가 완성된다. 3년 후에 읽은 책의 양을 세어보면 족히 1,000권이 될 것이며, 그때쯤엔 이미 의식과 사고가 확장되어 새로운 인생을 맞이할 것이다.

48분 기적의 독서법을 실천할 때, 꼭 거창한 계획이나 결연한 다짐이 필요한 것은 아니다. 아침형 인간이 되거나 주변의 인간관계를 끊어가면서 독서를 할 필요도 없다. 그저 쓰지 않고 버리는 시간만 활용하면 된다. 이 시간만 모아도 한 달이면 48시간이다. 없던 시간을 덤으로 얻은 것이다. 48분 독서를 시작하지 않는다면 모르고 흘려보냈을 시간이다. 결국 48분 기적의 독서법은 48분을 쓰는 것이 아니라 오히려 버는 것이라고 할 수 있다.

1910년 3월 26일 오전 10시 15분.

안중근 의사는 중국 뤼순감옥 사형장에서 짧은 생을 마감했다. 그 사형 집행이 거행되던 바로 5분 전, 사형 집행인은 안중근 의사에게 말한다.
"마지막 소원이 무엇입니까?"
그러자, 안중근 의사의 입에서는 매우 뜻밖의 대답이 나왔던 것이다.
"5분만 시간을 주십시오. 책을 다 읽지 못했습니다."

실제로 안중근 의사가 이렇게 말한 뒤 5분간 책을 마저 읽은 후 사형이 집행되었다.

5분만 시간을 주십시오.
책을 다 읽지 못했습니다.
-안중근

이와 대조적으로 사형 집행 직전까지는 시간을 빈둥빈둥 낭비하는 인생을 살다가, 극적으로 사형 집행이 중지된 후, 시간의 중요성을 깨닫고 단 일분일초도 낭비하지 않으면서 남은 인생을 살았던 사람이 있다. 바로 유명한 소설《카라마조프가의 형제들》을 쓴 러시아의 대문호 표도르 도스토옙스키이다. 그는 인간 심성의 가장 깊은 곳까지 꿰뚫어보는 심리적 통찰력으로 세계문학사상 가장 위대한 소설가의 한 사람이라는 명성을 얻은 대작가이다. 하지만 이토록 위대한 대작가가 카드나 룰렛 등의 도박과 쾌락적인 성생활에 몸을 내맡긴 사람이라면 이해가 가지 않을 것이다. 분명한 사실은 그는 가치 있는 일에 매진하면서 시간을 아껴 쓰는 사람이 아니었다는 사실이다. 그는 가치 없는 도박과 쾌락에 시간을 낭비하며 살았던 사람이었다. 하지만 이런 그에게 극적인 사건이 벌어졌다.

사건은 그를 완전히 다른 사람으로 바꾸어놓았다. 그 사건은 그가 당시 사회주의적 사상을 가지고 있었던 미하일 페트라셰브스키Mikhail Petrashevsky가 주도한 문학 모임에서 활동한 것 때문에 그것에 연루되어 반역 음모에 가담했다는 혐의를 받게 된 사건이었다. 이 사건으로 그는 무고하게 감옥에 갇혀 사형 선고를 받게 되었다.

1849년 12월 21일 영하 50도의 추운 겨울 날!

스물여덟 살인 그는 사형 집행을 받기 위해 처형장인 세묘노프 광장에서 기둥에 묶여 있는 신세가 되었다. 그에게 남겨진 시간은 이제 정확히 5분이었다. 이 마지막 5분 동안에 대해 그는 훗날 자신의 장편 소설인《백치》에서 자신의 이 당시 심정을 투영해 다음과 같이 술회했다.

이 세상에서 숨쉴 수 있는 시간은 5분뿐이다. 그중 2분은 동지들과 작별하는 데, 2분은 삶을 되돌아보는 데, 나머지 1분은 이 세상을 마지막으로 한 번 보는 데 쓰고 싶다.

도스토옙스키를 포함한 사형수들은 모두 흰색 수의를 입었고, 각자 총살당할 기둥에 묶여 있는 상태였다.

준비, 조준!

드디어 마지막 순간임을 알리는 냉정하고 무서운 소리가 들렸다. 그 마지막 순간에 광장의 저 끝에서부터 한 특사가 황제의 집행 연기 영장을 들고 다른 손에는 흰 수건을 흔들면서 뛰어들어 왔다. 사형 집행이 중지되었던 것이다. 사형 집행 대신에 시베리아 형무소 중노동으로 감형되었다. 그 순간 도스토옙스키는 안도의 한숨과 함께, 자신이 지금까지 시간을 낭비하며, 열심히 살지 않았다는 사실에 대해 비로소 큰 후회를 하기 시작했다.

그날 이후로 그는 일분일초도 낭비하지 않고, 시간을 아껴 쓰는 사람이 되었다. 그는 힘든 수감 생활과 막노동, 여러 가지 삶의 굴곡과 어려움 속에서도 여생을 창작에 전념하여, 모든 에너지를 쏟아부을 수 있는 인물로 바뀌게 되었던 것이다. 그 결과 그는 위대한 작가가 될 수 있었던 것이었다.

시간은 항상 상대적이다. 인생을 역전하기 위한 책 읽기는 시간을 다루는 것부터 시작한다. 세상에는 시간을 좀먹는 일들이 정말 많다. 그러나 48분 기적의 독서법은 시간을 만들어낸다. 잃어버린 1분들이 모여서 삶을 바꾸는 폭발적인 동력으로 거듭나는 것이다.

스톱워치로 일상을 체크하라

지금 생활이 바늘 하나 낄 틈 없을 만큼 바쁜가? 남들은 여유롭게 사는 것 같은데 나만 시간에 쫓기며 산다고 생각하는가? 여기 확인할 방법이 있다. 바로 하루의 시간을 계측하는 것이다. 두말할 필요도 없이 하루는 24시간이다. 하지만 사람에 따라 전혀 다른 결과를 만들어낸다.
왜 똑같은 시공간에서 살아가고 있지만 누구는 더 많은 시간을 사용하고, 누구는 반도 사용하지 못하는 것일까? 그 차이가 바로 시간 관리의 차이라고 말할 수 있다. 그렇다면 시간 관리를 잘하기 위해 우리는 어떻게 해야 하는 것일까?
먼저 시간 관리의 가장 기본인 낭비하는 시간과 낭비하는 요인을 파악하는 것이다. 과연 우리는 언제 무엇을 하면서 가장 많은 시간을 낭비하게 되는 것일까? 불행히도 그것은 사람마다 다르기 때문에 통계자료

가 없다. 하지만 우리 스스로 나만의 통계 자료를 만들어볼 수는 있다.

1주일 동안 스톱워치를 들고 다녀보자. 그래서 무엇을 할 때 몇 분 몇 초를 사용하는지 꼼꼼히 기록해보자. 하루 종일 기록한 후 저녁에 살펴보면, 아마도 깜짝 놀랄 것이다. 너무나 많은 시간들을 물 쓰듯 낭비하고 있었다는 사실에 말이다.

월요일부터 일요일까지 1주일을 하나의 사이클로 하여, 몇 주 동안의 시간 사용 내역을 만들어 우리의 일상을 체크해보자. 이러한 자신의 시간 진단이 시간 관리의 시작점이 될 것이다.

《인생을 바꾸는 시간 18분》이란 책에서 저자인 피터 브레그먼Peter Bregman은 시간을 좀 더 효율적으로 잘 활용하기 위해서는 18분 동안의 의도적인 멈춤을 실천하라고 말한다.

우리는 어디로 가고 있는지도 모르면서 무작정 열심히 살기 때문에 그만큼 더 시간을 낭비한다는 것이다. 그렇기 때문에 매일 18분 동안 의도적인 멈춤을 통해 시간을 더욱 더 풍요롭게 사용하라는 것이다.

이런 점에서 우리가 스톱워치를 가지고 우리의 일상을 체크하는 활동은 18분 멈춤과 같이 우리의 일상과 시간 내역을 돌아보게 해준다. 아주 효과적인 시간 관리 기술인 것이다.

스톱워치로 일상을 체크하는 것은 우리의 일상에 작은 멈춤을 선사하는 것이며, 우리의 일상을 우리의 시각으로 관찰하는 행위와 같다. 이러한 과정을 통해 우리는 자신의 시간을 제대로 관리할 수 있게 된다.

색깔 그래프를 만들어 비는 시간만 하얗게 칠하라

스톱워치로 우리 일상의 시간 흐름과 시간 낭비를 파악하게 되었다면 그것을 그래프로 그려보라. 훨씬 더 파악이 쉬워진다. 특히 색깔 그래프에서 낭비하는 시간만 하얗게 색칠해보자.

지금 우리가 낭비하는 시간이 24시간 중에 얼마나 많은지를 생생하게 이미지로 접할 수 있게 될 것이다. 어떤 사람은 자신의 일상 시간 그래프에서 낭비하는 시간과 아무것도 하지 않고 비워두는 시간을 다 합했을 때 6시간이 넘기도 한다.

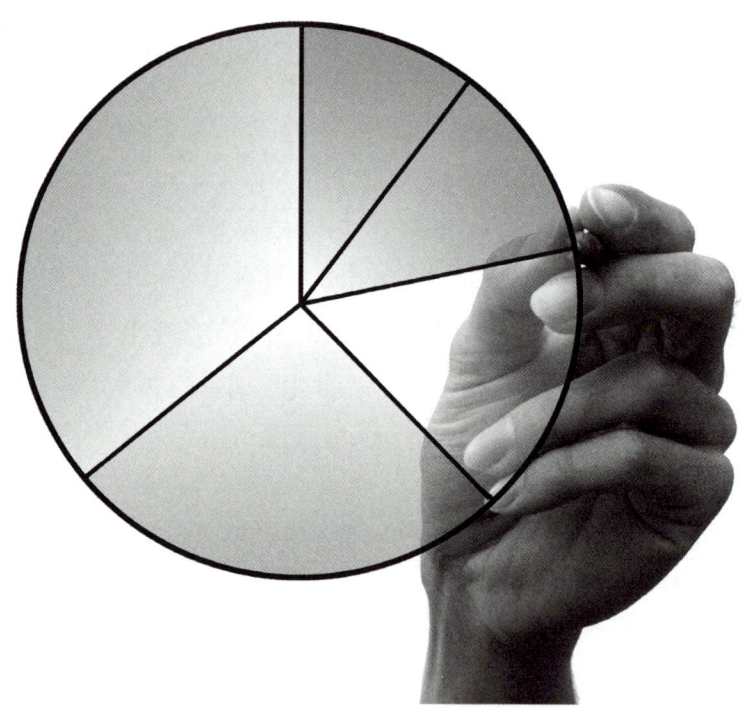

시간 관리를 잘하는 사람의 경우에는 하얗게 색칠된 부분이 매우 적다. 시간 관리의 대명사로 꼽히는 프랭클린 플래너Franklin Planner에 대한 책을 보면 다음과 같은 말이 나온다.

> 시간을 쪼개서 많은 일을 하는 것이 시간 관리라고 생각하는 사람들이 의외로 많다. 그러나 진정한 시간 관리는 쓸데없는 일에 시간 낭비를 하지 않는 것을 의미한다. 따라서 시간 관리를 하고자 한다면 중요하지 않은 일에 소중한 시간을 낭비하는 습관은 없는지 점검하는 데서 출발해야 한다.
>
> 이명원,《프랭클린 플래너 잘 쓰는 법》(더난출판사)

다시 말해, 전 세계의 수많은 CEO들이 프랭클린 플래너를 사용하는 이유는 한 가지일 것이다. 바로 시간 낭비를 줄이고, 시간 사용의 효율을 극대화시켜주기 때문이다. 바로 이러한 기능을 손쉽게 할 수 있는 방법이 시간 그래프에서 비어 있거나 낭비하는 시간들을 하얗게 색칠하는 방법이다.

가장 쉽게, 가장 저렴하게, 그리고 가장 생생하게 피부에 와닿는 시간 관리 방법이라고 말할 수 있다.

02
5분도 금 같은 오전에 48분 만드는 방법

인간은 항상 시간이 모자란다고 불평을 하면서
마치 시간이 무한정 있는 것처럼 행동한다.
- 세네카 -

화장실에서 보내는 자투리 5분을 잡아라

목표가 있는 5분은 목표가 없이 보내는 하루보다 더 생산적이며 유익한 시간이 될 수 있다. 그것이 바다를 항해하는 자와 표류하는 자의 차이다. 아무리 많은 시간이 주어졌다고 해도 표류하는 자는 아무것도 이룰 수 없다. 하지만 목표가 있고, 분명한 목적지가 있는 사람은 전혀 다르다. 일분일초도 금쪽같이 여기며 헛되이 낭비하지 않는다. 이들은 절대 표류하지 않는다. 이런 점에서 우리는 목표를 가지고 있다. 그 목표는 바로 48분 기적의 독서법을 실천하고자 하는 것이다.

목표를 영어로 goal, 혹은 target이라고 한다. 화살을 쏠 때 과녁이나 축구에서 골이 최종적으로 들어가야 할 골대가 연상되듯이, 목표란 우리가 달성해야 할 가장 바람직하고 효과적인 결과인 것이다.

목표 설정에 있어서 가장 중요한 것은 측정 가능해야 한다는 것이다. 아침에 일어나서 점심식사를 하기까지를 살펴보면 많은 자투리 시간들이 있고, 그 시간을 잘 활용하면 48분이란 시간을 만들어낼 수 있다.

48분 독서라는 목표가 있다면, 우리가 가장 염두에 두어야 하는 것은 실천이며, 그 실천은 자투리 시간의 활용으로부터 시작되어야 한다. 48분 독서가 우리의 인생을 기적처럼 바꾸어놓을 것임을 알고 믿는 사람에게 화장실에서의 자투리 5분이란 시간은 아주 중요하다.

"나의 훌륭한 독서는 거의 화장실에서 이루어졌다"라고 헨리 밀러Henry Miller는 말한다. 그만큼 화장실은 집중이 잘되는 곳이며 매일 규칙적으로 가는 곳이기 때문이다. 이만큼 확실하게 독서 시간을 확보하는 길이 또 있을까?

출근길 대중교통은 전자책e-book을 읽어라

요즘 지하철에서는 책 보는 사람을 찾기가 쉽지 않다. 출근길에서는 부족한 잠을 보충하거나 휴대폰을 들여다보는 사람들, 간혹 무가지를 읽는 사람들이 대부분이다. 사람들이 많은 몇몇 구간에서는 그마저도 불가능한 경우가 많다.

하지만 러시아워에도 48분 기적의 독서법을 실행할 수 있다. 두 손으로 책을 펼쳐보기엔 좁은 공간이라면 조그마한 문고판이나 휴대폰으로 전자책e-book을 보는 것이 그 방법이다. 오후보다 상대적으로 짧은 오전에 48분 독서를 실천하려면 특히 출근길이 중요하다. 단순하게 회사로 '이동'이라는 단편적인 목표에 치중하지 말고 최대한 이 시간을 활용해야 한다.

스타벅스의 사장인 하워드 슐츠Howard Schultz의 경우를 보면 항상 두세 권의 책을 가지고 다니면서 책을 읽는다. 그는 비행기 안이든 자동차 안이든 가리지 않고 책을 읽는다고 한다. 그리고 마음에 드는 책은 한 번에 수백 권씩 사서 직원들에게 나눠주기도 한다.

하워드 슐츠에게서 우리가 배워야 할 것은 이것이다. 항상 두세 권의 책을 가지고 다니면서 장소를 불문하고 책을 읽는다는 점이다. 하지만 보통 직장인들이 항상 두세 권의 책을 가지고 다니기에는 현실적으로 힘이 든다. 그래서 대안으로 삼을 만한 것이 바로 전자책이다. 스마트폰이나 전용단말기 안에 몇 권이고 편하게 넣고 다닐 수 있기 때문이다.

대중교통을 이용한 출근길은 러시아워라고 불릴 정도로 사람들이 몰린다. 두 손을 펼쳐 책을 보기가 쉽지 않을 정도이다. 바로 이때 전자책을 꺼내본다면 좁은 공간에서도 집중적인 독서가 가능하다.

엘리베이터 이용 시간 3분을 활용하라

대부분의 엘리베이터 앞에는 CCTV가 설치되어 있다. 아니면 적어도 엘리베이터 안에는 설치되어 있을 것이다. 그 카메라에 찍히는 영상을 보는 사람들은 무슨 생각을 할까? 아마 '왜 사람들은 하나같이 멀뚱히 서서 목 아프게 빨간 숫자만 보고 있는 거지? 어차피 언젠가는 앞에 도착할 텐데'라며 갸우뚱할 것이다.

보통 엘리베이터를 이용하는 사람들은 적어도 하루에 2번 이상 화살표가 새겨진 버튼을 누르기 마련이다. 올라갔으면 내려와야 하는 법이니까. 그곳이 직장이라면 출퇴근과 점심시간만 쳐도 4번이다. 그리고 대부분의 사람들은 이때만 되면 시시각각 바뀌는 빨간 숫자에 집중한다.

이 순간을 잡아라. 이 틈새 시간을 당신은 독서에 활용해보라. 엘리베이터는 당신의 관심을 받지 않아도 묵묵히 제 할 일을 해낼 것이다. 어쩌면 누군가 말할지도 모른다. 그깟 3분을 활용해서 무슨 책을 읽을 수 있냐고. 하지만 그깟 3분을 활용해서 책을 읽은 사람들은 그깟 인생이 아니라 위대한 인생을 살아간다.

그중에는 우리가 잘 아는 사람도 있다. 바로 안철수 전 서울대학교 융합과학기술대학원장이다.

안철수 연구소 이사회 안철수 의장은 엘리베이터를 기다리는 시간에도 책을 본다고 한다. 현역에서 경영자로 일할 당시 그는 '책 읽을 시간이 부족

해 틈틈이 읽는 경우가 많다'며 '승강기를 기다리는 동안 책을 읽기도 하는데, 회사 건물의 승강기가 느려서 한 달에 한두 권은 충분히 읽을 수 있었다'고 한 신문과의 인터뷰에서 밝힌 바 있다.

김성희,《CEO의 습관》(페이퍼로드)

하루 중 엘리베이터를 이용하느라 허비하는 시간은 아무리 짧게 잡아도 3분 이상이다. 이 3분을 독서에 활용한다면 48분 독서의 기적을 실현하는 데 큰 도움이 될 것이다.

이때 읽는 책은 따로 준비하는 것이 좋다. 앞서 소개한 안철수 역시 엘리베이터용 도서를 따로 구비하여 다닌다. 계속 이어지는 내용의 책은 피하는 것이 좋다. 짧은 시간을 활용한 독서이기 때문에 오랫동안 집중하기 힘들다. 이때는 하루의 다짐을 굳건하게 만들어줄 명언집이나 감성을 풍부하게 만들어줄 시집이 좋다.

점심시간은 활용하는 사람에게 더 길다

48분 기적의 독서법을 실천하고 있는 사람에게 점심시간은 황금의 시간이다. 보통 1시간의 식사시간이 주어진다면, 식사를 끝내고도 2~30분의 개인 시간이 생기기 때문이다. 이 시간을 어떻게 활용하느냐에 따라 오전 48분 독서의 성공 여부가 갈린다. 만약 아침에 충분히 독서를 하지 못했다면 식사 중에도 독서를 할 수 있다.

학창 시절엔 시험 기간만 되면 식사를 하면서도 시험공부를 하곤 했다. 하지만 학교를 졸업하고 나선 식사시간에 그렇게 열심히 무엇인가를 한 기억이 별로 없다. 아마도 그때만큼 무엇인가에 미쳐서 살고 있지 않는다는 이야기일 것이다.

위대한 인물의 일화 중에서도 시간을 아낄 때 식사시간을 활용하는 경우를 많이 볼 수 있다. 우리가 살아가는 데 꼭 필요한 시간이지만 아이러니컬하게도 그와 동시에 가장 아까운 시간이 되기도 하는 식사시간! 이러한 식사시간을 활용한 유명한 사람이 바로 세종대왕이다.

세종대왕으로 하여금 조선 시대를 통틀어 가장 위대한 왕이었다고 감히 단언할 수 있는 이유는 그가 바로 독서광이었기 때문이다. 그는 책 읽는 시간을 확보하고자 식사시간에도 독서를 했다고 한다.

> 식사 중에도 좌우에 책을 펼쳐놓았다. 궁중에 있으면서 손을 거두고 한가히 앉아 있을 때가 없었다.
>
> 《세종실록》

여러 가지 상황과 사정 때문에 식사 중에 독서가 힘들 수 있다. 그럴 때는 밥을 먹고 나서 잡담이나 수면, 인터넷 서핑을 대신하여 책을 보면 된다. 하루 48분 잡담을 통해 인생이 바뀌었다는 이야기는 들어본 적이 없다. 하지만 그게 독서라면 나비효과처럼 후에 커다란 변화를 몰고 올 것이다.

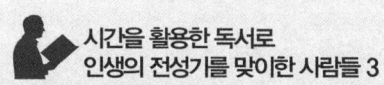
시간을 활용한 독서로
인생의 전성기를 맞이한 사람들 3

병상에서 2년 6개월 동안 3천 권을 읽다
이랜드 그룹 박성수 회장

앞에서 살펴본 것처럼 단기간의 폭발적인 독서로 임계점을 돌파한 사람이 가지는 힘은 한 사람의 인생을 성공으로 이끌기에 충분하다. 병상에서 2년 6개월 동안 3천 권의 책을 독파하여 임계점을 뛰어 넘은 사람이 바로 이랜드그룹의 박성수 회장이다. 한편으로 독서는 불치병도 극복해 낼 수 있는 강력한 힘을 선사해주는 듯하다.

박성수 회장은 대학교 4학년이 되던 1975년에 '근육무기력증'이라는 큰 병에 걸렸다. 전신마비가 오는 질병으로 치료법이 없어 불치병과 다를 바 없었다. 미래가 암울했고, 삶에 대한 희망도 흔들린 시련과 좌절의 시기였다.

또래의 청년들은 미래를 위해 열심히 하루하루를 살아가고 있다는 사실에 낙오자가 된 듯해 오히려 기분은 더 침울했다. 한창 혈기왕성할 시기에 병상에 누워 있는 것은 아마도 사형 선고를 받은 것이나 다름이 없었을 것이다.

그런 좌절감 속에서 그에게 힘을 주고 한 줄기 빛이 되어준 것이 책이었다. 그는 책을 읽기 시작했다. 책 속에 탈출구가 있다는 사실을 알고 있었던 듯 말이다. 그리고 얼마 후 출구가 보이지 않는 긴 터널 속에서 탈출구가 되어줄 빛을 발견하였다.

물론 그 역시 처음에는 자포자기의 심정으로 책을 읽었다. 그렇게 한 권 한 권 읽기 시작한 것이다. 그렇게 시작된 독서가 시간이 지나면서 엄청난 양이 되었다.

처음에는 쉬운 내용이나 흥미가 있는 그런 책으로 시작했다. 그러다 자신도 모르게 다양한 분야로 독서의 폭이 넓혀진 것이다. 독서를 하면 할수록 수준과 속도와 이해력이 기하급수적으로 향상되었다. 그렇게 박성수 회장은 책에 미쳐간 것이다.

그 다음에는 자신의 전문 분야를 넘어 전혀 다른 분야의 책을 읽기 시작했다. 마치 양동이에 물이 차면 흘러넘치는 것과 같은 이치였다. 자신의 전문 분야에 대한 독서가 끝나자 자연스럽게 다른 분야로 영역을 확장한 것이다. 그렇게 2년 6개월 동안 그는 3천여 권의 책을 읽었다.

이런 과정을 통해 박회장은 자신의 미래를 보게 되었다. 어떤 기업을 설립할 것인지, 무엇을 하며 살 것인지 깨달음을 얻은 것이다. 3년 동안 병상에서의 좌절과 아픔과 불치병을 이겨내고, 위대한 삶을 살아갈 수 있는 거인으로 스스로를 만들 수 있었던 것은 오로지 책의 힘이었다.

이랜드그룹 박성수 회장은 대학 시절 '근육무기력증'이라는 병에 걸렸었다고 한다. 이 병은 근육의 힘이 점점 약화되어 결국은 전신마비가 오는, 특별한 치료법이 없는 고약한 병이다. 이 때문에 그는 한창 혈기왕성한 젊은 시절 병실에 누워 있어야만 했다. 그는 할 수 없이 책을 읽기 시작했다고 한다.

그렇게 한 권으로 시작한 독서는 시간이 지날수록 무시 못 할 양이 되어갔고, 차츰 인재를 키우는 방법이나 그 밖의 생소한 분야까지 폭을 넓혀 나갔다. 박성수 회장은 2년이 넘는 시간 동안 무려 3천여 권의 책을 읽었고, 그것은 고스란히 그의 사업 밑천이 되었다. 전화위복인 셈이다.

윤성화,《2주에 책 1권 읽기》(더난출판사)

그가 독서에 빠지지 않았다면 지금의 이랜드 그룹은 존재하지 않았을 것이다. 3년 독서의 법칙은 이처럼 한 사람을 위대한 거인으로 만들기에 부족하지 않은 성공의 법칙이다. 3년 동안 분야를 가리지 않고 수천 권의 책을 읽은 집중적인 독서로 그는 자신의 그릇을 키웠고, 사고와 의식을 확장하는 비약적 도약을 이룬 것이다. 독서 전후의 삶이 너무도 변화가 많았기에 나는 그것을 감히 혁신이라고 부른다.

그의 독서 비결은 호기심이 사라지기 전에 속전속결로 끝내는 것이었다.

03

지친 오후를 달래는
48분간의 독서타임

시간은 누구에게나 공평하게 주어진 자본금이다.
이 자본을 이용한 사람에겐 승리가 있다.
- 칼 샌드버그 -

오후 네 시, 티Tea타임이 아니라 티북TeaBook타임!

아침에 하루를 시작한 사람에게 오후 네 시는 가장 나른한 시간이다. 이때 보통 간단하게 차나 커피를 마시며 수다를 떠는 경우가 대부분이다. 하지만 이 시간을 그저 차나 마시며 내일이면 기억에도 안 남을 이야기를 나누느라 흘려버린다면 너무 아깝지 않을까?

인생역전을 위한 책 읽기 프로젝트를 시작했다면 이 시간에 지친 뇌를 달래주며 스스로를 환기시켜줄 책 한 권을 읽자. 이왕이면 흥미롭거나 유쾌한 책을 읽으며 남은 오후를 준비하는 것이 좋다. 아니면 업무와 연관된 책을 읽음으로써 자신의 전문성을 높이는 것도 한 방법이다.

각성하고 환기한다고 꼭 머리를 비우며 한가하게 보낼 필요는 없다. 독서는 다양한 힘을 갖고 있기 때문에 전문적인 내용으로 지식을 무장시켜줄 수 있지만, 반대로 한없이 평화롭거나 흥미로운 내용으로 뭉친 머리를 무장해제시켜줄 수도 있는 것이다. 티타임에 무슨 차를 마실까 고민하듯이, 티북타임에 무슨 책을 읽을지 고민하여 실천하라!

최고의 집중력을 가져다주는 지하철

지하철이 없는 작은 지방도시나 시골에 살면 모르겠지만, 서울이나 부산이나 대구와 같은 대도시에 살고 있는 직장인들에게 독서를 할 수 있는 가장 많은 시간과 가장 좋은 장소를 제공해주는 공간이 바로 지하철이다.

《미쳐야 미친다》등의 베스트셀러 저자로 유명한 정민 선생은 지하철 애호가이다. 지하철에서 쓴 책만 4~5권이 될 정도라고 한다. 그만큼 집중이 잘 된다는 이야기다. 지하철에서 책도 쓰는데 책 읽기는 오죽 잘 되겠는가! 적당한 밝기의 조명, 적당한 소음과 진동은 오히려 책에만 집중할 수 있게 만들어준다.

지하철에서 보내는 출퇴근 시간은 48분 기적의 독서법을 실천하고 있는 사람들에게 아주 중요한 장소이다. 책을 빨리 읽는 사람들은 이

한 문장이라도 매일 조금씩 읽기로 결심하라.
하루 15분씩 시간을 내면 연말에는 변화가 느껴질 것이다.
-호러스 맨Horace Mann

시간만 활용해도 하루에 한 권 가까이 읽는다. 특히 아침보다 뇌가 더 활성화되어 있는 퇴근 시간은 책 읽기에 매우 좋은 컨디션을 유지하고 있는 시간이다.

이미 지하철에서 독서를 하며 자기계발에 여념이 없는 사람들이 적지 않다. 그중에서도 《맛있게 책 읽기》란 책에서는 지하철에서의 독서에 대해 실감나게 말해주고 있다.

> 양재에서 여의도까지 지하철이 주요 교통수단인 필자는 거의 지하철에서 책을 먹게 된다. 이동 시간이 1시간이 넘어가기 때문에 그 시간에 독서를 하면 한 달에 20~30권 정도를 먹을 수 있다. 약속이나 한 듯이 무가지를 맛나게 먹고 있는 승객들의 틈바구니에서 처음에는 어색하고 좀 이상했지만, 2년 이상을 먹다 보니 내 자신에게도 긍정적인 영향을 주었고 효율적인 시간 활용이 되었다. 때로는 딱딱한 책보다 가볍고 말랑말랑한 무가지를 먹고 싶은 유혹에 흔들릴 때도 있지만 꿋꿋하게 책을 먹는 습관을 고집한다.
>
> 현실적으로 전문 직종이 아닌 일반 직장인들이 하루에 고정적으로 1시간을 확보한다는 것이 쉬운 일은 아니나 각자가 처한 상황에 맞게 생활 속의 지혜를 발휘하면 된다.
>
> 이용 · 김수로, 《맛있게 책 읽기》(경향미디어)

이처럼 지하철 독서는 이미 많은 사람들이 실천하고 있는 독서법이다. 인생역전 책 읽기 프로젝트를 실시하고 있는 사람이라면 당연히 놓치지 말아야 할 황금 시간인 것이다.

텔레비전을 보더라도 광고 시간엔 책을 잡아라

《퇴근 후 3시간》이란 니시무라 아키라의 책에서 보면, 바쁜 현대인들의 경우 긴 출퇴근 시간과 힘든 업무, 야근으로 인해 여가 활동을 할 시간이 그리 많지 않을 수도 있지만, 여유를 갖고 찾아보면 하루에 3시간은 충분히 확보할 수 있으며, 그렇게 하기 위해 무엇보다 발상을 전환하라고 말한다. 자투리 시간 활용이 인생을 바꾸는 자원이 되고도 남을 수 있다는 발상의 전환을 통해, 실제로 인생이 바뀔 수 있다고 한다.

이런 점에서 몽테뉴의 '아무리 탁월한 재능이라도 무위도식하면 이는 곧 사멸한다'라는 말은 딱 들어맞는다. 우리가 아무리 출중한 소질을 가지고 태어난다 해도 시간을 아껴 그것을 갈고 닦지 않는다면 그 소질은 이내 곧 사라져버리게 되고, 평범한 한 사람으로 살아갈 수밖에 없다.

그렇기 때문에 우리는 시간을 아껴서 자신을 계발해야 한다. 그런데 직장인들에게 가장 큰 방해는 텔레비전이다. 하루 종일 직장 상사와 업무에 시달린 직장인들에게 유일한 낙은 어쩌면 텔레비전이라고 해도 과언이 아니다. 하다못해 30분 동안 저녁 뉴스라도 봐야 한다. 심지어 너무 바빠서 야근을 했다면 애국가라도 봐야 잠이 온다는 직장인도 있다.

이렇게 직장인들에게 하나의 낙인 텔레비전을 전혀 보지 말라고 할 수도 없다. 그 심정을 잘 알고 있다. 그렇다면 방법이 없을까? 발상의 전환을 해보자.

　우리가 텔레비전을 보는 이유는 드라마나 뉴스, 개그 프로그램을 보기 위해서이다. 하지만 그것을 보기 위해서는 광고 시간을 참아 내야 한다. 그러한 광고 시간에 대해 제대로 생각해보자. 광고 시간은 물건을 팔기 위한 기업들에게 매우 유익한 시간이다. 수익과 직결되기 때문이다. 하지만 텔레비전을 보는 주된 이유가 광고를 보기 위한 것이 아니다. 그렇다면 광고 시간에는 텔레비전 소리를 낮추고, 그 시간에 책을 읽자.

　나는 보통 텔레비전을 안 보지만, 정말 좋아하는 드라마를 보게 되는 경우라도 텔레비전 앞에 반드시 서너 권의 책을 가지고 간다. 광고 시간은 물론이고 드라마 중간에 진행이 처지면 어김없이 책을 읽는다. 이렇게 하다가 어떤 때는 아예 드라마를 끄고, 책만 읽게 되는 경우도 다반사이다.

이것이 바로 주객전도主客顚倒이다. 텔레비전을 보면서 중간중간에 책을 보려고 했지만, 결국 정신이 온통 책으로 넘어가는 것이다. 이렇게까지 하라는 얘기는 절대 아니다. 하지만 하다 보면 주객이 전도된다. 그렇게 되는 걸 어떻게 하냐 말이다. 앞으로 텔레비전 앞에 앉을 때는 최소한 책 한 권을 꼭 손에 들고 앉는 습관을 만들어보자. 매우 중요하다. 이렇게만 해도 의외로 많은 책을 읽게 된다. 믿고 실천해보자.

잠들기 전에 읽는 책은 어떤 클래식음악보다도 황홀하다

《잠들기 전 10분이 나의 내일을 결정한다》란 책을 보면 잠들기 전 10분이 얼마나 중요한 시간인지 알게 된다. 이 책의 저자인 한근태 씨는 많은 사람들이 하루 일에 대한 후회와 잡생각으로 소모해 온 잠들기 전 시간을, 전략적이고 효율적인 재충전 시간으로 바꾸는 법을 제시해준다. 그는 말한다. 잠들기 전 10분이 나의 내일을 결정한다고.

잠들기 전에 우리는 보통 하루 동안의 노고를 씻고 편하게 자기 위해 음악을 듣기도 하고 하루 중에 가장 좋았던 때를 생각하기도 한다. 하지만 같은 시간에 내일의 성공의 씨앗을 뿌리며 이 시간을 알차게 보내는 사람들도 있다. 그런 사람들은 그 시간에 성공의 씨앗이 되어주는 독서를 하는 사람들이다.

잠들기 전에 우리가 책을 읽어야 하는 이유는 무엇일까? 그것은 잠들기 직전에 읽거나 공부한 내용은 머릿속에 오랫동안 각인되는 효과가 있기 때문이다. 다시 말해 집중을 해서 오랜 시간 읽은 책의 효과를 잠들기 전에는 10분만 읽어도 같은 효과가 나타난다는 것이다.

특히 잠들기 전에 읽는 철학책이나 에세이는 우리 마음에 긴 여운을 남겨 놓는다. 그 결과 잠을 자면서도 그 여운에 맘껏 취해볼 수 있다. 그것이 심지어 꿈으로 연장되면 더할 나위 없이 좋은 경험이 된다. 잠들기 전에 읽는 로맨스소설이나 판타지소설은 우리를 클래식음악보다도 더

황홀하고 환상적인 세계로 초대한다. 잠들기 전에 읽는 역사서와 인문서는 우리에게 보다 더 큰 세상으로 나아갈 수 있는 큰 길을 열어준다.

좋은 습관 중에서도 아침에 일어나서 몇 분, 저녁에 잠들기 전에 몇 분을 오롯이 독서를 하는 사람은 그 어떤 습관보다 더 소중하고 가치 있는 습관을 가졌다고 할 수 있다. 독서를 통해 실패하거나 인생을 헛되이 산 사람은 한 명도 없다. 독서는 사람을 성장시킬 뿐만 아니라 올바른 길로 이끌어준다는 것을 명심하라.

04

주말은 충전의 시간, 책꽂이를 충전하라

시간의 걸음걸이에는 세 가지가 있다.
미래는 주저하면서 다가오고, 현재는 화살처럼 날아가고,
과거는 영원히 정지하고 있다.
- F. 실러 -

읽은 책을 기억하라

주말은 한 주를 정리하는 시간인 동시에 다음 한 주를 준비하는 시간이다. 지난주를 떠올리며 과연 7일간 무슨 책을 얼마만큼 읽었는지 점검해야 한다. 독서는 마지막 장을 덮는 것으로 끝나는 게 아니다. 진정한 48분 독서의 기적을 경험하기 위해선 읽은 책의 내용이나 감상을 정리하여 온전히 내 것으로 만드는 것이 중요하다.

이런 점에서 주말은 지난 한 주에 대한 보상이 아니다. 지난 한 주를 잘 마감하고 정리하고 반성하는 시간이며, 또 다른 알찬 삶을 만들어가는 시간이다. 주말만큼 많은 독서를 하고 계획을 짤 수 있는 시간도 없다. 독서에 빠져드는 것, 그리고 1주일 동안 했던 독서를 기억하고 정리하여 감상평을 남기고 독서 리스트를 만드는 것이야말로 가장 큰 재충전 시간이며, 자기계발 시간임을 깨달아야 한다.

주말은 무조건 쉬고 노는 시간이 아니라 평일에 미처 하지 못했던 책장을 정리하고 우리의 마음을 충전하는 시간이다.

읽을 책을 준비하라

주말에 해야 할 중요한 일이 바로 다가올 1주일 동안 읽어야 할 책들을 선정하고, 선정된 책들을 구매하거나 대여하는 것이다.

48분 기적의 독서법을 실천함에 있어서, 보다 더 계획적으로 전체적인 숲을 보며 독서를 해나가기 위해 주말 48시간은 매우 중요하다.

알고 보면 주말을 잘 이용하고 활용하여 인생의 기적을 이룬 사람들도 적지 않다. 《토요일 4시간》이란 책에서 저자인 신인철 작가는 피터 드러커, 아인슈타인, 처칠과 같은 성공 인물들은 토요일을 알차게 보냄으로써 보다 나은 내일을 개척하고 또 하나의 삶을 창출해 나간다고 한다.

그는 메마른 일상을 행복하게 만들어줄 몰입의 기회와 시간으로 토요일 4시간을 제시하며, 왜 4시간이 중요한지에 대해 말하고 있지만,

우리는 토요일과 일요일 모두 48시간을 책과 함께 책을 읽거나 읽을 계획을 세우며 몰입하는 삶을 추구할 수 있다. 그야말로 책의 숲에서 거닐 수 있는 보배 같은 시간이다.

술 대신 책을 권하며 친목을 쌓아라

책의 숲에서 책과 함께 거닐 수 있는 보배 같은 주말 48시간 동안 우리는 친구와 가족, 그리고 이웃을 만날 수 있으며 친목을 쌓을 수도 있다. 이때 우리는 술을 권하며 친목을 쌓을 수도 있지만, 안타깝게도 술에는 어떤 미래나 자기계발이 없다.

술을 마실 때는 그때뿐이며, 자칫 몸이 상할 수도 있다. 진정 상대방을 위한다면 술을 권하는 것 대신 책의 숲에서 거닐며 마음에 들어 했던 좋은 양서를 권하는 것이 그 친구의 미래를 위해 백배, 천배 더 나은 일임을 우리는 알아야 한다.

우리 모두 술을 권하는 사람보다 책을 권해주는 사람을 더 귀하게 여겨야 하고, 더 좋아해야 한다. 그것이 이어져 소문이 나면 좋은 책을 권해주는 사람도 점점 많아질 것이다.

링컨의 경우도 이와 다르지 않다. 열악한 환경에서도 독서하는 것을 포기하지 않았던 링컨은 책을 권하고 책을 선물하는 사람이 얼마나 귀한 사람인지 잘 알고 있다.

내가 가장 좋아하는 친구는 책을 선물하는 사람이다.

김병완, 《공부의 기쁨이란 무엇인가》(다산북스)

미국의 위대한 대통령 링컨은 언제 어디서든 책을 읽은 인물이며, 현 미국 대통령 오바마에게 일종의 정치 인생 멘토가 되어 아직도 우리들 가슴 속에 살아 있다. 링컨은 또 이런 말도 한 적이 있다.

내가 알고 싶은 것은 모두 책에 있다. 내가 읽지 않은 책을 찾아주는 사람이 바로 나의 가장 좋은 친구이다.

김윤정, 《열여섯 살 오바마처럼》(미르북스)

위대한 미국의 16대 대통령 링컨의 가장 좋은 친구가 되는 방법이 그렇게 어려운 것이 아니다. 그가 읽지 않은 책을 찾아서 선물해주면 된다. 이처럼 책을 권해주고, 찾아주고, 선물해주는 사람만큼 귀하고 훌륭한 사람은 없다.

당신 주위에는 만나기만 하면 술이나 권하는 사람들로 가득 차 있는 것인가? 아니면 만나기만 하면 피가 되고 살이 되는 귀한 책을 권하는 사람들도 있는가? 만약에 없다면 당신이 먼저 그런 책을 권하는 귀한 친구가 되어보자.

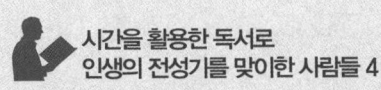
시간을 활용한 독서로
인생의 전성기를 맞이한 사람들 4

1,000일 독서로 거인이 되어 우뚝 서다
교보문고 신용호 회장

청소년 시절에 학교를 정상적으로 다니지 못하면, 십중팔구 문제아가 되거나 별 볼일 없는 삶을 살아가는 것이 일반적인 삶의 패턴이다. 그러나 그런 형편에서도 3년 동안의 폭발적인 독서를 통해, 임계점을 훌쩍 넘어 독서 혁명을 이루어낸 것은 물론 자신의 인생을 개척함으로써 한국 보험계의 전설이 된 사람이 있다. 대산 신용호 선생이다.

'사람은 책을 만들고, 책은 사람을 만든다'라고 말한 신용호 선생은 책 읽기 프로젝트의 드라마틱한 대표적인 사례이다.

'사람은 책을 만들고 책은 사람을 만든다'는 말로 대중에게 잘 알려진 교보생명 창업주 대산 신용호 회장은 생전 제도권 교육을 한 번도 받지 않고 보험업계에 뚜렷한 족적을 남긴 '보험의 스승'이다. 국내에 보험의 개념이 뿌리내리기도 전인 1950년대에 세계 어느 나라에도 없는 독창적인 상품인 '교육보험'을 개발해 보급했으며, 광화문 네거리의 금싸라기 땅에 국내 최대의 서점을 세우고 학생들의 배움의 터전으로 삼도록 했다. 그가 이 같은 업적을 이

뤄낼 수 있었던 비결은 끊임없는 자기계발과 불굴의 의지였다.

아시아경제신문,《창업주 DNA서 찾는다》(FKI미디어)

신용호 선생은 초등학교에 입학할 무렵에 폐병이 걸린 것은 물론 가정 형편으로 인해 초등학교도 졸업하지 못했다. 그래서 그는 자신의 약점을 극복하기 위해 중학생이 될 나이에 3년 동안 천일독서千日讀書를 실천한 것이다. 당시에 출간된 대부분의 책을 읽으려 했다.

정인영,《길이 없으면 길을 만들며 간다》(랜덤하우스코리아)

학교에 다니지는 않았지만 신용호 선생은 남다른 선택을 한 것이다. 이렇게 할 수 있었던 것은 어머님의 가르침이 있었기 때문이다.

책 속에 길이 있다

이것이 바로 어머님의 가르침이었고, 그에 따라 실천한 '1,000일독서'는 그가 훗날 교보생명과 교보문고를 창립하는 거목이 된 계기가 되었다.《이코노미스트》가 경영 구루 중에 구루라고 부르는 톰 피터스Tom Peters는 자신의 저서《사소함이 만드는 위대한 성공 법칙, 리틀 빅 씽The Little Big Things》이란 책에서 '자신을 최고의 상품, 위대한 존재로 만들어야 한다'

라고 역설한 바 있다.

　신용호 선생은 그 책이 출간되기도 전에, 그것도 십대의 나이에 자신을 최고의 상품으로 그리고 위대한 존재로 만들어야 한다는 사실을 알고 있었던 것이다. 또한 톰 피터스는 '기본으로 돌아가라'라고 말한다. 그곳에 성공의 비밀이 숨어 있기 때문이라는 것이다. 그는 또 '누구나 인생에서 성공을 원하지만, 성공은 너무나 사소해서 우리가 별로 관심을 기울이지 않거나 평소 당연하게 생각했던 것들로부터 시작되는 경우가 많다'라고 했다.

　사람들은 독서를 당연한 것이라고 여긴다. 그러나 너무나 당연하게 여긴 까닭일까? 독서가 위대한 성공의 시작이라 생각하는 사람은 별로 없는 듯하다. 좋은 학교, 좋은 학식, 좋은 직장, 좋은 직업이 성공의 시작점이라고 생각한다. 그러나 신용호 선생은 독서를 성공의 시작점이라고 생각했다.

　이런 사소한 차이가 궁극에는 큰 차이를 만든다. 신용호 선생은 남들이 당연하게 여기는 독서에 3년이라는 시간을 투자했다. 참으로 큰 결심이었다. 더구나 그것을 오롯이 실천했다.

　결국 3년 독서 경험은 그를 거인으로 성장시켰다. 더구나 그는 단순히 돈만 버는 기업가가 되지 않았다. 사회와 국가를 생각하고, 나라의 미래까지 염두에 두는 거인이 된 것이다.

　그에게 1,000일 독서의 경험이 없었다면 교보문고와 같은 기업은 설립되지 않았을 것이라 생각된다. 단순히 돈을 버는 기업가에 멈추지 않고 많은 사람이 책을 읽게 만들어 더 나은 사회를 만들기 위해 노력하는 선구자가 되지 못했을 것이다. 많은 사람들의 반대를 무릅쓰고 서울의 한복판 교보빌딩 지하에 서점을 내기로 결정한 것이 대표적인 사례이다. 금싸라기 땅에 서점을 내는 것은 상당한 손해를 감수하는 것이었기 때문이다. 책과 사회에 대한 사명감이 없었다면 불가능한 일이었다. 그는 단순한 기업가가 아니었다. 기업가이기 이전에 민족을 먼저 생각하는 애국자였던 것이다.

교보문고에 가면 그 많은 책들 앞에서 감동과 희열을 느끼곤 했었다. 그것이 바로 대산 신용호 선생의 사회와 민족, 그리고 우리의 미래까지 생각할 줄 알았던 혜안과 큰 도량 덕분이었다고 생각한다. 빡빡한 서울에 교보문고와 같이 몸과 마음이 쉬었다 갈 수 있는 안식처가 없다면, 서울이 얼마나 더 삭막할까?

대산 신용호 선생이 얼마나 큰 인물인지 알 수 있는 면모는 또 있다. 바로 광화문 글판에 적힌 글귀이다. 돈벌이에 급급한 기업주라면 홍보 효과가 큰 간판에 틀림없이 기업 홍보를 할 것이다. 그러나 그는 시민들에게 위안을 주는 글판을 만들라고 지시했다. 시민들에게 감동과 활력과 용기와 위안을 주는 서울의 명물이 된 것이다. 그 결과 광화문 글판은 사람이 아님에도 '2007년 세상을 밝게 만든 100인'에 선정되었다. 삭막한 서울을 밝게 만들고, 따뜻한 인간미가 넘치는 그 글판을 한 번이라도 본 적이 있는 사람은 그의 놀라운 도량과 식견을 알게 된다.

그런 사람들이 많은 사회가 잘 사는 사회이고, 살기 좋은 사회가 아닐까?

학력도, 자본도 없이 교보생명과 교보문고를 창립하여 민족 자본과 계몽을 이룩한 그는 분명 큰 거목임에 틀림없다. 그가 이처럼 거인이 되어 자신의 인생에 큰 획을 긋고 사회에 공헌할 수 있었던 것은 1,000일 독서의 힘이었다.

'맨 손가락으로 아름드리 참나무에 구멍을 뚫어라'라는 좌우명을 가지고 있는 대산 신용호 선생은 오로지 책만으로 나라와 사회에 큰 획을 그은 사람이다. 바로 이것이 그가 책 읽기 프로젝트의 대표적인 사례인 이유다.

CHAPTER 4

48분간 어떻게
기적을 일으킬 것인가

책을 읽는 것은 자신의 머리로 타인의 생각을 하는 것과 같다.
자신과는 다른 삶을 살았던 이들의 책을 읽다 보면 어느새
수많은 사람들의 삶을 이해하게 될 것이고 생각이 확장되는 것을
스스로 느낄 것이다. 이것이 바로 기적의 독서법이다.
책 읽기를 통해 인생역전을 이루고 싶다면 명작도 읽고,
베스트셀러도 읽고, 전문서도 읽고, 만화책도 읽어라.
다양한 독서의 경험과 몰입을 통해 독서의 기술과 방법을 터득해야 한다.

01
어떤 책을 읽을 것인가?

얼마나 많은 사람들이 독서를 통해 인생의 새 장을 열어왔는가!
- 헨리 데이빗 소로 -

사람들에게는 독서에 대한 고정관념이 있다.

첫 번째 고정관념은 양서를 읽어야 한다는 것이다. 물론 일리가 있는 말이고, 중요한 지침임에 분명하다. 그러나 맹점이 있다는 사실 또한 염두에 두어야 한다.

몇 권의 책을 읽거나 수십, 수백 권의 책만을 읽는 경우에는 양서를 선별해 읽는 것이 좋다. 그러나 1,000권의 책을 읽으려 한다면 사정이 다르다. 1,000권의 양서를 선별하는 일은 불가능하며, 양서의 기준 또한 애매하다. 어떤 사람에게는 양서가 될 수 있으나 그렇지 않은 사람도 있기 때문이다. 결국 어떤 책이 양서이고, 어떤 책이 그렇지 못한지 구분하는 것은 어리석은 일이며 우스꽝스러운 이야기에 불과하다.

두 번째 고정관념은 닥치는 대로 읽어서는 안 된다는 것이다. 이 역시 생각해볼 여지가 있는 말이다. 독서란 그 책의 저자와 만나는 일이기도 하다. 닥치는 대로 읽는다는 것은 다양한 생각을 가진 저자와 폭넓게 만나는 것을 의미한다. 그런데 만약 양서만을 골라 읽는다면 일정한 생각을 가진 규격화된 사람만 만나는 것과 다르지 않다. 다양한 의견을 가진 사람은 만나지 못하는 것이고, 새로운 견해를 접할 수 없게 되며, 결국 편협한 가치관을 갖게 될 수밖에 없다. 이는 사람을 만나는 것과 마찬가지다. 사람을 가려 만나는 것이며, 특히 의견이 다른 사람은 만나지 않는 것이다. 참으로 편협한 처사이다. 반대 의견을 가진 사람일수록 자주 만나 대화를 나누어야 사고의 폭이 확장되고, 세상과의 소통도 원활해지는데 말이다. 이런 이유 때문에 다양한 분야의 책을 읽는 것이 중요하다. 견해가 다른 도서라 하여 읽지 않는 것은 매우 어리석은 일임을 알아야 한다. 그렇지 않고는 사고가 유연해지지 않으며, 상상력과 창의성을 발휘하는 것은 불가능하다.

나는 문학, 인문 등의 인문서와 정치, 경제 등 사회과학서는 물론이고 만화, 잡지 등도 읽어야 한다고 생각한다. 다양한 분야의 책을 읽을 때 얻게 되는 사고의 유연성과 상상력이 큰 유익을 주기 때문이다. 우리나라의 대표적인 석학인 전 문화부장관 이어령 교수의 사례를 보자. 그는 분야를 가리지 않고 많은 책을 읽은 대표적인 인물이다.

이어령 교수는 '이런 것도 책이냐? 시간이 아깝다'라는 평을 들을 정도로 사람들이 무시하고 소홀히 여기는 도서조차도 마다하지 않고 읽음으로써 지혜와 통찰력을 끌어올렸다. 한 줌의 흙도 마다하지 않았기 때문에 태산을 쌓을 수 있었던 것처럼 이어령 교수 역시 이런 스타일의 독서법으로 자신을 단련시킨 것이다. 기발한 상상력을 가진 아이디어 뱅크라 불리게 된 것 역시 남들이 접하기 싫어하고, 소홀히 여긴 책을 꾸준히 접했기 때문에 가능한 일이었다. 바로 유연하고 폭 넓은 지식과 사고를 가질 수 있었기에 가능했던 것이다. 이어령 교수가 집필한 도서 중에 약 155권이 서점에서 판매 중인데, 이는 분야를 가리지 않는 독서로 인해 독자의 마음을 사로잡을 충분한 아이디어와 의식이 바탕이 되었기 때문이다.

구본준, 《서른 살 직장인 책 읽기를 배우다》(위즈덤하우스)

인문 고전이나 명작 소설은 훌륭한 책이다. 그러나 그 책이 아무리 훌륭하다고 해도 한 권의 도서가 줄 수 있는 지혜와 혜안과 통찰력은 한계가 있기 마련이다. 우리가 살아갈 21세기는 상상력과 창의성 그리고 통섭력이 중요한 시대이다.

자신의 관심 분야에만 몰두하는 사람은 폭넓은 사고를 가질 수 없다. 피터 드러커가 세계적인 명성을 얻을 수 있었던 것은 3년을 주기로 주제와 분야를 달리하여 다양한 책을 읽었기 때문이고, 덕분에 다양한 분야에서 전문가 수준의 지식과 혜안을 가진 사람이 되었다. 또한 현대 경영학의 창시자라는 타이틀을 얻게 된 것이다.

발명왕 에디슨 역시 마찬가지이다. 에디슨은 열두 살이 됐을 무렵에

청각을 잃은 후 독서에 심취했다고 한다. 그는 디트로이트 도서관에 있는 책을 한 권도 빼놓지 않고 모두 다 읽었다. 그 결과 에디슨은 사람들이 생각조차 할 수 없는 놀라운 물건을 발명할 수 있었다. 만약 그가 양서만을 골라 읽었다면 절대 불가능한 일이었다. 그의 발명품은 닥치는 대로 읽은 책이 바탕이 된 것이다. 규격과 틀에 맞는 그런 사고방식을 가지고 있었다면 절대로 세상에 나올 수 없었을 것이다.

토머스 에디슨은 초등학교에 입학한 지 3개월 만에 퇴학당한 전력이 있다. 학교 수업을 따라갈 만한 지적 능력이 없다는 이유 때문이었다. 아버지는 본래 머리가 나쁜 아이이기 때문에 어쩔 수 없다며 포기했지만 교사 출신 어머니는 희망을 품고 특별한 교육과정을 만들어서 에디슨을 직접 가르쳤다. 에디슨은 어머니의 지도로 아홉 살에 리처드 그린 파커의《자연과 실험의 철학》을 독파했다. 시어스의《세계사》, 에드워드 기번의《로마제국 쇠망사》, 흄의《영국사》같은 역사고전과 셰익스피어, 찰스 디킨스의 소설 같은 문학고전 등이 그 뒤를 이었다. 이십대에는 도서관을 통째로 읽어버리겠다며 도서관에서 살다시피 했다. 그는 세계 최고 기록인 1,093개의 특허를 따내면서 발명왕이 되었고, 지금까지도 세계 최고의 기업으로 인정받고 있는 제너럴 일렉트릭GE을 창업했다.

이지성,《리딩으로 리드하라》(문학동네)

당신이 전쟁을 하러 나갈 장군이라 가정하자. 그렇다면 어떤 책을 읽을 것인가? 아마도 전략과 전술을 다룬 도서를 찾아 읽을 것이다. 그

고생 없이 얻을 수 있는
진실로 귀중한 것은 하나도 없다.
-에디슨Thomas Alva Edison

러면 전쟁에서 이기는 데 도움이 될 수 있을까? 아니다. 왜냐하면 그런 책은 상대편 장군도 읽었을 것이고, 따라서 상대를 이길 수 있는 전략을 얻을 수 없기 때문이다. 그러나 지질학, 기상학, 인구론, 군주론, 풍속, 역사 등과 같은 다양한 책을 읽었다면 상황은 달라질 것이다. 바로 나폴레옹의 이야기이다. 프랑스 역사가 조르주 보르도노브Georges Bordonove의 《나폴레옹 평전》에는 나폴레옹의 어린 시절과 장교 시절이 잘 묘사되어 있다. 또한 독서광들의 성공스토리인 《독서불패讀書不敗》란 책에도 그의 독서 습관이 잘 그려져 있다.

나폴레옹은 사관학교 생도 시절에도 다양한 분야의 도서를 읽었는데, 그 결과 상상도 하지 못할 전략과 전술을 전쟁에서 활용할 수 있었다. 심지어 그는 전쟁터에서 《젊은 베르테르의 슬픔》을 읽기도 했는데, 이는 나폴레옹의 독서습관이 어땠는지 알려주는 대목이다. 에디슨이 발명에 관한 책만 읽고 나폴레옹이 전쟁에 관한 책만 읽었다면 그들은 평범한 발명가, 평범한 장군에 머물렀을 것이다.

창의적이고 기발한 상상력은 새로운 분야의 도서를 접할 때 샘솟는다. 경영자들이 인문학을 공부하는 것도 마찬가지이다. 경영학을 공부하기에도 바쁜 이들에게 인문서가 무슨 소용이 있을까 생각할지도 모른다. 그러나 세상은 다양한 것이 복합적으로 뒤엉켜 있기 때문에 생소한 분야의 도서, 다소 엉뚱해 보이는 도서에서도 성공하는 경영인이 되기 위한 혜안을 얻을 수 있다.

세상의 모든 책은 사람에게 유익을 준다. 절대로 해가 되는 책은 없다. 이것이 바로 전문 분야의 책만 읽거나 좋아하는 분야의 책만을 고

집하지 말아야 하는 이유다.

  그렇다고 재미도 없고, 흥미도 없고, 유익하지도 않은 책을 끝까지 읽으라는 말은 아니다. 또한 그리 애쓸 필요도 없다. 내가 말하고 싶은 것은 책을 읽을 때 좋은 책을 고르려 애쓰지 말라는 것이다. 또한 다양한 의견에 귀를 기울일 줄 알아야 하는 것처럼 책을 통해 많은 작가와 소통하여 의식과 사고를 확장하라는 것이다. 포용력이 있는 사람이 되고 싶어도, 세상을 품으려 하는 사람도 다양하고 많은 책을 읽어야 한다.

  독서를 갓 시작한 사람들은 보통 베스트셀러에 의존하기 마련이다. 하지만 베스트셀러는 말 그대로 단순히 많이 팔린 책에 불과하다. 베스트셀러는 아닐지라도 알토란 같은 내용이 담긴 도서는 무수히 많다. 진흙 속에서 진주를 발견하려면 진흙을 다 뒤지는 수밖에 없다. 묻혀 있는 양서를 발견하려면 닥치는 대로 읽는 수밖에 없는 것이다. 그렇게 독서를 하다 보면, 어느새 책을 고르는 능력이 생기게 될 것이고, 자신의 사고와 의식이 무한대로 확장되고 있음을 느끼게 될 것이다.

02
명저 한 권의 함정에
빠지지 말라

독서는 일종의 탐험이어서 신대륙을 탐험하고
미개지를 개척하는 것과 같다.
- 듀이 -

한 권의 명저를 읽는 것이 1,000권의 책을 읽는 것보다 더 유익하지 않을까? 맞는 말일 수도 있다. 책 읽는 시간이 부족한 현대인에게는 한 권의 명저에 대한 유혹이 더 강할 것이다. 그러나 한 권의 명저에서 얻을 수 있는 지혜와 통찰력은 제한적이라는 것을 알 필요가 있다.

존 밀턴John Milton은 '한 권의 좋은 책은 위대한 정신의 귀중한 활력소이고, 삶을 초월하여 보존하려고 방부처리해 둔 보물이다'라고 했다. 그러나 한 권의 명저가 사람에게 미치는 영향력은 시대가 변하면서 점점 줄어든다. 반면에 1,000권의 책에는 시대 변화의 거센 흐름을 이겨 낼 지혜가 담겨 있다. 바로 이것이 1,000권의 책을 읽어야 하는 이유다.

시대가 바뀌면 '좋은 책'의 기준도 바뀌기 마련이다. 사회적 패러다임이 변하면서 또 다른 도서가 베스트셀러라는 이름을 얻는다. 권불십년權不十年이라는 말이 책에도 적용되는 것이다. 베스트셀러의 순위 변동만 보아도 알 수 있다. 하루가 다르고, 1주일이 다르게 순위가 바뀐다. 1년 전에는 베스트셀러였지만, 1년 후에는 최악의 도서가 되기도 한다. 결국 천 년의 양서임을 자부하며 천상천하 유아독존을 외치는 도서는 더 이상 없다. 인생살이의 비법과 지혜와 사고와 통찰력과 혜안과 활력소와 기쁨과 환희와 열정과 선견지명이 함축된 한 권의 책이 과연 있다고 생각하는가? 그런 책은 없다. 그렇기 때문에 한 권의 양서보다 1,000권의 책을 선택해야 한다.

나는 지금도 어느 누군가 세상을 뒤집을 명저를 쓰고 있으리라 믿는다. 다만 오랜 시간 검증을 받은 후에야 비로소 명저라는 타이틀을 얻을 수 있기에 동시대를 살아가는 사람들은 자신이 읽고 있는 책이 명저인지 모를 뿐이다. 지금 읽고 있는 책 또한 수백 년 후에는 명저가 될 수도 있다. 사람들의 주목을 받지 못하는 책이라도 결코 소홀히 여겨서는 안 된다. 바로 한 권의 명저보다 1,000권의 책을 읽어야 하는 또 다른 이유다.

수많은 책을 읽다 보면 새로운 명저와 만나는 소중한 경험을 할 수도 있다. 1,000권의 책을 읽다 보면 명저를 구분할 수 있는 안목과 지혜와 분별력이 생기기 때문이다. 따라서 한 권의 명저만 붙잡고 찬양하며 귀중한 시간을 낭비해서는 안 된다. 세상에 숨어 있는 명저를 놓치는 우를 범할 수도 있기 때문이다.

　명저는 그 명성만으로도 많은 사람이 읽기 마련이고, 책을 읽은 이들은 서로 비슷한 생각을 하고 비슷한 의식 수준을 갖게 된다. 사고의 질적 표준화와 규격화가 이루어지는 것이다. 남과 다른 의식 수준을 갖거나 남과 다른 생각을 할 수 없는 것이다. 소크라테스의 책만을 읽은 사람이 다른 책을 거들떠보지 않으면 작은 소크라테스에 머물게 된다. 다시 말해 소크라테스를 뛰어넘는 사람이 되는 것은 불가능하다는 말이다. 인류의 발전을 이끈 사람은 괴짜라 불리던 사람들이었다. 남과 다르게 생각하는 사람들, 남과는 다른 의식 수준을 가진 사람들이 세상을 바꾼 것이다.

　영국의 정치가 벤저민 디즈레일리Benjamin Disraeli는 '단 한 권의 책밖에 읽지 않은 인간을 경계하라'고 했다. 앞에서 말한 것처럼 아무리 위대한 명저라 하더라도 한 권이 주는 지혜와 지식과 용기와 혜안은 한계가 있다.

　사람들은 익숙한 것에 친근감을 느낀다. 반대로 낯선 것은 경계하기 마련이다. '좋은 책'의 익숙함에 길들여지면 수천 권의 낯선 것을 만나지 못하게 된다. 하이데거는 사고와 의식과 이성이 시작되고 향상되는 시점을 '낯선 것과의 조우'라고 말했다. 매일 습관처럼 익숙한 생각과 일상을 거듭하면 의식과 사고와 이성의 발달이 어렵다는 것이다. 이성이 시작되고, 사고의 폭이 넓어지고, 의식 수준이 향상되기 위해 필요한 것은 그동안 경험하지 않았던 낯선 것들과의 조우이다. 어떻게 하면 가장 신속하게 낯선 것들과 조우할 수 있을까?

해답은 하나다. 1,000권의 책을 읽는 것이다. 1,000권의 책은 바로 수천 개의 낯선 것이기 때문이다. 또한 빠른 시간에 집중하라는 것이다. 단기간의 집중 독서는 낯선 것들과 조우할 수 있는 가장 효율적인 방법이다. 이성이 시작되면서 뇌에서는 수천 개의 새로운 생각이 싹을 틔우고 열매를 맺는다. 상상해보자. 그 열매들이 얼마나 무궁무진한 세계로 우리를 인도할 것인지 말이다.

사람들은 날마다 수천 가지 생각을 한다. 그러나 생각을 반복하는 것일 뿐 새로운 생각을 하는 일은 매우 드물다. 사람들이 어제의 삶과 다르지 않은 하루하루를 살아가는 이유다. 수천 개의 새로운 생각, 수천 개의 낯선 것과 조우한다면 상황은 달라진다. 평범한 일상에서 벗어날 수 있는 것이다. 사람들은 일상에서 벗어나기 위해 여행을 간다. 낯선 것과 만나기 위한 것이다. 낯선 것과 만나기 때문에 일상에서 벗어나는 것이고, 새로운 생각이 가능한 것이다. 그런 여행을 떠나자는 것이다. 수천 권의 책을 통해서 말이다. 훨씬 경제적이지 않은가? 시간과 공간의 제약도 없다. 수천 년 전의 사람을 만날 수도 있고, 지구 반대편의 사람을 만날 수도 있다. 이를 통해 사고와 의식이 확장되고, 남들과 다른 생각을 할 수 있다. 바로 의식이 살아 있는 사람이 되는 것이다.

다윗이 걸어나오고 있다.

작은 일이 완벽함을 만든다.
그리고 완벽함은 작은 일이 아니다.
-미켈란젤로Michelangelo Buonarroti

미켈란젤로가 어느 날 거대한 대리석을 보고 가슴이 벅차오름을 느끼고 환희에 겨워 한 말이다. 그러나 당시 사람들은 미켈란젤로의 행동을 이상하다고 여겼다. 미켈란젤로와 같은 안목과 혜안이 없었기 때문에 당연한 일이다. 미켈란젤로에게 대리석은 새롭게 태어날 다비드상이었다.

영국의 시인 윌리엄 블레이크William Blake는 '같은 나무를 보더라도 우둔한 사람과 현명한 사람은 다른 것을 본다'라고 말했고, 마르셀 프루스트Marcel Proust는 '진정한 발견은 새로운 땅을 찾는 데 있지 않고, 새로운 시각으로 바라보는 데 있다'라고 말했다. 이러한 능력은 1,000권의 책을 통해서만 얻을 수 있다. 이것이 바로 기적의 독서법의 힘이다.

1,000권의 책을 읽어야 하는 이유가 고작 이것뿐일까? 아니다. 여기 가장 중요한 이유가 있다. 그것은 시대가 변하기 때문이다.

아무리 훌륭한 작가라도 세상의 변화와 지혜를 모두 가지고 있을 수는 없다. 또한 그것을 가지고 있다 해도 한 권의 책에 담아낼 수는 없는 법이다. 불가능한 일이다. 지면의 제한도 있고, 작가의 생각을 온전히 글로 전하는 것이 어려운 일이기 때문이다. 이런 이유로 작가들은 수백 권의 책을 집필하는 것이다. 우리나라에서 가장 많은 책을 집필한 혜강 최한기 선생 역시 이런 이유로 평범한 사람들이라면 평생 읽지 못할 만큼의 도서를 집필한 것이다.

새로운 통찰과 새로운 아이디어를 얻으려면, 자신의 전문지식 분야에서 과감히 탈피해야 한다.

영국의 경영 컨설턴트인 찰스 핸디Charles Handy가 《코끼리와 벼룩》이라는 책에서 한 말이다. 자신의 전문 분야에만 의존하면 새로운 통찰력과 새로운 아이디어를 얻을 수 없다는 말이다. 또한 지금은 정보가 홍수처럼 넘쳐나는 시대이다.

국립 중앙도서관에는 862만 권의 장서가 있다. 프랑수아 미테랑 국립도서관에는 1,200만 권 이상의 장서가 있다. 일본 의회도서관은 우리나라 국립 중앙도서관보다 약 2배 정도 더 많은 장서를 보유하고 있다. 더 많은 장서를 보유한 도서관도 있다. 미국 국회도서관에는 1억 3천여만 권 이상의 책이 있는데, '인간이 만든 모든 업적'을 활자화한다는 기본 방침에 따른 것이라 한다.

이처럼 세상에는 엄청난 양의 책이 존재한다. 하루에도 수천 권의 책이 쏟아져 나온다. 그런데 불과 수십 혹은 수백 권의 책을 읽었다고 만족할 것인가? 수백 권의 책을 읽고서 책을 통해 세상의 지혜를 깨쳤다고 자신 있게 말할 수 있을까? 적어도 우리나라 중앙도서관에 있는 862만 권의 도서 중에서 0.1%는 읽어야 하지 않을까? 그래야 세상이 돌아가는 이치를 알게 되지 않을까? 물론 읽고 안 읽고는 오롯이 자신의 몫이다. 하지만 결과는 매우 다를 것이다.

우리가 사는 세상은 매우 넓다. 작은 우물 안이 아니다. 만나야 할 사람도 많고 꼭 읽어야 할 좋은 책 또한 수천만 권이 넘는다. 이 세상을 살아가는 사람이라면, 나아가 더 큰 꿈을 꾸는 사람이라면 한 권의 책이라도 더 읽으려 노력하고, 한 사람이라도 더 사귀려 애써야 한다. 뛰어난 사람이라 칭송을 받는다 할지라도 자만해서는 안 되며, 눈앞에 닥친

산을 넘어야 하고, 강을 건너야 하며, 바다 또한 두려워하지 말아야 한다. 오로지 책을 통해서만 가능한 일이다. 커다란 꿈을 꾸는 사람에게 1,000권의 책이 필요한 이유다.

태산을 쌓으려면 한 줌의 흙도 소홀히 여겨서는 안 되는 것처럼 인생이 바뀌려면 한 권 한 권의 도서를 모두 소중히 여겨야 한다. 소홀히 여겨도 될 책은 세상에 없다. 물이 끓기 위해서는 100도가 넘어야 하는 것처럼 말이다.

많은 이들이 물의 온도를 99도까지 올린다. 그러나 마지막 1도를 보태 물을 끓게 하는 이는 드물다. 비등점을 넘어서기 위해 필요한 마지막 1도를 채워줄 한 권의 책이 부족한 탓이다. 문제는 어떤 책이 마지막 한 권이 될지 모른다는 것이다. 명저라 불리는 책이 될 수도 있고, 헌책방 구석에 있는 시대에 동떨어진 칼럼집일 수도 있고, 고물상에 폐지로 넘겨진 어떤 사람의 자서전일 수도 있다. 이것이 바로 수천 권의 책을 읽어야 하는 이유다. 또한 마지막 한 권이 있기 위해서는 그 앞에 수천 권의 도서가 바탕이 되어야 한다는 것을 잊지 말아야 한다. 순서의 문제만 있을 뿐, 수많은 책을 읽지 않았다면 마지막 책 또한 자신의 인생을 바꾸어줄 한 권의 책이 될 수 없기 때문이다.

이런 이유로 나는 명작도 읽고, 베스트셀러도 읽고, 전문서도 읽으라고 권한다. 독서에서 가장 중요한 것은 몰입이기 때문에 명작이건, 베스트셀러건, 전문서건 원하는 것을 읽으라는 것이며, 심지어 만화책이나 잡지도 읽으라는 것이다. 흥미를 느끼는 분야와 주제를 접하면서 몰입을 경험해보라는 것이다. 독서에 대한 몰입을 경험하고, 한 분야에 대한 지혜와 지식이 쌓이면 독서량이 저절로 증가하고 책의 분야와 장르를 뛰어넘게 된다.

'말할 수 없는 것에 대해서는 침묵해야 한다'라는 멋진 말로 내 마음을 한순간에 사로잡은 이가 있다. 현대의 독창적인 철학자 중의 한 사람인 비트겐슈타인Wittgenstein으로 그는 싸구려 탐정소설광이었다. 또한 독일 관념론 철학을 완성시킨 헤겔Hegel은 주위 사람들의 우려를 살 정도로 소설에 탐닉했다. 하지만 그렇게 시작한 독서가 결국 다른 분야로까지 넘어가서 그들의 사고와 지혜를 넓혀준 것이다.

독서에 등산을 적용하면 좀 더 쉽게 독서에 몰입할 수 있다. 등산에 빠진 사람은 모든 산을 좋아한다. 특정한 산만을 골라 다니지 않는다. 산이기 때문에 좋은 것이다. 마찬가지로 책에 미친 사람은 책이라면 모두 좋아한다. 책을 골라 읽지도 않는다. 책이 좋기 때문이다. 책이 좋아지면 독서는 자연스런 것이다.

책이 풍기는 냄새를 좋아하고, 책이 주는 분위기를 좋아한다. 책을 펼칠 때 느낌을 좋아하고, 책을 읽을 때 빠져드는 느낌을 생생하게 기억한다. 책이 꽂혀 있는 서재를 좋아하고, 책이 뿜어내는 마력과 위용에 압도되는 것을 즐긴다. 책과 관련된 것을 좋아하게 되면 어느새 책에 빠져드는 자신을 발견할 것이다.

다음으로 독서에도 부익부 빈익빈 현상이 존재한다는 것을 알아야 한다. 독서를 많이 할수록 책을 더 많이, 더 쉽게, 더 빨리 읽을 수 있고, 독서의 양과 질을 올리는 효과를 거두게 된다. 1년에 한두 권의 책을 읽는 사람이 열 권의 책을 읽는 것은 매우 힘든 일이다. 그러나 1년에

1,000권 이상의 책을 읽는 사람이 열 권의 책을 읽는 것은 식은 죽 먹기다. 일용직 노동자는 하루에 10만원을 벌기도 어렵지만, 부자는 하루에도 수십 억을 번다. 하루에 10만원 벌기도 버거운 사람이 하루에 수십 억 원을 버는 사람을 이해할 수 있을까? 불가능한 일이다. 그들의 세상을 이해하지 못하기 때문이다. 그럼에도 세상에는 하루에 수십억 원을 버는 사람들이 엄연히 존재한다. 이와 같은 빈부의 격차는 독서에도 그대로 적용된다. 하루에 수십억 원씩 버는 사람을 사기꾼이라며 일방적으로 매도하는 사람이 있다. 그러나 이것은 자신이 가난하다는 것과 세상을 보는 지혜가 없다는 것을 세상 사람들에게 알리는 것에 불과하다.

열 권이 넘는 책을 집필한 안철수는 책을 통해 지혜와 지식과 통찰력을 얻은 사람이다. 그는 바둑을 배우려 결심하면 바둑과 관련된 서적을 읽은 후에야 비로소 바둑을 두었다고 한다. 모든 일에 임하기 전에 책을 읽어 세상의 지혜를 얻는 그런 현명한 사람인 것이다. 의사였던 그가 독서를 통해 컴퓨터 보안 전문가가 되었고, 독서를 통해 전문 경영인이 되었다. 이처럼 두세 번이나 삶을 변화시킬 수 있었던 이유가 왕성한 독서였고, 그로 인한 생각의 확장이 가능했기 때문이다.

1,000권을 읽으면 베스트셀러 작가가 될 수 있다.

《21세기 직업 작가의 세계 – 하루 만에 전문작가가 되는 방법》이란 강의에서 이문열 작가가 했던 말이다. 왜 1,000권일까? 1,000권을 읽으면 사고가 확장되고, 사소한 것을 보더라도 수많은 것을 연상할 수 있는 힘이 생기기 때문이다. 이것이 바로 사고가 확장되어 얻는 유익이다.

작가는 길가의 풀 한 포기에서도 광활한 우주를 떠올릴 수 있어야 하는데 이는 생각이 확장되지 않으면 불가능한 일이며, 오로지 독서를 통해서만 가능하다. 이런 일은 작가에게만 필요한 것이 아니다. 어떤 일을 하더라도 생각의 영역이 확장되면 다양한 유익을 얻게 될 것이고, 결국 성공적인 삶을 살게 될 것이다.

1,000권의 책을 읽으면 누구라도 책을 쓸 수 있을 만큼 지혜가 쌓이고 사고가 확장된다. 이는 양이 질을 능가하기 때문에 가능한 일이고, 48분 기적의 독서법을 통해 얻은 깨달음을 실천하는 사람이라면 누구나 가능한 일이다. 누구라도 작가가 될 수 있고, 누구라도 경영자가 될 수 있으며, 누구라도 투자자가 될 수 있다. 그 방법만 터득하고, 제대로 실천한다면 말이다.

한 권의 명저가 주는 유혹에서 벗어나 다양한 책을 폭넓게 봐야 한다. 독서로 새로운 인생을 살고 싶다면 가장 먼저 해야 할 일이 바로 이것이다. 지금 당장 드넓은 진리의 세계로 나아가라. 책의 종류와 장르를 따지지 마라. 자신을 편협한 세상에 가두지 마라. 넓은 바다에서 항해하려는 사람이 자신을 호수에 가두면 안 된다. 명저니 인문서니 하면서 특정 도서만을 골라 읽는 것은 넓은 세상으로 나가는 문을 스스로 닫아버리는 것과 같다. 주위에 있는 책이란 책은 다 읽어보자. 마치 대식가라도 된 것처럼 책을 먹어치우자. 어느새 생각지도 못했던 새롭고 기발한 생각이 머릿속에서 떠오를 것이다.

책을 읽는 것은 자신의 머리로 타인의 생각을 하는 것과 같다. 자신과는 다른 삶을 살았던 이들의 책을 읽다 보면 어느새 수많은 사람들의 삶을 이해하게 될 것이고 생각이 확장되는 것을 스스로 느낄 것이다. 이것이 바로 기적의 독서법이다. 책 읽기를 통해 인생역전을 이루고 싶다면 명작도 읽고, 베스트셀러도 읽고, 전문서도 읽고, 만화책도 읽어라 다양한 독서의 경험과 몰입을 통해 독서의 기술과 방법을 터득해야 한다. 또한 인생역전 책 읽기 프로젝트가 성공할 수 있도록 다양한 분야의 책을 접하면서 독서의 기초 체력을 길러야 한다.

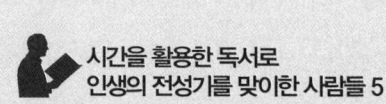
시간을 활용한 독서로
인생의 전성기를 맞이한 사람들 5

학교 중퇴 후 도서관을 통째로 읽어치운 위대한 발명가 에디슨

　세계 최초로 공업용 실험실을 건립하고, 1,093개의 특허를 따내며 발명왕이 되고, 지금까지도 세계적인 기업으로 성장하고 있는 제너럴 일렉트릭General Electric(GE)을 창업한 에디슨의 저력은 어디서 나온 것일까? 머리가 특별히 좋지도 않은 그의 저력은 무엇일까? 정규교육을 받지 못한 그가 어떻게 세계 최고의 발명왕이 될 수 있었을까?

　그것은 바로 '분야의 경계를 뛰어넘는 다양한 책들을 엄청나게 읽고, 그것을 자신의 머리에 통합할 수 있었던 집중 독서의 경험' 때문이었다. 이렇게 말할 수 있는 이유는 발명 스타일과 인생을 살펴볼 때, 한 분야의 발명품만 만들어내거나 발명에만 특출한 재능을 보인 인물이 아니기 때문이다. 그의 발명품은 상상도 못할 정도로 다양했고, 미래를 내다보는 통찰력과 혜안은 남달랐다. 심지어 마케팅에도 천재적인 능력을 보였으며 기획과 전략의 수립에도 월등히 뛰어났다. 이런 다재다능한 능력은 그가 읽었던 다양한 분야의 책에서 얻었다고 말할 수밖에 없다.

그가 도서관에 처박혀 책만 읽은 기간이 없었다면 절대로 이처럼 다양한 분야에서 두각을 보이지 못했을 것이다. 뿐만 아니라 그의 발명품은 어떤 연관도 없어 보이는 다양한 분야의 지식과 통찰력이 반영된 놀라운 것들이다. 언젠가는 셰익스피어가 자신의 발명에 큰 영향을 주었다고 말한 적이 있었다.

책을 통해 그는 셰익스피어를 비롯하여 위대한 인물들의 사고와 의식 수준을 빌려 올 수 있었고, 그것을 자신의 의식과 사고 수준을 향상시키는 데 오롯이 사용한 것이다. 위인들이 또 다른 위인의 사상과 업적을 토대로 더 나은 업적을 성취하는 것처럼 에디슨도 수천 권의 책을 통해 앞선 위인들이 이룬 바로 그 시점에서 시작할 수 있었던 것이다.

나는 마지막 사람이 떠난 지점에서 시작한다.

나는 이 말에서 뉴턴이 말했던 '거인의 어깨에 기대어' 자신이 앞으로 나아갈 수 있었다는 말을 이해할 수 있게 되었다.
그는 참으로 행운아였다. 왜냐하면 다른 아이들처럼 친구들과 잘 어울리며 놀지 못했기 때문이다. 그는 언제나 외톨이가 될 수밖에 없었고, 초등학교에 입학한 지 석 달 만에 문제아이자 열등생이라는 불명예를 안고 쫓겨났다. 이런 것이 이유가 되어 집중독서를 하게 된 것이다. 또한 그의 어머니 낸시의 판단 또한 탁월했다. 에디슨이 처한 환경을 알고 학교에 보내려 노력하기보다는 독서 훈련을 시키기로 결심했기 때문이다.

"어머니께서는 나에게 좋은 책을 신속하고도 정확하게 읽는 법을 알려주셨어요. 문학이라는 위대한 세계를 열어주신 셈이죠. 제가 이런 교육을 받을 수 있었다는 사실에 늘 감사하답니다."

에디슨은 한 분야에 국한하지 않고, 여러 분야의 책을 독파했다. 그 중에서도 역사, 과학, 인문 고전 등에 많은 관심을 보였다. 이런 관심이 발명왕 에디슨의 탄생 배경이 된 것이다. 그를 천재로 만든 것도 집중 독서 때문이었다.

지금 우리 주변에도 학교와 코드가 맞지 않아 겉도는 아이들이 많이 있다. 이들에게도 도서관에 가서 책에 파묻혀 살도록 했으면 좋겠다. 그리하면 분명히 그들의 인생이 달라질 것이기 때문이다.

에디슨은 정말로 도서관을 통째로 읽어버렸다. 그것도 2~3년이라는 짧은 시간 안에 말이다. 이러한 집중 독서의 시기를 통해, 에디슨의 사고와 의식 수준은 평범한 수준을 넘어, 엄청난 도약을 할 수 있게 되었다.

나는 책을 읽지 않았다. 아예 도서관을 통째로 읽었다.

에디슨의 말이다. 이 말에 대한 증거는 여러 곳에서 찾아 볼 수 있다. 랄프 왈도 에머슨Ralph Waldo Emerson의 말대로 발명왕 에디슨에게는 '책을 읽는 것은 자신의 미래를 만드는 것과 같은 뜻'이 되었다. 그가 읽은 책은 바로 그의 발명품으로 모양과 성질만 바꾸어, 그의 인생과 미래에 비로소 나타났던 것이다. 이것은 책의 위력이 아닐 수 없다.

누구나 발명가가 될 수 있다. 그러나 대부분의 사람들은 좋은 아이디어가 떠오르기 전에 발명가가 되려는 생각을 포기해버린다.

발명만 잘한다고 해서 발명왕이 될 수 없다. 지금의 비즈니스 세계와 마찬가지이다. 물건만 잘 만든다고 해서 경쟁에서 이기는 것이 아니다. 시대를 잘 꿰뚫어볼 수 있는 통찰력과 혜안이 있어야 하고, 마케팅을 비롯한 사업 수완이 있어야 한다. 무엇보다 사고와 의식 수준이 남달라야 한다. 에디슨은 이 모든 것을 갖추고 있는 인물이었다고 볼 수 있다. 바로 '집중 독서의 기간'이 있었기 때문이다. 이런 점에서 그는 '기적의 독서법'의 사례가 아닐 수 없다.

엄청난 책을 읽어서 의식과 사고의 도약을 했기 때문에 좋은 학교를 나온 수재들과 비교도 안 될 만큼 탁월한 업적을 달성한 것이다. 이것이 진정 책의 위력이다.

03
우공이산愚公移山!
우직하게 읽으면 천재도 이긴다!

높은 곳에 오르면 마음이 밝아지고,
맑은 냇물에 몸을 적시면 속세를 떠난 것 같으며,
눈 오는 밤 독서에 잠기면 기쁨과 즐거움이 가득 찬다.
이런 취미가 곧 인생의 참다운 모습이다.
- 채근담 -

위인의 자서전을 보면 공통점이 발견된다. 천부적인 재능이 아니라 후천적인 노력이 있어 위인이 되었다는 것과 단기간에 많은 양의 책을 읽었다는 것이다. 결국 천부적 재능보다 단기간에 걸친 엄청난 양의 독서가 삶을 바꾸는 계기가 된다는 의미이다.

하늘에서 내리는 한 송이의 눈은 아무런 힘이 없다. 그저 쌓이는 눈을 치워주면 어떤 문제도 생기지 않는다. 그러나 이런 눈송이라도 짧은 시간에 엄청난 양이 내리면 집이나 다리를 무너뜨릴 정도로 커다란 힘을 발휘한다.

눈이 내리는 것을 보고 그때그때 치우는 사람이 있는 반면 그렇지 않은 사람도 있다. 문제는 후자의 경우이다. 가벼운 눈송이들이 쌓여 집을 무너뜨리고 자동차의 지붕을 내려앉게 만든다. '저 정도의 눈이 무슨 힘이 있겠어?'라며 방심한 결과이다. 그렇다면 자동차 지붕을 내려앉게 한 것이 눈 한 송이라고 할 수 있을까? 절대 그렇게 말할 수 없다. 자동차 지붕을 내려앉게 만든 것은 쌓이고 쌓인 엄청난 양의 눈송이 때문이다. 마지막에 내린 눈은 그저 한 송이의 눈일 뿐이다.

양이 질을 압도하고, 이끌고, 창출한다. 양이 넘쳐야 질을 생각할 수 있다. 어떤 대학교 졸업반 학생을 두 그룹으로 나누어 실험을 했다. 한 그룹 학생들에게는 졸업 작품을 한 점만 만들어 오라고 했고, 다른 그룹의 학생에게는 졸업 작품 100점을 만들어 오라고 했다. 작품을 가지고 성적을 매기고, 졸업 여부를 결정하기 때문에 최고의 작품을 만들어야 한다고 했다. 기간은 6개월이었다.

　결과가 어떻게 나왔을까? 어느 쪽의 학생이 우수하고, 수준 높은 작품을 제출했을 것이라 생각하는가? 한 작품을 만든 그룹과 100개의 작품을 만든 그룹 중에서 말이다. 아마도 많은 이들이 전자의 학생이 더 훌륭한 작품을 만들었을 것이라 생각할 것이다. 그러나 결과는 정반대였다. 가장 훌륭한 작품은 100점을 제출한 그룹에서 나왔다. 더군다나 100점을 제출한 그룹의 학생 작품은 상당수가 수준이 높았던 반면, 한 작품만 제출한 학생의 작품은 그 하나마저 수준 이하였다. 결국 양이 질을 압도한다는 결과가 나온 것이다. 이와 비슷한 연구가 또 하나 있다.

수업 첫날 도예 선생님은 학급을 두 그룹으로 나누어서, 작업실의 왼쪽에 모인 조는 작품의 양만을 가지고 평가하고, 오른쪽 조는 질로 평가할 것이라고 말씀하셨다. 평가방법은 간단했다. 수업 마지막 날 저울을 가지고 와서 '양 평가' 집단의 작품 무게를 재어, 그 무게가 20킬로그램 나가면 A를 주고, 15킬로그램에는 B를 주는 식이다. 반면 '질 평가' 집단의 학생들은 A를 받을 수 있는 완벽한 하나의 작품만을 제출해야만 했다. 자, 평가 시간이 되었다. 그런데 이상한 일이 생겼다. 가장 훌륭한 작품들은 모두 양으로 평가받은 집단에서 나왔다는 사실이다. '양 평가' 집단이 부지런히 작품들을 쌓아나가면서, 실수로부터 배워나가는 동안, '질 평가' 집단은 가만히 앉아 어떻게 하면 완벽한 작품을 만들까 하는 궁리만 하다가 종국에는 방대한 이론과 점토 더미 말고는 내보일 게 아무것도 없게 되고 만 것이다.

데이비드 베일즈, 임경아 역, 《예술가여, 무엇이 두려운가!(Art and fear)》(루비박스)

가장 훌륭한 작품은 오로지 한 점에서 나오는 것이 아니다. 무수히 많은 작품을 만들다 보면 최고의 작품이 만들어지는 법이다. 또한 수많은 작품의 시행착오가 반영된 것이 최고의 작품으로 나타나는 것이다.

나도 이와 유사한 경험을 했었다. 입사한 지 3년이 지났을 때의 일이다. 어느 정도 업무에 익숙해져 혼자서도 상품을 기획하고 개발까지 가능하던 시기였다. 그러던 어느 날 6시그마 Six Sigma 교육(품질혁신과 고객만족을 달성하기 위해 전사적으로 실행하는 21세기형 기업경영 전략)을 받고 프로젝트를 시행하라는 지시가 주어진 것이다. 일은 일대로 하면서 6시그마 교육과 프로젝트를 병행하라는 것이었다. 나는 6시그마 교육도 받고 전문가 시험에도 합격을 했다. 이제 남은 것은 프로젝트뿐이었다. 그런데 설상가상으로 6시그마 프로젝트 경연대회에 정보통신사업부 대표로 참가하라는 지시가 내려온 것이다. 시간은 2주밖에 남지 않았다. 반도체 사업부나 가전 사업부 등과 자존심 대결이기도 했기에 무조건 1등을 해야 했다.

최고의 프로젝트를 기획하기 위해 애를 썼지만, 결과물이 나오지 않았다. 며칠이고 고민에 고민을 거듭했지만, 아까운 시간만 낭비할 뿐이었다. 결국 나는 마음을 비우기로 했다. 최고의 것을 개발하겠다는 생각을 접고 양으로 승부하겠다고 마음먹은 것이다. 수십 개의 프로젝트를 기획한 후 가장 좋다고 평가받는 것으로 결정하기로 한 것이다. 바로 양을 통한 질을 향상시키는 전략이었다.

전략을 바꾸자 프로젝트를 기획하는 시간이 대폭 줄어들었다. 하나를 기획하는 데 10분도 걸리지 않았으니 말이다. 좋은 아이디어가 샘솟기 시작했다. 하루 동안 30개의 프로젝트를 기획하기도 했다. 결국 수많은 아이디어 중에 가장 좋다고 평가받은 것으로 대회에 나갔고, 나는 최우수상을 받았다. 그때 받은 자랑스러운 상패를 볼 때마다 나는 양에서 질이 나온다는 교훈을 되새기게 된다. 만약 내가 전략을 바꾸지 않고 하나의 프로젝트만 기획하려 했다면 아마도 최우수상을 받는 일은 없었을 것이다.

위인들 역시 양에서 질이 나온다는 것을 깨달았던 사람들이다.

어떤 일을 마무리했다고 그것이 곧 걸작이 되는 건 아니다. 나는 책을 100권 이상 만들어냈다. 물론 모든 책이 잘 나가지는 않았다. 하지만 그 책들을 쓰지 않았다면, 나는 이 책을 쓸 기회를 갖지 못했을 것이다. 피카소는 1,000점 이상의 그림을 그렸다. 그렇기 때문에 사람들은 피카소의 그림을 3개 이상 알고 있는 것이다.

세스 고딘, 윤영삼 역,《린치핀》(21세기북스)

세스 고딘Seth Godin의 위의 말은 양이 질을 창출한다는 사실을 잘 설명하고 있다. 그가《보랏빛 소가 온다》,《린치핀》등과 같은 명작을 쓸 수 있었던 것은 이전에 쓴 100권의 책이 있었기 때문이다. 그 책을 쓰면서 쌓여진 필력과 혜안과 지혜와 통찰력 때문인 것이다. 그가 100권의 책을 쓰지 않았다면, 이 2권의 책 또한 세상에 나오지 않았을 것이다.

2002년 미국 교육과학통계연구소에서는 '미국의 리더는 어떻게 만들어지는가?'라는 연구결과를 발표했다. 이 결과에 따르면 미국을 이끌어가는 리더들은 모두 초등학교 때 엄청난 양의 책을 읽었다는 것이다. 또한 그들은 초등학교 때에만 세계 명작을 최소 500권 이상 독파했다.

존 스튜어트 밀을 천재로 만든 것은 집중 독서와 엄청난 양의 책이었다. 많은 양의 독서로 사고와 의식의 수준이 비약적으로 도약을 한 것이고, 또래들보다 25년이나 앞선 의식과 사고 수준을 갖게 되었으며, 평범한 사람에서 천재로 불리게 된 것이다.

레오나르도 다빈치Leonardo da Vinci도 같은 경우이다. 사생아로 태어난 레오나르도 다빈치는 학교 교육도 제대로 받지 못했다. 그러나 그는 독서에 미쳤고, 인류 역사상 가장 놀라운 천재의 반열에 올랐다. 그가 어떻게 뛰어난 천재가 될 수 있었는지 설명해주는 책은 없다. 그러나 나는 그가 많은 책을 읽어 지식은 물론 사고력과 상상력을 빨리, 높게 향상시켰기 때문이라고 믿는다. 제대로 된 교육을 받아보지 못한 그가 독학을 통해 '르네상스인'의 전형이 될 수 있었던 것은 바로 독서의 힘이 있었기 때문이다.

인류 역사상 가장 위대한 천재 레오나르도 다빈치가 탄생하게 되었던 이유가 다독多讀 때문이라고 주장하는 필자의 견해를 뒷받침해주는 결정적인 단서는 그가 살았던 시절에 존재했던 800만 권의 책이다. 그가 살기 이전에는 유럽에 3만 권의 책밖에 없었다고 한다. 그러나 이후 활자가 발명되면서 책의 양이 어마어마하게 증가한 것이다. 엄청난 책이 쏟아져 나오는 지식의 폭발이 이루어졌던 것이다. 이런 일이 있었기 때문에 레오나르도를 비롯해, 갈릴레오, 뉴턴, 셰익스피어, 마틴 루터, 에라스무스, 토마스 무어, 미켈란젤로와 같은 이들이 탄생하게 된 것이다.

다양한 분야의 수많은 책을 인류 역사상 처음으로 볼 수 있었던 시절에 수많은 천재가 나온 것이다. 또한 당시에는 인문주의 학자에 의해 고대 문헌을 탐색하는 일이 유행처럼 번졌다. 이런 시기에 다빈치는 정규교육을 받지 못해 사회적으로 냉대를 받았는데, 그런 냉대가 결국 그를 자극했고, 독서를 통해 자신을 성장시킨 것이다.

거의 모든 문화의 측면이 이 시기에 변하였다. 유럽을 사로잡은 거대

한 변화와 관련하여 한 가지 중요한 점을 지적하자면 레오나르도가 네 살 되던 해 구텐베르크가 최초의 책을 인쇄하였다는 사실이다. 당시 유럽에는 책이 총 3만 권 정도밖에 없었다. 그러나 다빈치가 중년의 나이에 이른 1500년경에는 대략 800만 권의 책이 인쇄되어 있었다. (그가 청년이었을 때는 500만 권 정도 있었을 것이다.)

극소수의 수도사들에 의해서 과학적 사색이 이루어지던 시대를 벗어나 유럽의 문화가 레오나르도, 갈릴레오, 뉴턴과 훗날의 산업 혁명에 토대를 마련해주는 시대로 이행한 것에는 두 가지 중요한 요인이 있다. 첫째로 고대 문헌을 찾아낸 일이다. 고대 문헌은 르네상스의 지식인들이 고전의 사고에 직접적으로 접근할 수 있도록 해주었다. 또 다른 요인은 거의 동시에 이루어진 활자movable type의 발명이었다.

마이클 화이트, 안인희 역,《최초의 과학자, 레오나르도 다빈치》(사이언스 북스)

르네상스는 왜 피렌체에서 시작되었을까? 그것은 인류 최초로 엄청난 양의 책이 모일 수 있었기 때문이다. 당시 천재라고 불리기에 조금 부족했던 그는 피렌체에서, 세상에는 책이 많다는 것과 그 책을 미친 듯이 탐독하는 사람이 있다는 사실에 큰 자극을 받았다. 그런 자극이 있었기에 다빈치가 천재로 거듭난 것이다.

다빈치는 철학, 천문학, 지리학, 의학, 미술학, 산수학 등에 관한 책을 읽었다. 그는 학교 교육을 받지 못했기 때문에 닥치는 대로 책을 읽어야만 했고, 그런 콤플렉스가 오히려 약이 되어 그의 사고와 의식 수준을 한 단계 끌어올려준 것이다.

그는 훗날 발견과 발명을 할 수 있는 토대였던 과학과 공학의 기초를 이해하기 위해 몰두했었다. 그가 다시 학교를 다녔다는 말은 어디에도 나오지 않는다. 다만 독학에 노력을 기울였던 시기가 그 당시라는 말은 많이 나온다.

결론적으로 다빈치 역시 다양한 책을 읽어 많은 지식을 얻고 사고와 의식의 도약을 이루지 않았다면 천재 다빈치는 없었을 것이라는 점이다.

처칠Winston Churchill은 이보다 더 심하다. 글자도 읽을 줄 몰랐고, 학창 시절 꼴찌를 도맡아했었다. 이런 그를 거듭나게 해준 것은 영국 최고 가문 출신의 어머니가 실행한 특별한 독서 훈련이었다. 처칠의 어머니는 낙오자 처칠을 보고만 있을 수 없었다. 결국 매일 5시간 이상씩 독서를 하도록 했다. 짧은 기간에 많은 양의 독서를 하자 처칠이 변하기 시작했다. 꼴찌 처칠이 천재처럼 사고하게 되었고, 말에도 조리가 생긴 것이다. 마법과 같은 일이었다.

> 11월에서 5월에 걸쳐 나는 매일 4시간 내지 5시간 역사와 철학을 읽었다. 플라톤의《공화국》, 아리스토텔레스의《정치론》, 쇼펜하우어의《염세론》, 말더스의《인구론》, 다윈의《종의 기원》그 밖의 보다 가벼운 내용의 책도 아울러 읽었다.
>
> W. 처칠, 강우영 역,《처칠, 나의 청춘기》(청목)

처칠과 스튜어트 밀의 삶을 통해 우리는 둔재도 많은 양의 독서를 짧

학문의 최대의 적은
자기 마음속에 있는 유혹이다.
-윈스턴 처칠Winston Churchill

은 시간에 하면 천재가 될 수 있다는 사실을 알 수 있다.

독서를 많이 하기로 유명한 나카타니 아키히로는 800여 권의 책을 집필한 사람이다. 하루에 100권의 책을 섭렵하고 1주일에 한 권의 책을 쓰는 사람이다. 책을 많이 읽었다고 자부하는 나 역시 이 사람을 보는 순간 탄식이 흘러 나왔다.

세상이 넓긴 넓구나. 세상에 이런 사람도 있구나! 그동안 내가 우물 안에 개구리였구나.

사람은 늘 자기를 세상의 중심이라 생각한다. 그 기준에서 세상을 보고, 사물을 보고, 생각을 하는 것이다. 자신의 생각 안에서 벗어나지 못한다는 의미이다. 그러나 상상조차 할 수 없는 세상이 존재하고, 상상조차 할 수 없을 정도로 뛰어난 인물이 존재한다. 그런 이유로 수많은 책을 통해, 수많은 사람을 통해 생각의 회로를 넓혀가야 한다.

재능에 자신이 없으면 양으로 승부하자.

4년 동안 4천 권의 책과 4천 편의 영화를 섭렵한 나카타니 아키히로의 《20대에 하지 않으면 안 될 50가지》와 《40대에 하지 않으면 안 될 50가지》에 실린 말이다. 하루도 빼놓지 않고 글을 쓴 다작가로 많은 사람들에게 용기와 희망을 주는 좋은 책을 집필한 그가 다작을 할 수 있었던 것은 바로 독서의 힘이었다.

나루케 마코토 사장 또한 마찬가지이다. 그는 35세에 MS사의 일본

지사장이 되었다. 큰 성공을 거둔 사람이다. 그는 상상 초월 독서법, 즉 열 권의 책을 동시에 읽는 방법을 통해 누구보다도 창의적이고 혁신적인 아이디어를 얻을 수 있었고, 사고의 전환은 물론 유연성 또한 배가시킨 것이다. 만약 그에게 다독이 아닌 한 권의 명저를 성실하게 꾸준히 읽으라고 강요했다면 그의 미래는 과연 어떻게 되었을까? 지금과는 전혀 다른 모습이었을 게 분명하다. 오늘날 한국인은 세계에서 가장 책을 읽지 않는 사람이라 알려져 있다. 우리나라 사람이 책을 읽는 국민이 되려면 이러한 고정관념과 편견을 완전히 떨쳐버려야 한다.

겨우 수십, 수백 권의 책을 읽고는 '왜 책을 읽어도 인생이 바뀌지 않을까?'라고 말하는 사람이 있다. 참으로 어처구니없는 말이다. 마오쩌둥은 하루 종일 도서관에서 나오지 않을 정도였고, 나폴레옹과 알렉산더 대왕은 전쟁터에 나가면서도 책을 가지고 다녔다. 이들만큼의 독서를 한 후에도 인생이 바뀌지 않는다면 나머지는 내가 책임질 것이다. 1,000권 이상의 책을 읽으면 누구나 인생이 바뀌게 될 것이라 나는 확신하기 때문이다.

책만큼 위대한 스승은 없다. 엄청난 양의 독서는 사고와 의식 수준을 비약적으로 도약시켜줄 만큼 강력한 힘과 영향력이 있다. 더구나 짧은 시간의 독서는 엄청난 시너지를 발휘할 것이다.

"나는 책을 많이 안 읽었지만, 크게 성공했다."

이렇게 말하는 사람이 있다. 그러나 나는 이들에게 이렇게 말해주고 싶다.

"당신이 1,000권의 책을 읽었다면 지금의 삶보다 천 배는 더 나은 삶을 살고 있을 것이다."

참으로 불쌍한 사람이다. 독서를 하지 않고 성공을 논하다니 말이다. 능력이 부족한 사람일지라도 책을 읽으면 큰 성공을 거둘 수 있다는 점을 깨닫기를 바란다.

《고문진보古文眞寶》에는 '책을 읽으면 만 배의 이익이 있다'라는 말이 있다. 컴퓨터 황제 빌 게이츠도 이와 비슷하게 '독서 습관은 100억 원보다 더 가치 있는 유산이다'라고 했다.

인간의 무한한 잠재력을 일깨우고, 능력을 개발하는 데 있어 가장 중요한 것은 다독이다. 이런 사실은 대중들보다 이미 성공한 사람들이 더 정확하게 알고 있다. 그래서 성공한 사람과 그렇지 않은 사람의 격차가 더욱 벌어지는지도 모른다.

대기업 CEO들은 책을 읽기 위해 수많은 돈을 들이며 각종 모임에 참석하고, 대학에서 수업을 받기도 한다. 많은 책을 읽어 독서 수준을 높이고, 사고와 의식 수준을 확장하기 위한 것이다.

가난한 사람은 독서로 부자가 되고, 부자는 독서로 귀하게 된다貧者因書富 富者因書貴라고 말하는 당대 팔대가 중 한 명인 왕안석의 말처럼, 이 나라 대기업 CEO와 부자들은 책을 통해 그 자리에 올라간 것이며, 그리고 역사적인 위인들은 이들보다도 더 많은 양의 책을 통해 역사에 한 획을 그을 수 있는 자신으로 성장시켜 나갔다. 성공과 실패를 가르는 것은 천부적 재능이 아니라, 읽은 책의 양이다. 이 사실을 꼭 명심하여, 많은 책을 읽는 사람이 되어보자. 그렇게 하면 반드시 부자가 되고, 귀한 사람이 될 수 있다.

이지성, 《리딩으로 리드하라》(문학동네)

사람은 책을 통해 세상이 얼마나 다채롭고 광활하고 즐거운 곳인지 알 수 있다. 책을 한 권씩 읽을 때마다 작은 우물과 같은 세상이 연못이 되고, 드넓은 바다가 된다. 장미가 미소 짓는 화단이 공원이 되고, 넓은 초원이 되며 대지가 되고 낙원이 되는 것이다. 한 권씩 책을 뗄 때마다 새로운 마력에 빠져들고, 다채로운 이야기와 사상에 매료되어, 우리의 정신이 저 넓은 우주 공간으로 나아가 무수한 상상의 세계를 펼쳐나가는 것이다. 어제까지만 해도 암울했던 삶이 즐거움과 빛과 희망과 환희와 기쁨과 풍요로움이 가득한 환상적인 것으로 변하는 마술을 경험하게 된다.

《마음 vs 뇌(마음을 훈련하라! 뇌가 바뀐다)》의 저자인 서울대학교 장현갑 교수는 뇌가 마음을 바꿀 수 있다면, 반대로 마음 역시 뇌와 몸을 바꿀 수 있다고 한다. 마음을 훈련하면 삶의 질이 향상될 수 있다는 것이다. 술과 담배에 찌든 30대라 하더라도 술과 담배를 끊고 하루에 10시간씩 3년 동안 운동을 하면 특공대원이 될 정도로 단련할 수 있다. 물론 같은 양의 운동을 하더라도 기간이 길어지면 효과는 전혀 다를 수 있다. 집중적인 운동만이 사람 신체를 급격하게 바꾸는 것이다.

마찬가지이다. 독서를 하면 이렇게 해야 한다. 집중적인 기간 동안 엄청난 양의 독서, 이것만이 독서의 힘을 최대한 얻을 수 있다. 인간을 가장 크게, 가장 빨리 발전시키는 비결인 것이다.

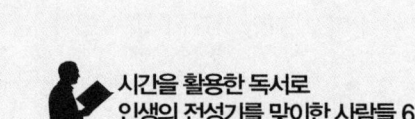
시간을 활용한 독서로
인생의 전성기를 맞이한 사람들 6

대학시절 4천 권의 책과 4천 편의 영화를 섭렵한 작가 나카타니 아키히로

《20대에 하지 않으면 안 될 50가지》,《30대에 하지 않으면 안 될 50가지》,《면접의 달인》등으로 잘 알려진 작가 나카타니 아키히로는 상상을 뛰어넘는 인물이다. 그가 하고 있는 일의 양과 능력이 보통 사람의 열 배가 넘기 때문이다.

그의 직업은 너무도 많다. 소설가, 광고 기획자, 연극 배우, 연출자, 사회 교육 인기 강사, 텔레비전 MC 등이 모두 그의 직업이다. 텔레비전 드라마에도 출연했고, 버라이어티쇼에도 출연했으며, 라디오에도 출연했다. 그렇게 바쁘게 살면서도 일본과 한국에서 베스트셀러를 출간하였다.

그는 글이라면 무겁고 어려워야 폼이 난다고 생각하는 기성 세대의 고정관념에 대항하는 사람이다. 감각적이면서도 쉬운 글로 행복하고 즐겁게 성공적으로 살아가는 삶의 방법론을 친절히 알려주는 그런 작가이다. 과연 그의 비결은 무엇일까? 그 해답을 찾기 위해서는 그의 대학 시절을 살펴보아야 한다.

재능에 자신이 없으면 양으로 승부하자.

그가 가슴에 새겼던 말이다. 그날 이후 그는 대학 4년 동안 4천 권의 책과 4천 편의 영화를 섭렵했다. 또한 하루도 빼놓지 않고 글을 쓰는 다작가이기도 하다. 2007년 한국을 방문했을 때 그는 기자와의 인터뷰에서 19년 동안 800권의 책을 썼다고 말한 적이 있었다. 한 해 평균 60권 안팎의 책을 쓴 셈이다. 일주일에 한 권을 쓴다 해도 55권밖에 쓸 수 없으니 참으로 놀라운 일이다.

배우, 강연자, 라디오 DJ 등 다양한 활동을 하고 있는 그가 어떻게 하면 하루에 400자 원고지 40매 분량의 글을 쓸 수 있는 것일까? 그는 좋은 생각이 떠오르면 닥치는 대로 메모로 남기는 습관이 있다고 한다. 그래서 메모광이라는 별명을 가지고 있다.

그가 이처럼 많은 책을 쓸 수 있는 저술왕이 된 것은 대학시절 독파한 4천 권의 책 덕분이다. 수천 권의 책이 그의 머리에 오롯이 녹아들어 있기 때문이다. 그는 '평생 3천 권 이상의 책을 쓰고 싶다'고 말한 적이 있는데, 만약 그가 남들과 같은 평범한 대학 시절을 보냈다면 과연 1년에 60권의 책을 쓰는 다작가가 될 수 있었을까? 4천 권이나 되는 엄청난 책을 읽지 않았다면 일본과 한국에서 유명한 베스트셀러 작가가 될 수 있었을까?

우리는 이미 잘 알고 있다. 그가 그렇게 될 수 있었던 것은 대학 시절의 '집중 독서의 경험' 때문이라는 것을 말이다. 그는 지금 나카타니 아키히로 사무소를 설립하여 연간 60권 이상의 책을 집필하고 있다. 물론 다른 활동도 활발히 한다. 그의 삶은 나에게 큰 자극이 되었다. 4천 권의 책뿐만 아니라 그가 보았다는 4천 편의 영화에도 흥미가 생긴다. 영화도 간접 경험이라 생각할 때 4천 편의 영화를 보면 엄청난 인풋Input이 있으리라 생각된다. 결국 그는 작품을 쓰는 것이 아니라 흘러넘치는 것을 글로 적은 것이다.

1,000권의 책을 읽으면 베스트셀러 작가가 될 수 있다는 이문열 작가의 말을 빌리면 그는 충분히 베스트셀러 작가가 될 자격이 있는 것이다. 책은 결코 사람을 배신하지 않는 듯하다. 수천 권의 책을 읽으면 그만큼 성장하고 발전할 수밖에 없다. 많이 읽으면 읽은 만큼 삶은 윤택해지고, 부유해지며 성공하게 된다. 수천 권의 책은 생각과 의식 수준을 비약적으로 도약시켜주는 최고의 도구이기 때문이다.

우리는 우리의 생각으로 자신을 높이고, 우리의 비전을 성취한다.

오리슨 스웨트 마든Orison Swett Marden의 말처럼 생각의 질이 높을수록 자신을 더욱 성장시킬 수 있고, 비전을 성취할 수 있다. 사고와 의식의 수준이 삶의 수준을 결정하기 때문이다. 무엇이 되고자 마음먹든 사고와 의식 수준을 향상시키는 것이 기본이고 가장 중요한 성공의 비결임을 잊지 말자.

04
끊임없이 틈을 내서 읽어라

인간이 자연에게서 거저 얻지 않고 스스로의 정신으로 만들어낸
수많은 세계 중 가장 위대한 것은 책의 세계다.
- 헤르만 헤세 -

평생 동안 하루도 빠지지 않고 책을 읽고, 나아가 그 양이 1,000권이 넘는다면 매우 훌륭한 독서 습관이다. 그러나 이런 방식으로는 사고와 의식의 임계점을 뛰어 넘을 수 없다. 물이 끓을 때가 되면 불을 끄는 것과 같기 때문이다. 아마 평생 물이 끓어넘치는 것은 볼 수 없을지도 모른다.

독서도 마찬가지이다. 평생 동안 꾸준한 것도 좋지만, 집중적으로 독서를 해야 의식과 사고가 비약적으로 도약하는 것이고, 삶이 획기적으로 변하게 된다. 천지개벽을 하는 것처럼 단기간의 폭발적인 독서만이 인생을 송두리째 뒤바꿔 놓는다. 평생 동안 꾸준히 책을 읽어 1,000권의 책을 읽는 사람보다 단기간에 집중적으로 1,000권 이상의 책을 읽은 사람이 인생을 바꿀 확률이 더 높다.

인생을 바꾸기 원한다면 3년만 1,000권의 책에 미쳐라.

이것이 이 책의 핵심이다. 또한 3년 동안 1,000권의 책을 읽을 수 있는 명확한 방법이 바로 48분 기적의 독서법인 것이다. 인생역전을 바라면서 3년도 투자하지 않으려 하는가? 남들과 똑같은 삶을 살면서 성공을 바라는 것이 가당한 말인가? 세상에 공짜는 없다. 심은 만큼 거두는 법이다. 48분 기적의 독서법은 더욱 더 그렇다. 심은 만큼 그리고 읽은 만큼 인생이 바뀌기 때문이다.

성공에는 분명한 법칙이 있다. 그 중에 하나가 스톡홀름 대학교의 앤더스 에릭슨Anders Ericsson박사가 주창한 '10년 법칙'이다.

어떤 분야에서 최고 수준의 성과와 성취에 도달하려면 최소 10년 정도는 집중적인 사전 준비를 해야 한다.

자기 분야에서 세계적인 수준으로 자리매김하려면 최소한 10년은 지속적으로 그리고 꾸준하게 훈련을 해야 한다. 그러나 '10년 법칙'을 돌이켜 생각해보면 정말 당연한 이야기이다.

이것을 여러 사례와 근거 그리고 뇌 과학적인 토대를 바탕으로 언급한 것이다. 그럼에도 불구하고 이 법칙에 열광하는 것은 그것이 사실이기 때문이고, 어떤 사람이라도 그렇게 하면 누구나 대가가 될 수 있다는 희망과 가능성이 있기 때문이다. '10년 법칙'은 결국 꾸준히 한 가지 일에 집중하라는 말을 정리해둔 법칙이다.

48분 기적의 독서법은 3년간 1,000권의 독서라는 명확한 실행 방향을 제시하는 법칙이다. 그리고 여기서 말한 3년은 의식의 임계점을 돌파하는 데 드는 시간을 말한다. 그렇다면 3년 후는 어떻게 될까? 3년간 몸에 밴 독서습관은 3년이 끝나는 날에 맞춰 바로 없어지지 않는다. 자연스럽게 더 폭넓은 독서로 이어질 것이고, 이런 습관이 결국 10년이 지난 후 어느 분야의 대가로 자리잡게 만드는 기폭제가 되어줄 것이다. 10년 법칙에 앞서 당장 실천해야 할 현실적인 대책이라는 말이다.

이문열씨가 북에서 잘 나가던 아버지 때문에 젊은 날의 꿈을 접어야 했을 때 3년 동안 1,000권의 책을 읽고 작가가 되었다는 글을 읽은 적이 있다. 그때 나는 알았다. 3년 동안 1,000권의 책을 읽으면 인생이 바뀐다는 것을. 그전까지 그는 작가지망생이 아니었다.

인터넷신문《전북일보》, 이희중, 《이희중의 문학편지》 2003. 08. 26일자

나는 이 기사를 보고 충격을 받았다. 이문열 작가는 처음부터 작가가 되려고 하지 않았으며, 작가가 되기 위해 책을 읽은 것도 아니기 때문이다. 또한 그 역시 3년 동안 1,000권의 책을 읽은 사람이라는 사실에 반갑기도 했다. 하지만 그 후는 어떤가? 3년이 지난 후 이문열 작가는

더 이상 책과 관련 없는 삶을 살았는가? 아니다. 그는 3년 동안 기적의 독서법을 마친 후 더 많은 책을 보며 우리나라 문학계의 대가로 자리잡게 된 것이다.

소설가 양귀자 씨는 〈삶의 신호를 받는 방법에 대하여〉라는 제목의 수필에서 다음과 같은 멋진 표현을 했다.

> 영혼을 강타하는 벼락은 아무에게나 내리는 것이 아니다. 하지만 작은 실금에도 불현듯 둑은 무너지고, 물은 범람한다. 깃털 같은 눈송이도 쌓이면 지붕을 가라앉히고 거목을 쓰러뜨리듯 우리들 삶은 늘 하찮은 것으로부터 커다란 것을 일궈낸다. 열심히, 무조건 열심히만 살면 무엇이든 쌓인다. 더 이상 무엇을 말하랴. 결정적인 순간이란 곧 전력을 다하며 살아낸 순간임을 모르는 사람이 없는데…….
>
> 양귀자 외,《내 인생의 결정적 순간》(이미지박스)

그녀의 말처럼 깃털 같은 눈송이도 많이 쌓이면 지붕을 가라앉히고, 거목을 쓰러뜨린다. 하물며 한 사람의 사상의 정수가 담겨 있는 1,000권의 책을 읽으면, 세상의 문리文理가 트이는 기쁨을 맛보게 된다. 아무리 하찮은 책이라 할지라도 1,000권이 모이면, 한 권의 명작에서는 얻을 수 없는 커다란 깨달음을 얻게 되는 것이다.

이희중 교수는 다음과 같이 말했다.

마지막 1,000권째 책을 덮는 날, 그는 자신과 세상을 그 전과는 전혀 다른 눈으로 꿰뚫어볼 수 있다는 뜻이다. 이는 곧 전혀 다른 사람으로 다시 태어난다는 말이다. 아아, 지금과 전혀 다른 나, 그는 내 속에서 잠자고 있는 것이 아닐까.

톰 피터스는 《사소함이 만드는 위대한 성공법칙 리틀 빅 씽The Little Big Things》이라는 책에서 '작고 하찮은 것들의 합집합이 거대한 힘의 결정체가 된다'고 말했다. 그의 주장처럼 정말 작고 하찮아 보이는 수많은 책의 합집합은 거대한 지혜와 통찰력으로 우리에게 보답을 해준다.

폭발적인 독서가 인생을 바꿔줄 것이다. 그렇기에 도전할 만한 가치가 있는 것이다. 인생이 가치 있다 생각된다면 단기간에 걸친 폭발적인 독서로 삶을 풍요롭게 하여야 한다. 우리의 삶은 소중하기 때문이다. 48분 기적의 독서법으로 책의 세계에 미쳐보자. 그래야 미래가 있고 인생의 길이 있고 비전이 있고 성공이 있다.

05

1,000권에서 시작되는 혁신적인 삶

한 권의 좋은 책은 위대한 정신의 귀중한 활력소이고,
삶을 초월하여 보존하려고 방부 처리하여 둔 보물이다.
- 존 밀턴 -

남아수독오거서 男兒須讀五車書

당나라 시인 두보杜甫는 '모름지기 남자는 다섯 수레에 실을 만한 많은 책을 읽어야 한다'라고 말했다. 사람다운 삶을 살기 위해서는 독서를 많이 해야 한다는 가르침이다. 다섯 수레의 분량의 책이 어느 정도일까? 어떤 이는 3천 권쯤 될 것이라고도 한다. 하지만 당시의 책은 죽간竹竿에 글을 쓴 것이기에 한 권당 글자수가 많지 않을뿐더러, 그 크기도 상당히 컸다. 지금의 책과 단순 비교는 힘들겠지만, 약 1,000권 가까이 될 것이라는 계산이 합리적인 추론이다. 그 정도만 해도 지금만큼 책이 많지 않았던 당시에는 거의 세상의 모든 지식을 의미하는 것이라고 할 수 있다. 그렇다면 왜 두보는 1,000권이나 되는 책을 읽으라고 한 것일까? 먼저 책 읽기의 중요성에 대해 이야기해보자.

> 당신의 인생을
> 가장 짧은 시간에
> 가장 위대하게 바꿔줄 방법은 무엇인가?
> 만약 당신이
> 독서보다 더 좋은 방법을 알고 있다면
> 그 방법을 따르기 바란다.
> 그러나,
> 인류가 현재까지 발견한 방법 가운데서만 찾는다면
> 당신은 결코
> 독서보다 더 좋은 방법을 찾을 수 없을 것이다.

워런 버핏의 말이다. 학자도 아닌 투자자에게 이런 말이 나올 것이라 예상한 사람은 거의 없을 것이다. 이는 독서야말로 가장 기본적인 자기계발의 도구라는 의미이다. 그의 말처럼 독서는 우리의 삶을 짧은 시간에, 가장 위대하게 바꿔주는 가장 좋은 방법이다. 만고불변의 진리인 셈이다.

두 명의 독서광이 나눈 2,500년 인류 지성사의 대담집《지의 정원》이

란 책에서 '독서가 인류의 뇌를 진화시켰다'라고 말하는 다치바나 다카 시는 책을 사는 데 절대 돈을 아끼지 말라고 당부했다. 책 한 권에 있는 정보를 다른 방법을 통해 얻으려면 그보다 몇 십 배의 대가를 지불해야 하기 때문이다. 참으로 저렴하면서도 효율적인 도구가 아닐 수 없다.

미국의 사상가 겸 시인인 랄프 왈도 에머슨 역시 책이 주는 유익에 대해 다음과 같이 말했다.

내적으로 성숙해지면 성공의 성취는 분명히 겉으로 드러난다. 정신적 단계에서 사실을 완전히 파악하고 나면 남는 것은 육체적 단계의 실행뿐이다. 내적 깨달음을 얻었다면 성공은 이미 이루어진 것이다.

내적 성숙을 통해 성장하게 되면 성공은 이루어진 것이나 다를 바 없다는 말이다. 바로 기적의 독서법으로 내적인 성장을 하는 것이 성공을 위한 최고의 비결인 것이다. 이보다 더 훌륭한 자기계발 도구가 있을까?

이 시대 최고의 비즈니스 철학자Business thinker라 불리는 경영전략가 게리 하멜Garry Hamel 교수는 《꿀벌과 게릴라Leading the evolution》라는 책에서 '책을 읽지 않게 되면 평생 현재 그 수준에서 머물 수밖에 없다' 라는 무서운 사실을 지적하고 있다. 비즈니스 혁명은 자기 혁신에서 출발한다는 것이다.

책을 읽지 않는 사람은 평생을 똑같은 수준으로 부지런히 꿀벌처럼 일할 수는 있지만, 게릴라처럼 갑자기 출세하거나 사업에 성공하지는 못한다. 평소에 꾸준히 책 읽기를 통해 놀라운 지식과 능력, 그리고 자신감을 얻은 자만이 혁명적인 두각을 나타낼 수 있다. 앞으로는 개선 정도로는 안 된다. 그 누구도 상상하지 못한 혁명적인 발상으로 새로운 일을 시작해야 한다는 것이다. 마치 게릴라처럼…….

책을 읽어야 하는 이유는 희망 없이 일만 하는 꿀벌로 평생 살지 않기 위함이다. 책을 읽지 않았다면 어찌되었을까? 현대 경영학의 창시자인 피터 드러커는 평범한 은행원으로 살았을 것이고, 현대그룹의 정주영 회장은 노동자로 살았을 것이다. 데일 카네기는 구두나 닦으며 살았을 것이고, 이지성 작가는 평범한 초등학교 교사로 살았을 것이다. 이런 취지에서 볼 때 책은 인간이 만든 것 중에서 가장 위대한 것이다. 인생 역전을 위한 마지막 카드이기 때문이다. 소크라테스의 말이다.

남의 책을 많이 읽어라, 남이 고생한 것을 가지고 쉽게 자기 발전을 이룰 수 있다.

타인의 노력으로 터득한 사유와 지혜의 정수를 고스란히 이용할 수 있는 책을 많이 읽자. 책을 많이 읽어야 하는 또 다른 이유는 절대로 만날 수 없는 과거 위인의 가르침을 쉽게 접할 수 있기 때문이다. 오로지 책이기 때문에 가능한 일이다. 책이 얼마나 위대한 도구인지 실감하는 순간이다.

그렇다면 이제 다독의 필요성에 대해 다시 생각해보자. 책 읽기를 통해 얻는 사고와 의식의 확장이 책의 양에 비례하기 때문이다. 한 권의 책을 읽은 사람은 두 권의 책을 읽은 사람을 당해낼 수 없고, 두 권의 책을 읽은 사람은 열 권의 책을 읽은 사람을 당해낼 수 없다. 1,000권 이상의 책을 읽은 사람은 수십, 수백 권의 책을 읽은 사람이 도저히 따라 갈 수 없는 의식과 사고의 비약적 도약을 경험했다.

《1만 페이지 독서력》의 저자 윤성화 작가는 직장인보다 바쁜 CEO들이 오히려 더 많은 책을 읽는다고 말했다.

삼성경제연구소가 CEO들을 대상으로 독서량을 조사한 자료에 따르면, 한 달에 평균 1~2권의 책을 읽는다는 응답이 54%로 가장 많았고, 3권 이상 읽는다는 대답도 43%나 되었다. 한 달에 6권 이상도 8%나 되었다. 6권이라면 거의 5일에 한 권씩 읽는다는 것이다. 그리고 매년 조사를 해보면, 한 달에 3권 이상 읽는 사람의 비중이 2008년 26%, 2009년 38%에서 점점 늘어나고 있는 추세라고 한다.

직장인과 CEO의 차이가 바로 이런 것은 아닐까? 나는 그렇다고 생각한다. CEO가 되었기 때문에 많은 책을 읽는 것이 아니라 많은 책을 읽었기 때문에 CEO가 된 것이다.

노벨화학상 수상자인 독일의 화학자이자, 물리학자이며, 철학자인 프레드릭 빌헬름 오스트발트 Friedrich Wilhelm Ostwald는 '성공한 사람들은 어떤 공통점을 가지고 있을까?'라는 재미있는 연구를 한 적이 있다.

그의 연구에 따르면 성공한 사람들에게는 두 가지의 공통점이 있다고 한다. 첫 번째는 '긍정적 사고'를 가졌다는 것이다. 실패나 시련 앞에서도 포기하거나 좌절하지 않고 성공을 확신하는 사람들이었다. 두 번째는 '다독'이었다. 보통 사람보다 훨씬 더 많은 양의 독서를 한 다독가 多讀家라는 것이다. 결국 성공을 위한 가장 확실한 방법은 평범한 독서가 아닌 다독인 것이다.

워런 버핏, 빌 게이츠, 오프라 윈프리, 손정의 등과 같은 인물 역시 MBA, 대학 교육, 학벌, 해외 유학 등으로 인해 성공을 한 것이 아니라 많은 양의 독서를 통해 성공을 거둔 것이다. 성공에 필요한 지혜와 지식과 용기와 통찰력과 사고와 의식의 도약을 독서를 통해 얻어낸 것이다.

이지성 작가는 한마디로 노력파라 할 수 있다. 그는 20살 때 작가가 되겠다 마음먹고 글쓰기를 시작했다. 그러나 30년이 지나는 동안 작가로서의 가능성을 찾을 수 없었다. 심지어 주위에서는 '작가로서의 가능성이 보이지 않으니 다른 일을 찾아보라'며 냉대를 받았다고 했다. 그러나 30세가 되는 해에 첫 작품을 출간하게 되었고, 몇 년의 시간이 흐른 뒤에는 세상에 널리 이름을 알린 베스트셀러 작가가 된 것이다.

그는 자신의 성공비결을 '생생하게 꾼 꿈 덕분'이라고 말한다. 그러나 나는 그가 알게 모르게 읽었던 책이 많아지면서 인정받는 작가가 된 것이라 확신한다. 다시 말해 3년 독서의 법칙이 제시하는 두 가지 조건, 즉 독서량과 걸린 기간이 임계점 수치와 맞아 떨어진 것이다.

그가 작가로서 인정을 받은 것은 글쓰기를 시작한 지 13년이 지난 후였다. 그때까지 그는 2,500권의 책을 읽었다고 한다. 다시 말해 2,500권 정도의 책을 읽은 시기와 작가로서 인정받은 시기가 맞아 떨어지는 것이다. 작가가 된 후에도 그는 자신의 멘티들과 1년 365권 책 읽기를 이어나가고 있다. 결국 이지성 작가가 작가로서 인정을 받을 수 있었던 가장 큰 이유는 독서로 인해 사고와 의식이 확장되었기 때문이다.

송나라의 구양수歐陽脩는 글을 잘 쓰기 위한 조건으로 삼다三多를 말했는데, 첫 번째 조건이 바로 다독多讀이었다. 글을 잘 쓰려면 먼저 많은 책을 읽어야 한다는 것이다. 주간 경향 〈이종탁이 만난 사람〉이란 코너에 조정래 작가의 인터뷰 내용이 있다.

문학을 하겠다는 사람은 대부분 조급한 마음에 쓰기부터 합니다. 그러나 좋은 글은 내면에서 우러나옵니다. 영혼 속에 감춰졌다가 곰삭아서 나오거든요. 그러려면 생각을 많이 해야 합니다. 다독多讀을 40%, 다상량多商量을 40%, 다작多作을 20% 정도의 비율로 배분하는 게 좋아요.

공지영 작가, 김훈 작가, 신경숙 작가 모두 하늘의 별따기라 불리는 1백만 부 고지를 넘어선 우리 시대를 대표하는 작가들이다. 다음은 MBC의 정용준 기자가 이들과 인터뷰한 내용인데, 결론은 '다독, 책을 많이 읽어라'라는 것이다.

남의 글을 달달 외울 지경이 돼야 어느 정도 자신만의 창조가 나올 수 있다는 것, 모든 작가들이 그렇게 얘기하고 있습니다. -공지영 작가 사람들을 깜짝 놀라게 할 만한 문구를 만들어낸다고 글을 잘 쓰는 게 아니고, 남의 것을 읽어서 거기에 대한 자신의 사유의 깊이와 폭을 확보하는 것이 좋은 글이겠죠. -김훈 작가

신경숙 작가는 대학 입학 직전 3개월 동안 한국문학전집 60권을 필사를 해가며 집중적으로 읽었다고 하는데, 그후 '뭔가 다른 힘'이 생긴 듯이 든든해졌다고 한다.

나 역시 책을 통해 인생의 새로운 장을 열었다 생각한다. 내 이야기를 하는 이유는 다독의 위력에 대해 정확하게 알기 때문이다. 내가 이 책을 쓸 수 있었던 것 또한 '기적의 독서법'을 알았기 때문이다.

나는 글쓰기 교육을 제대로 받아본 적이 없는 평범한 직장인이었다. 대학에서 전공 또한 문학이 아닌 공학이었다. 덕분에 나는 삼성전자에서 휴대폰 연구원으로 10년 이상을 근무하며 안정적인 생활을 할 수 있었다. 이처럼 평범한 회사원이었던 내가 지금은 책을 쓰는 작가가 되었다. 바로 다독多讀의 힘을 체험했기 때문이다.

어느 날부터인가 나는 회사에 다니는 것에 어떤 재미도, 의미도, 가치도 느끼지 못했다. 그저 단순한 버티기에 불과하다는 사실을 알게 된 것이다. 무엇보다 미래가 보이지 않았다. 내가 진정으로 원했던 인생은 이런 것이 아님을 하루에도 수십 번씩 깨우친 것이다. 결국 어느 순간 회사를 그만두고 부산에 내려와 3년 동안 도서관에서 책에 미쳐 살았다.

가정의 생계를 책임져야 하는 가장이 3년 동안 책에 미쳐 사는 것은

현실적으로 매우 힘든 일이다. 아내의 잔소리, 주위 사람의 시선 그리고 무엇보다 자신과의 싸움이 매우 힘들었다. 미래가 보장된 일이 아니기에 더욱더 힘든 과정이었다. 그것도 황금 같은 인생의 중년에 미래도 보장되지 않은 상태에서 책만 붙잡고, 책에 미칠 수 있는 사람이 대한민국에 과연 몇 명이나 될까? 책에 미친 바보 이덕무가 아니면 불가능하지 않을까? 그러나 나는 도서관에서 책을 읽으면서, 책에 길이 있고, 해답이 있고, 성공이 있고, 부가 있다는 사실을 마흔 고개에 깨닫게 되었다.

안상헌 작가는《책력冊力》에서 '책에 미친 인생은 행복하다'라고 했다. 이 말이 무슨 의미인지 알게 된 것이다. 나는 그것을 실천했다. 물론 처음에는 잘 몰랐다. 어떤 책을, 왜, 어떤 방법으로 읽어야 하는지도 몰랐다. 그러나 책을 읽고 있으면 만사가 제대로 흘러간다는 묘한 기분을 느낄 수 있었다. 손에 책이 들려 있다는 것만으로도 이 세상을 다 가진 듯한 착각에 빠지기도 했다. 책은 내 마음의 위안이었고, 인생의 반전이 되었다. 책만큼 나를 잘 알아주는 친구도 없었고, 책만큼 나의 의식과 사고를 확장시켜주는 도구도 없었다. 책만 읽고 있으면 기분이 좋아지고, 위로가 되고, 즐거웠다. 책의 세계는 참으로 무궁무진했다.

첫 번째 책을 읽는 데 걸린 시간은 1주에서 2주 정도였던 것으로 기억한다. 지독한 슬로리더Slow reader였던 셈이다. 그 다음 책 역시 비슷한 시간이 걸렸다. 나이 마흔이 될 때까지 이런 저런 핑계를 대며 책을 읽지 않았으니 당연한 일이었다. 지금은 '책 읽는 속도는 독서량에 비례한다'라고 생각하지만, 당시에는 왜 그리 책을 천천히 읽었는지 참으로 한심하다는 생각이 든다. 그러나 나는 포기하지 않았다. 두보가 말한 다섯 수레의 분량을 다 읽기 전에는 자신과의 싸움 그리고 책과의 싸움을 멈출 수 없었다.

대기업에 다니면서 배운 것이 하나 있다. 기본이 없으면 성장이 무의미하다는 것이다. 이에 나는 독서를 인생의 기본이라 생각했고, 나아가 3천 권의 책을 읽겠다고 마음먹었다. 당시 내가 왜 그런 생각을 했는지는 알 수 없지만, 그렇게 해야 된다고 생각했었던 것 같다. 시간이 많이 걸리고, 힘이 들고, 당장은 수입이 없더라도 그것이 가장 빠른 길이라 생각한 것이다.

그러나 생각과 현실은 달랐다. 가족의 생계를 책임져야 했다. 그때 와타나베 쇼이치의 말이 생각났다. 그는 저서인 《지적생활의 발견》에서 글을 읽거나 쓰는 생활을 하기 위해서는 경제적인 독립이 가장 중요하다고 말했다.

가족의 생계를 책임진다는 것이 남자에게 얼마나 무거운 짐이 되는가. 이에 대한 각오와 계획이 없다면 지적생활은 중대한 위기를 맞을 수밖에 없다.

이 말이 뼈저리게 뇌리에 박혔다. 이 문제를 해결하지 못하면, 3천 권 독서는 현실적으로 불가능해 보였다. 나는 꾀를 내었다. 주위 사람들에게 다른 일을 하고 있다고 한 것이다. 한 마디로 우회전략을 쓴 것이다. 몇 가지 일을 통해 생계를 유지하는 것처럼 위장했다. 그러면서도 절대 책을 손에서 놓지 않았고, 도서관에 매일 출근했다.

그렇게 몇 달을 책에 미쳐 살았다. 그러나 효율은 매우 낮았다. 한 권의 책을 1~2주 동안 읽다 보니 뒷부분을 읽다 보면 앞부분이 생각나지 않았다. 한심하다는 생각이 절로 들었다. 그래도 포기하고 싶지는 않았다. 나도 모르는 힘이 나를 붙잡아준 것이다. 그렇게 계절이 바뀌고 시간이 흘렀다. 그러던 어느 날 책 읽는 시간이 기하급수적으로 빨라지고 있다는 사실을 알게 되었다. 놀라운 경험이었다. 한 번에 여러 권의 책을 읽을 수 있게 되었다. 그렇게 1년이 지났고, 그동안 내가 읽은 책이 3천 권 정도 된다는 사실을 뒤늦게 알았다. 계절이 네 번 바뀌는 동안 나에게 큰 변화가 생겼다. 태산 같은 혹은 바다 같은 중압감으로 나를 짓눌렀던 책들이 만만하게 보이기 시작한 것이다.

1년 동안 3천 권의 책을 읽은 후 나에게 나타난 가장 큰 변화는 책을 쓸 수 있는 사람이 되었다는 점이다. 이후 한두 권의 책을 쓰고, 출판사와 계약을 하였다. 10년 이상 직장생활만 했던 직장인에게는 이것은 참으로 기적이었다.

3천 권의 책을 독파하는 순간, 기적이 일어났다고 할 수 있을 정도로 내 인생이 순식간에 뒤바뀐 것이다. 그 순간이 내 인생을 가로막고 서 있는 엄청난 벽을 돌파하는 순간이었다. 그것은 바로 책의 힘이었다. 그제야 나는 책의 위력을 실감했다. 모든 기적은 3천 권이라는 책이 만들어낸 결과물이었다. 이것이 바로 다독多讀의 위력이었다.

1년 전만 해도 빙산같이 차갑게 느껴졌던 어마어마한 책들이 친근하게 느껴졌고, 때로는 가볍게 때로는 따스하게 느껴졌다. 그 전에는 죽어 널브러져 있는 것과 같았던 책들이 싹을 틔우고, 잎을 내고, 꽃을 피우고, 열매를 맺어, 나에게 먹어보라고 유혹하는 생물이 된 것이다.

도서관에 파묻혀 수많은 책을 접하다 보니, 책에 대한 인식이 바뀌는 것이 마치 큰 산을 오를 때와 사뭇 닮았다는 생각이 들었다. 처음에는 커다란 산의 숲만 보이기 때문에 겁을 먹기도 하고, 산이 내뿜는 기세에 중압감을 느꼈다. 그러나 산으로 들어가면 살갑게 느끼고, 기쁨과 환희에 가슴이 벅차오른다. 마치 어린아이처럼 뛰어놀게 되는 것처럼 말이다. 지금의 내 모습이 그런 어린아이와 다를 바가 없다. 책이라는 거대한 산에서 그렇게 뛰어놀았던 것이다.

책의 분야도 점점 확장되었다. 그래서 전공자가 아니면 읽기 힘든, 공학도가 읽기에는 무리가 있어 보이는 책도 읽기 시작했다. 뇌 과학, 심리학, 경영경제, 철학, 역사학, 물리학, 화학, 천문학 등과 같은 분야의 책도 읽기 시작했다.

이때 알게 되었다. 독서에도 '가속화 현상'이 존재한다는 것을 말이다. 책을 읽을수록 이해하는 능력이 향상되었고, 책 읽는 방법도 수십 가지가 있다는 사실을 알게 된 것이다. 또한 위인들의 독서법을 접하면서 나에게 맞는 독서 기술을 향상시키게 되었다. 모든 것이 독서를 통해 얻은 것이었다.

나는 이렇게 3년 동안 적어도 9천 권의 책을 읽게 되었다. 물론 그 이

후에도 하루에 열 권 이상의 책을 매일 읽고 있으므로 수치는 계속 올라가고 있다. 여기서 반드시 짚고 넘어가야 할 것이 있다. 수십 권의 책으로는 어떤 깨달음도 얻을 수 없다는 것이다. 진정한 깨달음은 적어도 1,000권의 책을 읽은 후에 가능하다는 것을 경험을 통해 확인했기 때문이다.

3년 동안 책에 미쳐서 살다 보니 어느 순간 책을 쓰는 것을 넘어 책 읽기와 글쓰기의 향유에 빠져서 지내고 있는 자신을 발견하게 된 것이다. 3천 권을 독파한 후에는 1년에 한두 권의 책을 쓸 수 있었는데, 9천 권의 책을 독파한 후에는 한 달에 3권 정도의 책을 쉽게 쓸 수 있는 그런 기이한 사람이 되어버린 것이다.

책을 읽지 않았던 3년 전에는 누군가 수천만 원을 준다고 해도 절대 책을 쓸 수 없었을 것이다. 부끄러운 이야기이지만 그것이 3년 전 내가 가진 사고와 의식 수준이었다. 1년이 아니라 10년이 걸려도 불가능했다. 그러나 이제는 한 달에 3권 정도의 책을 거뜬히 쓸 수 있는 작가가 되었다. 지금 출간을 기다리고 있는 책이 열 권이 넘는다. 이것이 바로 다독多讀의 위력이다. 다독을 하지 않고, 한두 권의 감동을 주는 책만 읽고 또 읽었다면 불가능한 일이었다.

당대의 시성 두보가 '남아수독오거서'라면서 강조한 다독을 철학자인 장 폴 사르트르의 표현을 빌려 대답하면 다음과 같다.

인생을 포함해서 많은 것을 변화시키고 싶다면? 먼저 많은 것을 받아들여야 한다. 그렇기 때문에 정녕 그렇게 하고 싶다면 먼저 많은 책을 읽고,

많은 경험을 하고, 많은 사고와 견해를 받아들이고, 많은 이들과 소통을 해야 한다.

평범한 책 읽기에 머물면 평범한 삶을 살 수밖에 없다. 평생 꿀벌처럼 일에 지쳐 살아야 할 것이다. 설령 그리 해도 인생은 그 어떤 변화도 없을 것이다. 오로지 다독만이 인생을 바꾸어줄 것이다. 그것이 다독의 매력이며, 위력이다. 다독은 우리 내면에 잠자고 있는 무한 잠재력을 깨어나게 해주는 알라딘의 요술램프와 같은 것이다.

글을 쓰고 싶은가? 베스트셀러 작가가 되고 싶은가? 그렇다면 책을 수천 권 독파하라. 그러면 베스트셀러 작가가 될 수 있다. 뛰어난 투자가가 되고 싶은가? 그렇다면 하루에 8시간 이상, 엄청난 독서를 하라. 워런 버핏이 그렇게 했다. 위대한 전쟁 영웅이 되어, 세계를 정복하고 싶은가? 그렇다면 어디를 가든 엄청난 양의 책을 가지고 다니면서 책을 읽으라. 알렉산더 대왕과 나폴레옹이 그렇게 했다. 세상의 많은 물건들을 발명하고 싶은가? 그렇다면 도서관에 있는 모든 책을 읽어라. 발명왕 에디슨이 그렇게 했다. 장애를 가지고 태어났지만, 세상에 이름을 날리고 위대한 삶을 살고 싶은가? 그렇다면 책을 읽어 자신을 새롭게 가꾸어라. 삼중고의 장애를 가지고 있었던 헬렌 켈러가 그렇게 했다. 위대한 방송인이 되고 싶은가? 그렇다면 책을 읽고 또 읽어라. 세계에서 가장 영향력 있는 여성 100인에 포함된 오프라 윈프리가 그렇게 했다.

인간의 성공은 독서량에 정비례한다.

책을 많이 읽은 사람은 그만큼 위대하게 되는 것이다.

우리나라에는 위대한 사람이 많이 나지 않는다.

그것은 위대한 사람이 될 만큼의 독서량이 없기 때문이다.

정을병, 《독서와 이노베이션》(청어)

  소설가이자 작가인 정을병 선생의 말처럼 위대한 인간을 만드는 것은 엄청난 독서량이다. 약 1,000권의 책을 읽으면 보통 사람과는 다른 사람이 된다. 위대한 인생은 위대한 독서의 결과물에 불과하다. 내면에서 뿜어 나오는 내공은 바로 1,000권이라는 엄청난 양의 책에서 나오는 힘이다. 이런 내면의 힘을 가진 사람이 되고 싶지 않은가? 그렇다면 오늘부터 1,000권의 독서에 도전해보자. 1,000권의 책을 독파하는 순간 어제와는 전혀 다른 삶을 살게 될 것이다.

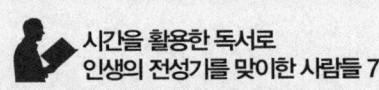
시간을 활용한 독서로
인생의 전성기를 맞이한 사람들 7

아름다운 독서광
시골의사 박경철

박경철 원장은 아름다운 독서광이다. 박경철 원장은 '왜 그렇게 책에 집착하십니까?'라는 질문에 다음과 같이 대답했다.

> 책은 그럴 만한 대상이라고 대답하고 싶습니다. 우리가 어떤 사람이 갖고 있는 지식을 얻기 위해서는 그 사람만큼 삶을 살아야 하지만, 인간은 놀랍게도 한 권의 책에 자신이 가진 모든 지식을 담아낼 수 있습니다. 독자는 책을 읽으며 일가—家를 이룬 한 인간의 지식들을 몇 시간 안에 훔쳐볼 수 있는 것이죠. 세상에 이만큼 훌륭한 도둑질이 또 있을까 싶습니다.
>
> 윤성화, 《2주에 1권 책 읽기》(더난출판사)

참으로 명답이다. 세상에 이만큼 훌륭한 도둑질이 또 있을까? 몇 시간 안에 한 평생을 살았던 사람들의 지식과 지혜를 훔쳐볼 수 있고, 자신의 것으로 소화시킬 수 있으니 말이다. 이러한 책이 수천 권이 된다면 그 사람의 지혜와 의식과 사고 수준이 어떤지는 보지 않고도 알 수 있을 것이다. 이것이 바로

'기적의 독서법'의 힘이다.

독서를 안 하는 사람보다는 하루에 조금씩이라도 꾸준히 하는 사람이 낫다. 하루에 조금씩 독서를 하는 사람보다는 2~3년 안에 1,000권의 책을 읽는 사람이 낫다. 그러나 이 둘 사이에는 엄청난 차이가 있다. 의식과 사고에서 비교할 수 없을 정도로 큰 간격이 생기기 때문이다.

기억력이 좋은 사람이라면 단기간에 많은 책을 읽지 않더라도 효과를 볼 수 있을 것이다. 그러나 평범한 사람이라면 3년 안에 1,000권의 책을 읽어야 효과를 볼 수 있다. 기억력의 한계 때문이다. 그렇다고 꾸준히 조금씩 독서하는 것이 나쁘다고 말하는 것은 절대 아니다. 꾸준히 독서하는 자세와 습관은 매우 좋은 것이며, 삶에도 유익한 습관이다.

그러나 이런 습관과 별개로 반드시 한 번 정도는 경험해야 할 것이 있다. 그것이 바로 2~3년 안에 1,000권 이상의 책을 읽는 집중 독서이다. 독서로 임계점을 넘어 그동안 경험해보지 못한 경지에 도달해보라는 것이다. 너무도 엄청난 것이기 때문이다.

박 원장은 경북의 한 시골에서 경찰관 아버지와 문학소녀였던 어머니 사이에서 태어났다. 그의 어머니는 어린 시절부터 공부하라는 잔소리보다는 책 읽는 분위기를 만들어주었다. 맹모삼천지교로 시골에서 초등학교 6학년 때 대구의 부자동네로 이사를 가게 되었던 그는 같은 반 친구 집에 놀러갔다가 자기 집과 비교할 수도 없을 정도로 책이 많은 것에 충격을 받았다. 그날 이후 그는 책에 빠져들기 시작한다. 중고등학교가 같이 있던 학교를 다닌 그는 중학교 3년간 도서관에 있는 책을 모두 읽었다. 수업만 끝나면 도서관에 달려가 밤 12시까지 책을 읽었는데, 그때부터 독서는 그를 다른 사람과 다른 관점을 갖도록 만드는 튼튼한 토양이 되었다.

민도식,《나를 확 바꾸는 실천독서법》(북포스)

나는 박경철 원장 역시 3년 독서의 법칙을 실천한 경험이 있다는 사실을 알고 놀라지 않을 수 없었다. 중학교 3년 동안 도서관에 있는 책을 모두 읽어버릴 정도로 집중적인 독서를 했기 때문이다. 수업만 끝나면 도서관에 가서 닥치는 대로 책을 읽은 것이다. 바로 그 3년의 독서 경험이 그를 베스트셀러 작가로 인도해준 것이다.

그는 최근 집필작인《자기 혁명》에서 다음과 같이 말했다.

이 중에서 아무리 강조해도 지나치지 않는 것이 독서다. 지방 소도시에서 태어나 지극히 평범한 청소년기를 보낸 필자가 이처럼 한 권의 책이라도 낼 수 있는 원동력의 8할은 독서다. 독서는 타인의 지식을 빌리는 것이라고 할 수 있는데 무엇보다 중요한 것은 이 지식의 변별력이다. 소위 공통의 교육과정에서는 성과의 높낮이, 즉 차이만 강조된다. 그러나 독서는 완전히 차별적인 성과의 잣대를 제공한다. 더구나 독서는 간접체험을 통해 정규교육에서 얻을 수 없는 지혜를 연마하게 해주고, 다른 사람의 생각을 읽고 이해하는 능력을 키워주며, 다양한 분야를 통섭하는 방법을 알려준다.

이는 그가 독서의 힘이 얼마나 강력한지 알고 있다는 뜻이다. 그의 말처럼 독서는 간접체험이며, 지혜를 연마하게 해주고, 다양한 분야를 통섭하는 길을 보여준다. 그래서 독서가 위대한 것이다. 중학교 3년 동안의 독서 덕분에 그는 지금도 여러 잡지와 일간지에 폭넓은 통찰과 식견을 바탕으로 칼럼을 기고할 수 있고, 수준 높은 저작 활동을 하는 것이다.

자기 삶의 혁명가가 되어 자신을 감동시키는 자기혁명을 이루라고 말하는 그의 최근작 《자기혁명》의 내용처럼 사람은 모두 자신을 스스로 감동시키고 열광케 하는 자기혁명가가 되어야 한다. 그 방법이 궁금한가? 이미 알 것이다. '기적의 독서법'을 실천하는 것이다. 그가 얼마나 많은 책을 읽은 독서의 고수인지 알 수 있는 대목이 있다.

그는 책을 읽을 때도 제목만 봐도 되는 책, 30분도 안 걸리는 책, 음절 하나 단어 하나까지 씹어먹어야 하는 책을 분류해 맞춤 방법으로 공략한다. 그의 안동 본가에는 그가 읽은 책 1만여 권이 서가에 꽂혀 있다. 아직도 그는 인용해야 할 책과 해당 대목이 생각나면 정확하게 책 더미 속에서 찾아낼 수 있는 기억력을 갖고 있다.고 한다. 이게 다 일찍 습득한 집중력 덕분이었다는 것이다.

동아일보 파워인터뷰팀, 《그들의 생각을 훔치다》(글담)

그는 이미 1만여 권을 독파한 다독가임에 확실하다. 그의 필력과 내공이 과연 어디에서 나오는지 짐작할 수 있는 대목이다. 의사이면서 동시에 베스트셀러 작가의 반열에 오른 이유가 무엇인지 이제야 모든 궁금증이 풀린다.

CHAPTER 5

시간이 단축되는 획기적인 독서법

우리가 책에 완전히 빠져들면 시간이 정지된 듯한 느낌을 받게 되는데, 이 때 물리적 시간은 아무런 문제가 되지 않는다. 사람의 정신력과 능력은 생각하는 것 이상이기 때문이다. 사람은 누구나 책을 빨리 읽을 수 있는 능력을 가지고 태어났다.

01

단 1분이라도 완전히 빠져드는
몰입 독서법

책에 완전히 몰입하라.
마치 등 뒤에서 누군가가 칼을 빼들고 서 있다 해도
책에만 온전하게 빠져들 수 있어야 한다.

날마다 책 한 권 읽기를 실천하는 장석주 선생은 독서를 위해 가장 중요한 것이 몰입沒入이라고 말한다. 책을 읽을 때는 단 1분이라도 완전히 책 세상에 빠져들어 자신을 잊어야 한다. 그렇게 몰입이 되면 시간은 멈추게 되고, '언제 다 읽었지?'라는 생각이 들 만큼 짧은 시간에 마지막 페이지를 넘기는 자신을 발견하게 된다.

그렇다면 이런 것은 어떤 원리 때문에 가능한 일일까? 그것은 의식과 무의식의 차이에서 그 답을 찾을 수 있다. 뇌 연구 결과를 보면 '사람은 의식보다 무의식에 더 많이 의존하고, 의식보다 무의식이 더 많은 정보를 처리한다'라고 한다. 다시 말해 우리가 어떤 일에 훈련과정을 거치는 것은 무의식을 작동하게 만드는 것과 같다. 의식이 모든 일을 실행하는 데는 한계가 있다. 좀더 일을 빨리 처리하기 위해서는 무의식이 더 효율적인 것이다.

뇌는 의식적으로 초당 2천 바이트 정도의 정보를 처리하는 반면 무의식적으로는 4천억 바이트의 정보를 처리한다. 눈으로 1초에 1천만 바이트의 시각 정보가 들어오는데, 의식은 이를 모두 처리하지 못하고 극히 일부인 40바이트만을 처리한다고 한다. 따라서 의식에 의존하여 사물을 보거나 책을 읽으면 그 속도가 매우 느릴 수밖에 없다. 반면에 무의식에 의존하는 경우 정보처리속도가 매우 빨라진다. 따라서 독서를 할 때 몰입이 되어 무의식 상태에 빠지면 상상도 못할 정도로 빠른 독서가 가능한 것이다.

티모시 윌슨은 '의식은 빙산의 일각이 아니라 빙산의 꼭대기에 쌓인 눈덩이에 지나지 않는다'라고 설명한다. 그에게 있어 무의식이란 '의식에 도달하지 못하지만 그 사람의 판단과 감정, 혹은 행동에 영향을 미치는 정신의 작용'이다. 그 무의식에 무엇인가 잠재되어 있는 능력이 있다는 의미를 부여하면 무의식은 잠재의식이 된다. (……) 잠재의식을 통해 우리의 생각의 능력을 높이는 방법으로 '몰입'이라는 것이 강조되고 있다. 몰입이란 말 그대로 집중하는 것이다.

이면희, 《지식의 재구성》(청년정신)

이런 현상은 책을 읽을 때에만 나타나는 것은 아니다. 어떤 일을 할 때 의식이 강하게 작용하면 평소 수준의 능력만 발휘하지만, 위급 상황에 처하거나 무의식 상태에 빠져들면 상상도 못할 만큼의 힘을 낼 수 있다. 무의식의 세계가 의식의 세계보다 훨씬 강하기 때문이다.

이런 예는 흔하게 볼 수 있다. 아이가 실수로 호랑이 우리에 빠지자 맨손으로 쇠창살을 벌리고 아이를 구출했다는 한 어머니의 이야기를 들어보았을 것이다. 또 불이 났을 때 무거운 짐을 집 밖으로 옮기는 주부의 이야기도 마찬가지이다. 이는 자신이 무엇을 하는지 의식하지 못하기 때문에 가능한 일이다. 즉 자신이 하고는 있지만, 의식하지 못하는 무의식의 세계에 빠져든 것이다. 궁수의 경우도 마찬가지이다. 활을 쏘고 있는 자신을 지나치게 의식하면 명중될 확률이 적다. 그러나 활에 몰입하여 자신을 무의식에 맡기면 과녁에 명중하고, 커다란 바위도 뚫을 수 있는 것이다.

이것은 몰입하기 때문에 가능한 일이다. 사람이 무언가에 몰입하게 되면 평소보다 훨씬 놀라운 집중력과 속도와 이해력이 생긴다. 또한 재미와 흥미가 배가된다.

아인슈타인이 상대성 원리를 설명할 때 아름다운 여인과 함께 있는 경우 시간이 빨리 간다는 것을 예로 들은 적이 있었다. 이 역시 마찬가지이다. 바로 몰입의 힘 때문이다. 아름다운 여자에게 빠져들어 시간의 속도를 느끼지 못하는 것이다.

책도 마찬가지다. 책을 읽고 있는 나 자신을 잊고, 오직 책에만 빠지면 속도가 빨라지고, 이해도 훨씬 좋아질 것이며, 1분이라는 시간마저 길게 느낄 수 있을 것이다. 이것을 경험해보라.

《몰입, 미치도록 행복한 나를 만난다》의 저자인 미하이 칙센트미하이 Mihaly Csikszentmihalyi는 몰입flow은 물이 막힘없고 거침없이 흘러가는 상태이며, 행복의 본질적인 형태라고 말했다. 따라서 몰입을 하게 되면 자신의 능력을 최고로 발휘할 수 있다고 했다.

우리가 책에 완전히 빠져들면 시간이 정지된 듯한 느낌을 받게 되는데, 이 때 물리적 시간은 아무런 문제가 되지 않는다. 사람의 정신력과 능력은 생각하는 것 이상이기 때문이다. 사람은 누구나 책을 빨리 읽을 수 있는 능력을 가지고 태어났다. 그러나 점차 그런 능력을 상실하게 된다.

> 몰입 상태에서는 한 가지 목표를 위하여 자기가 할 수 있는 최대 능력을 발휘하는 비상사태가 발동한다. 자신을 초긴장 상태로 만들어 모든 것을 잊고 오로지 한 가지 일에 집중하기 때문에 잠재된 능력을 최대로 발휘하는 것이다. 이러한 몰입적 사고는 과학, 비즈니스, 학습 등 여러 분야에서 그 위력을 발휘해왔다.
>
> 황농문, 《몰입-인생을 바꾸는 자기 혁명》(랜덤하우스코리아)

결국 몰입을 자주 할수록 이러한 능력은 되살아나게 된다. 또한 몰입을 자주 반복하여 책을 읽으면 시간의 바위조차 뚫는 엄청난 능력을 발휘할 수 있게 된다. 누구나 그런 경험이 있을 것이다. 시간이 많이 흘렀다고 생각했는데, 사실 몇 분 지나지 않았던 그런 경험 말이다. 이런 경험이 바로 독서를 통한 몰입이 우리에게 선사하는 놀라운 경험이다. 독서의 고수로 나아가는 길이며, 짧은 시간 동안 다독을 실현하는 가장 좋은 방법이다.

그렇다면 몰입 독서를 어떻게 할 것인가?

어떤 활동이 몰입의 경험이 가능하도록 해주는가? 다양한 차이에도 불구하고 몰입 활동은 어떤 특징을 공유하고 있는 것 같다. (……) 몰입은 행동을 위한 기회를 포착하여 자기 능력과 잘 부합한다고 느낄 때 경험하게 된다. 하지만 사용할 수 있는 기회보다 기술이 훨씬 크고 많은 경우, 권태가 뒤따르게 된다. 기술은 엄청나게 가지고 있지만 쓸 기회를 찾지 못 할 경우, 권태의 상태에서 또 다시 불안의 상태로 바뀌게 된다. 몰입 활동은 행위자의 기술과 관련하여 가장 최적의 도전을 제공하는 것이라는 결론이 따른다.

미하이 칙센트미하이, 이삼출 역, 《몰입의 기술》(더불어책)

또한 몰입 독서법을 위해서는 먼저 자신의 독서 능력에 맞추는 것이 중요하다. 시시한 책은 권태를 자아내고, 어려운 책은 근심과 불안을 자아낸다. 따라서 자신의 수준에 맞으면서도 도전 정신을 자극할 수 있는 책을 읽어야 한다. 또한 책을 읽을 때는 딴 생각을 하지 말고, 책에만 오롯이 집중해야 한다. 책과 대화를 나눈다는 생각으로 책의 세계에 완전히 빠져들 수 있어야 한다. 그것이 48분 기적의 독서법을 실천할 수 있는 노하우이다.

02

평균 완독시간을 줄여주는
이미지 독서법

책을 글자 한 자, 한 자 순차적으로 읽지 말고,
풍경을 보듯 전체로 보라

인간은 책을 얼마나 빨리 읽을 수 있을까? 어떻게 3년 동안 1,000권의 책을 읽을 수 있는 것일까? 일본의 독서 고수는 책 100권을 하루에 섭렵한다고 한다. 과연 그것이 진실일까? 그것이 진실이라면 어떻게 그것이 가능한 것일까?

독서도 하나의 기술이다. 따라서 기술이 있으면 하루에 100권의 도서도 능히 읽을 수 있는 것이다. 세상에는 남들이 따라할 수 없을 정도로 수준 높은 기술을 가진 이들이 있다. 사람들은 그들을 달인이라고 부르는데, 독서의 세계에도 그런 달인은 있기 마련이다. 이제부터는 독서 달인의 비결이 무엇인지 알아보고, 그것을 토대로 연습하여 자신만의 독서법을 만들어보자. 그리하면 누구나 최고의 독서 달인이 될 수 있다. 벤저민 디즈레일리Benjamin Disraeli는 다음과 같은 명언을 남겼다.

사고하는 데 필요한 기술, 책을 쓰는 데 필요한 기술뿐 아니라, 독서하는 데도 필요한 기술이 있다.

이제부터 독서의 기술이란 세계에 푹 빠져보자. 하워드 S. 버그Howard Stephen Berg는 1990년도 《기네스북》에 등재될 정도로 세계 최고의 속독가인데, 한 권의 책을 읽는 데 겨우 10분이 걸린다고 한다. 책 한 권을 읽는 데 10분이 걸린다면 한 시간 동안 6권을 읽을 수 있다는 말이다. 하루 10시간 동안 책을 읽는다면 하루 60권을 읽을 수 있고, 하루에 15시간 동안 책을 읽는다면 90권의 책을 읽을 수 있다. 이렇게 300일 동안 책을 읽으면 2만 7천 권의 책을 읽을 수 있다.

놀라운 독서력이다. 그렇다면 이런 사람이 세상에 얼마나 있을까? 내가 알기로 적지 않은 사람이 이런 능력을 가지고 있다. 다만 떠벌리고 다니지 않기 때문에 세상에 알려지지 않은 것뿐이다.

그렇다면 그의 독서 비결은 무엇일까? 책을 읽을 때 단어를 하나하나 확인하며 읽지 말라고 조언한다. 풍경이나 분위기를 한 순간에 파악하는 것처럼 책을 읽으라는 것이다.

보통 만화책은 빨리 읽을 수 있다. 풍경을 보는 것처럼 읽기 때문이다. 엄밀히 말하면 읽는다기보다는 '본다'는 개념이 더 맞을 것이고, 뇌 또한 그런 식으로 작용하기 때문이다.

　짧은 시간 동안 더 많은 책을 읽기 위한 비결 중에 가장 중요한 것이 이것이다. 책을 '읽지 말고 보라'는 것이다. 풍경을 볼 때 사람들은 눈 앞에 있는 다리와 멀리 보이는 산과 아파트와 자동차를 한 눈에 인식한다. 이는 하나의 그림으로 보기 때문이다. 만약 아파트를 집중해서 본다면 다른 것은 보이지 않기 마련이다.

　책 또한 마찬가지이다. 눈으로 책을 읽는 것은 순차적으로 산을 보고, 다음에 다리를 보고, 다음에 아파트를 보고, 다음에 자동차를 보는 것과 같다. 그러나 전체적으로 한 번에 본다면 상황은 매우 달라진다. 시간은 단축될 것이고, 전체를 한눈에 볼 수 있게 된다. 더구나 순차적으로 읽는 것보다 이해도 또한 훨씬 높아진다. 그렇기 때문에 책은 빨리 읽는 것이 천천히 읽는 것보다 집중력과 이해력이 향상되는 것이다.

　결국 이 방법은 책을 이미지화하여 읽으라는 것이다. 글자 한 자, 문장 한 줄을 읽고 해석하려 하지 말고, 전체를 하나의 그림으로 생각하면서 마치 그림을 감상하는 것처럼 훈련해야 한다. 이런 방법에 어느 정도 익숙해지면 기차를 타고 갈 때 창밖의 풍경을 보는 동시에 풍경 속에 빠져드는 것과 같은 의식의 변화를 경험하게 된다. 책을 읽을 때에도 마찬가지이다. 책을 읽는 것과 동시에 책에 세계에 푹 빠지게 되는 것이다. 하워드 버그는 책을 읽으면서 종이의 이미지 세계에 자신이 빠져든 묘한 기분을 느낀다고 말했다.

　책을 이미지로 볼 때 이런 변화가 일어날 수 있는 이유는 뇌가 데이터를 저장하는 방식에 근거한 것이다. 나는 《뇌과학 이야기》라는 책

을 쓸 정도로 뇌 과학에 몰두한 적이 있었는데, 그때 재미있게 탐독한 책이 《뇌 사용자 매뉴얼The Owner's Manual for the Brain》이다. 이 책의 저자인 피어스 하워드Pierce Howard 박사는 사람의 뇌는 모든 것을 이미지 형태로 저장한다고 주장하였다. 또한 《스피노자의 뇌》의 저자인 서던캘리포니아 대학교 뇌과학 연구소 소장인 안토니오 다마지오Antonio Damasio는 사람의 사고는 이미지를 표현하고, 통제하고, 지시하고, 엮고 나누는 것에 불과하다고 말했다. 따라서 제대로 이미지화하지 않으면 사고 자체가 불가능할 수 있다고도 말했다.

최근의 뇌과학자들은 모든 데이터는 이미지 형태로 뇌에 저장된다는 사실에 동조하는 듯하다. 사람의 이름, 나이, 인적 사항보다 얼굴을 더 잘 기억하는 이유가 바로 이것이다. 무언가를 암기할 때에도 이미지화하면 암기가 더 잘되는 것도 같은 이유다.

그렇다면 책을 읽을 때 처음부터 이미지로 읽게 되면 어떻게 될까? 두말할 것 없이 최고의 속독을 할 수 있게 된다. 보통 속독법이라고 하면 눈동자를 빨리 움직여 시폭을 넓게 하는 것이다. 한 번에 3~4줄을 동시에 읽을 수 있고, 훈련을 더 하면 한 번에 볼 수 있는 줄의 수가 늘어난다. 그러나 진정한 속독의 고수는 읽지 않고 한 페이지 전체를 이미지화하여 본다.

또한 책을 읽을 때 이미지화하는 연습을 하면 논리적이고, 순차적인 좌뇌만 사용하던 독서가 우뇌 중심의 활동으로 바뀐다. 우뇌는 이미지 중심의 종합적인 사고를 할 수 있기 때문에 이미지 독서법이 더욱 더 원활해진다. 독서의 속도는 물론 이해력까지 높아지는 것이다. 나아가 이미지 중심의 우뇌를 사용하게 되면서 전에는 한 번도 상상할 수 없었던 복잡하면서도 섬세한 것을 떠올릴 수 있게 된다.

  48분 기적의 독서법을 실천하면서, 쉽고 가벼운 책들은 이미지 독서법을 활용해보자. 독서도 근육 운동처럼 시간이 지나면 더 무거운 것으로 옮겨갈 수 있다. 조금씩 꾸준히 노력한다면 생각지도 못했던 독서 기적을 체험할 수 있을 것이다.

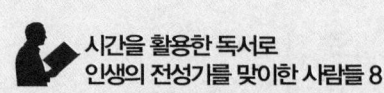
시간을 활용한 독서로
인생의 전성기를 맞이한 사람들 8

삶의 바닥에서 희망의 스토리를 만들다
민들레영토 지승룡 사장

가장 안 좋을 때가 가장 좋을 때라는 말이 생각나게 하는 인물이 있다. 바로 민들레영토의 지승룡 사장이다. 그는 인생에서 가장 큰 시련을 맞아 방황의 시기를 보낸 적이 있었다. 이혼을 하게 되고, 그로 인해 교회에서도 배척당한 것이다. 그렇게 그는 인생의 밑바닥으로 내려갔고 인간관계는 아주 자연스럽게 끊어져버렸다.

인생의 낙오자가 된 그가 선택한 것은 '독서' 그것도 '엄청난 독서'였다. 인생의 바다에서 홀로 지낸 3년 동안 그는 2천 권의 책을 읽었다. 그리고 폭발적인 독서량을 통해 그는 자신을 내팽개쳤던 세상에 도전할 용기와 지혜와 통찰력을 얻었다.

그에게 2천 권의 책은 사고와 의식의 수준을 향상시킨 계기가 되었고, 그를 거인의 반열에 올려놓았다. 백수로 지낸 3년 동안의 집중적인 독서가 남들과는 다른 경영 전략인 나눔과 사랑을 실천하는 참된 기업가 정신을 가르쳐주었기 때문이다.

36세의 내가 무엇을 해야 하는지 고민을 하는 동안 시간은 속절

없이 흘러갔다. 나는 3년 동안 도서관에서 책을 읽으면서 스스로 운명을 바꾸었다.

지승룡, 《민들레영토 희망스토리》(랜덤하우스코리아)

그는 30대 중반의 나이에 이혼이라는 시련을 겪게 되었고 그로 인해 목회 활동도 중단해야 했다. 결국 백수가 된 것이다. 당시 그는 거센 현실을 극복할 만한 정신 무장이 되지 않았다고 판단했고, 도서관으로 피신한 것이다. 그때부터 문학, 사회학, 경제, 경영 서적에 이르기까지 닥치는 대로 읽고 또 읽는 집중 독서 기간을 3년 정도 가진 것이다.

생활고로 인해 이삿짐센터와 식당에서 아르바이트를 하면서도 책을 손에서 놓지 않았다.

3년 동안의 집중 독서를 통해 사고와 의식 수준이 도약한 것은 물론 자신의 내면이 뜨거운 열정으로 가득 찬 그런 사람이 된 것이다. 지식으로 무장하고 가슴이 뜨거워지면 세상에 나가 도전하겠다고 결심하고 기도한 그에게 그날이 온 것이었다.

개인적인 일로 목사직을 그만둔 그는 갑자기 늘어난 시간을 주체하지 못해 도서관을 찾기 시작했다. 처음에는 단순히 시간을 때우기 위해 독서를 하기 시작했는데, 점점 흥미가 붙어 거의 2천 권 가까운 책을 읽게 되었다. 그는 당시의 독서가 지금의 민들레영토를 만들고 성공적으로 운영하는 데 결정적인 도움을 주었다고 고백한다.

한근태, 《한국인 성공의 조건》(위즈덤하우스)

그는 1994년 젊은이들의 메카인 신촌에 10평짜리 무허가 건물에 '민들레영토'를 설립한 후, 지금은 전국 20여 곳에 체인점이 있으며, 하루에 2~3만 명이 애용하는 한국의 대표 카페의 창립자가 된 것이다. 또 중국의 사천성과 미국의 LA와 워싱턴에도 민들레영토를 설립했다. 나아가 그는 '해외에서 들어오는 돈은 제3세계 어린이를 위해 쓰겠다'라고 말했다. 책을 통해 인생을 역전시킨 사람인만큼 환경이 열악하고 전쟁이 끊이지 않는 중동에 아이들이 마음껏 드나들 수 있는 도서관을 만들고 싶어 한다.

그저 돈 벌기에만 급급한 기업가가 아니라, 나눔과 사랑을 실천하는 거인으로 성장한 것이다. 3년 동안의 폭발적인 독서를 통해 길어 올린 귀한 지혜와 사랑 때문이라 생각된다. 그는 어떤 위기나 문제에도 절대 당황하거나, 포기해서는 안 된다고 말한다. 위기와 문제는 단지 해결점의 시작에 불과하다고 말이다. 그것과 정면으로 맞서고, 남이 풀지 못하는 시련과 문제를 해결하는 것이 성공을 앞당길 수 있는 길이라는 것이다.

진정한 문제는 문제 자체에 있는 것이 아니라 그 문제를 해결할 방안을 못 찾는 데 있다. 문제는 마침표가 아니다, 문제로 인해 포기해서는 안 된다. 문제는 해결의 시작이다. 장애물을 피할 수 없다면 그 장애물과 맞서야 한다. 남이 해결하지 못 하는 장애물을 해결하게 되면, 바로 그것으로 인해 성공을 앞당길 수 있다.

2008년 창조경영대상에서 상상 경영 부문에서 대상을 수상하기도 한 지승룡 대표는 3년 동안의 독서 경험으로 누구보다 큰 삶을 살아가는 성공한 기업가의 반열에 올랐다. 그가 바닥 인생 3년 동안 책을 읽지 않았다면 민들레영토라는 유일무이한 카페형 문화공간을 창립할 수 있었을까? 그리고 이렇게 성공한 기업가가 될 수 있었을까?

기적의 독서법 통해 그는 용기를 얻고, 지혜를 얻고, 따스한 사랑과 나눔의 마음까지 얻게 되었다. 3년 동안 독파한 2천 권의 책은 그에게 큰 사고와 의식을 제공해주었고, 그로 인해 의식과 사고의 비약적인 도약을 하게 되었던 것이라고 말할 수 있다. 우리의 삶을 이끄는 것은 바로 우리의 의식과 사고이고, 우리의 삶의 수준을 결정하는 것은 바로 우리의 의식과 사고의 수준이다. 이것을 향상시킬 수 있는 최고의 방법은 단기간에 엄청난 양의 책을 만나는 것이다.

그는 자신의 삶에서 가장 힘든 3년을 고스란히 책을 읽는 데 투자를 했다. 그것은 남들이 가지지 못한 지혜와 통찰력을 얻게 해준 최고의 투자였던 것이다.

03

책으로 책을 읽게 해주는
1+1 독서법

책이 책을 읽게 하라. 처음에는 시간이 많이 걸려도, 책을 많이 읽어라.
자신이 읽은 많은 책이 다른 책을 읽게 되고,
그 경지가 되면 독서량과 독서력은 그야말로 기하급수적으로 증가하게 된다.

부자들이 말하는 부자가 되는 비결은 무엇일까? 바로 돈이 돈을 벌게 하라는 것이다. 다소 이해하기 어려운 말이라 생각하는 사람도 있을 것이다. 그러나 부자들은 그게 무슨 의미인지 금세 이해한다. 나 또한 부자에 대해 이해하고, 그들을 알게 되면서 그 말의 심오한 의미를 알게 되었다. 그렇다면 독서광에게 책을 많이 읽을 수 있는 비결을 물어보면 뭐라고 대답할까? 추리소설의 창시자인 에드거 앨런 포Edgar Allan Poe는 이렇게 대답했을 것이다.

책을 많이 읽을수록 독서력은 기하급수적으로 강해진다. 독서광이라 불리는 사람들은 한 눈으로 여러 대목을 살피며 읽어내고 요점만 잘도 골라낸다. 이에 따라 필요한 대목을 스스로 활용할 수 있는 것이다.

표정훈,《책은 나름의 운명을 지닌다》(궁리)

맞는 말이다. 책을 많이 읽으면 내공이 쌓이게 되고, 결국 책이 책을 읽게 되는 것이다. 술을 많이 마시면 사람이 술을 마시는 것이 아니라 술이 술을 마시는 것과 같다. 사람은 없고 오로지 술의 힘으로 술을 마시게 되는 것이다. 책 읽기도 다를 바 없다. 수천 권의 책을 읽게 되면 책이 책을 읽는 경험을 하게 된다. 기묘하고 신비롭고 야릇한 경험이다. 이런 이유로 독서광들이 책에서 빠져나오지 못하는 즐거운 책 중독 현상에 빠지는 것이다.

또한 이는 장소와 시간과 연계되기도 한다. 화장실이나 엘리베이터 등 특정한 장소에서 꾸준히 48분 기적의 독서를 이어간다면, 나중에 의식하지 않아도 그 시간 그 장소에서 자연스럽게 책을 읽는 자신을 발견하게 될 것이다.

책 중독자, 활자 중독자, 독서광이라는 말은 행복의 다른 이름이다. 무엇인가에 미친다는 것은 치명적인 유혹이며 치명적인 즐거움이기 때문이다. 게임에 미친 젊은이들은 3박 4일 동안 컵라면 한두 개만 먹고도 능히 게임에 빠져든다. 무엇인가에 오롯이 미친다는 것은 이처럼 강렬한 경험이며, 살면서 한 번도 경험하기 어려운 폭발적인 집중력과 에너지를 경험하는 것이다. 이러한 집중력과 에너지는 인간의 수준을 넘어선다. 정신이 온전치 못한 미친 사람들의 힘이 보통 사람보다 몇 배 센 것과 같은 이치이다. 이처럼 미친다는 것은 대단한 일이다.

책이 책을 읽게 하는 원리는 한 권의 책을 읽으면, 그 책을 통해 다른 책에 이르도록 하는 것을 말한다. 단순히 책만 보이는 것이 아니라 책을 읽으려는 강한 의욕이 생기게 된다. 수십 권의 책을 읽다 보면 수백 권의 책에 대한 욕망이 생기는 것이다. 이것이 바로 1+1 독서법의 묘미이다.

인간의 통찰에 큰 가르침을 주는 책을 많이 읽게 되면 독서 기술과 독서에 대한 재미와 기쁨이 배가된다. 결국 이런 책은 한 권이 아닌 수십에서 수백 권의 책과 같은 것이다. 참으로 독서의 고수가 될 수 있게 해주는 '책의 마중물'인 셈이다. 한 바가지 정도의 물을 펌프에 부어 물을 끌어올리면 상상도 못할 정도의 물을 퍼올릴 수 있는데 이때 붓는 물을 마중물이라고 한다. 특히 깊은 샘에서 물을 퍼올리기 위해서는 반드시 마중물이 필요하다. 이런 마중물과 같은 책을 읽음으로써 엄청난 양의 독서를 하겠다는 욕구와 기술을 터득하는 독서법, 이것이 바로 1+1 독서법의 기본원리다.

1+1은 2가 답이다. 그러나 독서법에서는 2가 아니라 100도 될 수 있고 1,000도 될 수 있다. 다만 한 권의 책만으로는 불가능하다는 것을 알아야 한다. 여러 권의 책이 합쳐질 때 비로소 독서의 참맛과 독서의 기술이 샘솟게 된다. 실제로도 그런 경험이 있을 것이다. 우연히 읽은 한 권의 책 덕분에 다른 책 열 권을 더 빨리, 더 쉽게, 더 재미있게 읽었던 경험 말이다. 그리고 그 열 권의 책은 다른 책 100권을 더 빨리, 더 쉽게, 더 재미있게 읽을 수 있게 도와준다. 이것이 마중물의 역할을 하는 1+1 독서법의 요체이다.

노름에 미친 사람에게는 노름밖에 보이지 않는다. 자식도, 마누라도 보이지 않을 뿐만 아니라 노름을 하기 위해 자식도 팔고, 심지어는 마누라도 판다. 진정 어떤 것에 미치면 정상적이고 평범한 사람은 상상조차 할 수 없는 그런 일을 하게 된다.

그렇다면 건전하고 유익한 것에 미치자. 자신을 행복하게 해주고, 미래까지도 찬란하게 밝혀줄 수 있는 그런 일에 미치자. 이에 나는 책에 미쳐보라고 말하는 것이다. 더도 말고 덜도 말고 딱 3년만 말이다. 인생이 달라질 것이다.

04

책 없이도 빠른 독서 습관을 길러주는
상상 독서법

세상에서 가장 빠르게 책을 읽고 있는 자신을 상상하라.
자신은 누구보다 빨리 책을 읽을 수 있는 사람이라고 확신하라.
그리고 책을 읽을 때는, 빠른 물체를 항상 마음속에 담아두라.

사람은 몸으로만 구성된 존재가 아니다. 뇌가 있고, 마음이 있으며, 영혼이 있는 존재이다. 또한 이것들은 상호 영향을 미친다. 백 미터 달리기를 할 때를 생각해보자. 아무 생각 없이 달리는 경우와 '나는 빨리 달릴 수 있다'라고 생각을 한 후 달리는 것은 많은 차이가 있다. 바로 생각이 몸의 행동과 능력에 영향을 미치기 때문이다.

예일대 사회심리학자인 존 바그John Bargh는 재미있는 실험을 했다. 뉴욕대 학생을 두 그룹으로 나누어, 한 그룹에게는 노인과 관련 있는 단어로 하나의 문장을 만들게 했고, 다른 그룹에게는 노인과 무관한 단어로 문장을 만들게 했다. 그리고 언어의 유창함을 살펴보기 위한 실험이라고 거짓말을 했다. 그러나 이 실험의 진짜 목적은 문장을 만든 후 실험실 문을 나와 10미터 정도 떨어진 엘리베이터 앞까지 가는 데 걸리는 시간을 재기 위함이었다.

실험 결과 '늙은, 근심하는, 은퇴한' 등과 같은 노인과 관련 있는 단어를 사용한 그룹이 엘리베이터에 도착하는 시간은 반대 그룹에 비해 15% 정도 늦었다. 이는 무의식이 사람의 몸과 행동을 지배하기 때문에 나타난 결과이다. 이와 마찬가지로 무의식이 사람의 몸과 행동에 영향을 미친다는 내용의 실험은 《KBS 특별 기획 6부작 다큐멘터리, 마음》에서 실시되었다. 물론 결과는 똑같았다.

사람이 어떤 단어를 생각하거나 자주 접하게 되면 그 단어와 같은 성질의 사람으로 동화될 수 있다. 몸이 닮아가는 것이다. 노인과 관련된 단어를 연상한 그룹의 경우 자신도 모르게 몸이 반응한 것이다.

상상으로 팔을 더 멀리 보내는 연습을 한다. 그러면 실제 연습한 것처럼 팔이 더 많이 늘어난다. 정말인지 한번 확인해보자. 이번에는 허리 굽히기를 해보자. 십일자로 다리를 모으고 허리를 굽힐 수 있는 만큼 굽힌 다음 자신이 내려간 정도를 확인한다. 그리고 눈을 감고 이미지트레이닝을 하는데 실제 연습으로 내려간 정도보다 더 많이 내려가는 상상을 한다. 손가락이 땅바닥에 닿을 정도로 내려가는 상상을 한다. 실제처럼 상상할수록 효과는 더 크게 나타난다. 손이 바닥에 안 닿았던 사람은 닿을 수 있을 정도로 차이가 난다.

이영돈, 《KBS 특별기획 다큐멘터리, 마음》(예담)

마음이 몸을 지배하고 영향을 미친다는 것이 놀랍지 않은가? 위의 사례 외에도 운동선수의 이미지트레이닝이나, 암환자들의 상상훈련 치유법 등이 모두 실제로 효과를 보고 있다고 한다.

이를 독서에 활용해보자. 이런 원리에 따라 슈퍼맨, F1 자동차 경주, 로켓, 매우 빠르게 움직이는 기계, 빠른 게임 등을 접하거나 상상을 하면서 책을 빠르게 읽는 연습을 하는 것이다. 이런 방식으로 책을 읽다 보면 어느새 속도가 향상된다는 것을 느끼게 될 것이다.

실제로도 매우 느린 영상물을 보고 책을 읽을 때와 빠르게 돌아가는 영상물을 보고 책을 읽는 경우 속도 차이가 현저하다는 연구 결과가 있다. 이는 뇌가 그 속도에 동조하여 책을 읽기 때문이다. 또한 마음속으로 '빠르게 책을 읽을 수 있다'라고 다짐하고 그런 생각을 자주하면 책 읽는 속도 또한 점차 빨라진다고 한다. 신체는 마음의 영향을 받기 때문이다.

나는 영화 〈트랜스 포머〉의 주인공이 두꺼운 전공책을 5초 만에 독파하던 장면을 자주 연상한다. 내가 그 장면의 주인공이라 생각하며, 마음속으로는 5초 만에 책 한 권을 독파하는 상상을 자주 한다. 이와 같은 상상 훈련이 효과가 있다고 믿기 때문이다. 이는 몸으로는 연습하지 않고 마음으로만 연습을 해도 몸으로 연습을 한 것과 비슷한 효과를 거두는 것과 같다.

한 대학 연구소에서 농구 선수를 대상으로 이와 비슷한 실험을 한 적이 있다. 한 그룹의 선수에게는 한 달 동안 마음속으로만 슛하는 연습을 하게 했고, 두 번째 그룹 선수에게는 실제로 연습을 하게 했고, 세 번째 그룹 선수에게는 연습을 하지 않도록 했다. 한 달 후 결과는 매우 놀라웠다. 마음속으로만 연습을 한 그룹과 실제로 연습을 한 그룹의 슛 실력이 비슷하게 향상된 것이다. 물론 연습을 전혀 하지 않은 세 번째 그룹 선수들의 슛 실력이 하나도 향상되지 않았다.

빠른 속도에 노출이 되거나 상상을 한 후 책을 읽으면 책 읽는 속도가 빨라진다. 놀라운 뇌의 작용 때문이다. 따라서 평소 뇌를 빠른 속도와 빠른 물건에 노출시키고, 독서를 빨리 할 수 있다고 생각하라. 〈트랜스포머〉의 주인공을 연상하면서 자신도 그런 사람이 될 수 있다고 생각하는 것이다. 그러면 생각이 몸을 이끌어 보다 빠른 독서의 세계로 안내할 것이다.

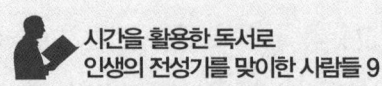
시간을 활용한 독서로
인생의 전성기를 맞이한 사람들 9

수만 권 독서의 달인
김용옥 교수

'우리 시대의 기인'이라 불리는 도올檮杌 김용옥 교수는 어렵고 난해한 동양 고전을 그 누구보다 더 재미있게 잘 해석하고 풀어내는 인물이다. 그는 많은 지식과 식견을 가진 사람도 잘 엮지 못하는 것을 매우 놀랍게 엮어내는 그런 재주를 가지고 있다. 이런 까닭에 도올 김용옥을 모르면 21세기 한국의 사회 문화현상을 제대로 설명할 수 없을 정도이다.

그의 기행과 발언과 주장은 사실 매우 파격적이다. 나 역시 그의 주장에 대해 반론을 제기할 부분이 적지 않다. 그러나 내가 여기서 말하고자 하는 것은 그의 말과 주장이나 견해와 학문에 대한 시시비비가 아니다. 그가 어떻게 대중을 사로잡을 수 있는 언어를 구사할 수 있게 되었는지 하는 것이다.

그는 철학을 가르치는 대학교수, 시인, 시나리오 작가, 희곡 작가, 한의사, 예술가, 기자의 삶을 살아왔다. 그의 저력은 어디서 나오는 것일까? 나는 이 또한 그가 읽은 수만 권의 책의 위력이라고 말하고 싶다. 그 또한 대학입학 후 악성 관절염에 걸려 정상적인 활동을 할 수 없었고, 1년 반 동안 병원에서 누워 지내야 했다. 바로 그 기간에 책을 읽은 것이다.

　도올 강의의 특징은 방대한 지식을 바탕으로 한 폭넓은 시각으로 동서양을 넘나들고, 고대와 현대를 아우르는 것이다. 다음으로 '자기 생각을 쉽고 재미있게' 이해시키는 재능이 탁월하다. 어려운 고전을 주제로 한 그의 TV 강의가 교양프로그램 최고의 시청률을 기록한 것이 단적인 증거다. (……) 김용옥 교수는 그렇다면 처음부터 이런 재능을 타고난 것일까?《절차탁마 대기만성》이란 그의 책 제목이 그의 노력을 대변해준다. 도올檮杌이란 호도 재미있다. 어원은 어려서부터 '돌대가리'라는 소리를 들었기 때문에 '도올=돌'의 음을 취하여 호를 삼았다 한다. 여러 대학을 전전하던 그는 대학 입학 얼마 후 악성 관절염에 걸려 정상적인 활동이 불가능하게 된다. 학교를 휴학한 그는 고향집에 내려와 1년 반을 아버지 병원 2층 한구석 방에서 꼼짝없이 누워 지내야 했다. 그 고통이 얼마나 심했는가 하면 '간호사들의 주삿바늘을 뺏어 내 손으로 직접 아편을 푹푹 찔러대며 그러한 마취상태에서 하루하루를 넘기고 살' 만큼 혹독한 통증이었다고 한다.

　사람은 늘 어렵고 힘들 때 그 진가가 발휘된다. 성공한 사람들은 고난을 성장의 기회로 만들고, 실패한 사람은 고난 속에 절망을 배우고 좌절한다. 도올은 힘든 시기를 독서삼매경에 빠져 자신의 영혼을 살찌우는 기회로 만들어냈다. 그는 참기 힘든 고통 속에서 병실 천장에 책을 읽을 수 있는 걸이를 만들어 불교, 신유학,

한의학, 신학, 음악, 미술에 이르기까지 수천 권의 책을 읽었다. 당시 간호사를 시켜서 천안에 있는 서점의 책을 코너별로 통째로 사서 모두 읽었다는 유명한 일화도 있다.

민도식, 《나를 확 바꾸는 실천독서법》(북포스)

비록 3년은 아니지만 1년 반 동안 천안에 있는 서점의 책을 코너 별로 통째로 사서 읽을 정도로 책에 빠져 있었다. 1년 반 동안 수천 권의 책을 읽게 된 그는 '기적의 독서법'을 실천하게 된 것이고, 그 책은 큰 삶을 살아갈 수 있는 원동력이 되었다. 그의 서재에는 2만 여권의 장서로 가득 차 있다. 엄청난 독서 편력을 자랑하는 김용옥 교수에게 황금 같은 1년 반 동안의 병상생활이 없었다면 지금의 도올 김용옥 교수가 탄생할 수 없었을 것이다.

간혹 비판을 받기도 하지만 도올 김용옥 교수의 사고와 의식 수준이 뛰어나다는 것은 명확한 사실이다. 그렇기 때문에 수많은 대중을 사로잡을 수 있는 강의를 할 수 있었던 것이다. 확실히 그는 이 시대의 학계에 큰 획을 긋고 있는 학자임에는 틀림없다. 그는 현대 중국의 유교 연구, 노장과 불교, 현대 물리학, 역사, 문학, 연극, 음악, 신학, 디자인 등과 같은 폭 넓은 분야에 대해 학식을 갖추고 있고, 많은 언어에 통달해 있다. 그리고 딱딱한 동양 철학에 관한 책이 베스트셀러가 되게 만드는 남다른 재주와 능력이 있다. 그의 사유체계가 넓고 방대하다는 것은 인정해주어야 한다.

　찬사와 비난을 한 몸에 받고, 아직도 왕성하게 텔레비전 스크린에 출연하는 기인! 바로 도올이다. 이러한 그의 폭 넓은 사유체계와 능력들은 모두 그가 집중적인 독서를 통해 수천 개의 세계와 만나 의식과 사고의 수준을 확장시키고, 비약적인 도약을 했기 때문에 가능했다고 말할 수 있다. 이제 그에 대해 제대로 된 비판을 하고자 하는 사람이 있다면 먼저 수천 권의 책을 읽고 도올 김용옥 교수보다 더 큰 사고와 의식의 비약적인 도약을 경험해야 할 것이다. 그래야 제대로 된 비판을 할 수 있고, 많은 사람들이 수긍할 것이기 때문이다.

　책을 읽지 않고서 사고와 의식 수준을 향상시킬 수 있는 방법은 천하에 찾을 길이 없다.

　1년에 수백 권의 책을 읽을 시간이 없다는 사람들이 1년 동안 수천수만 시간을 할애하여 텔레비전을 보고 있다는 사실을 깨달아야 한다. 대한민국에 독서 열풍이 불어야 한다. 책을 읽지 않고서는 밝은 미래를 장담할 수 없다.

05
생각의 폭과 의식의 깊이가 달라지는
호기심연상 독서법

세상의 모든 일에 관심과 호기심을 가지고, 왜 라고 물어보라.
그리고 그 해답을 찾기 위해 사고하고, 독서를 하라.
그래서 경험과 자신의 지경과 인식을 넓혀 가라.

    모든 독서가들은 자신의 경험과 사고의 한계를 바탕으로 책을 읽고 해석한다. 책 읽는 속도 또한 그것에 맞추기 마련이다. 그러나 이런 방법은 누구라도 하는 것이다. 결국 경험이 많고 사고의 폭이 넓을수록 책을 통해 얻게 되는 것이 많아지며, 책 읽는 속도 또한 빨라지게 된다. 독서에도 가속도가 붙기 때문이다.

    일본의 어떤 다독가는 책을 읽을 때 대부분의 경우 내용의 90% 정도는 이미 알고 있는 내용이라고 한다. 이런 사람이라면 책 읽는 속도가 빠를 수밖에 없다. 시중에 나와 있는 책의 대부분은 자신만의 사유와 연구 결과를 토대로 쓴 것이 아니다. 수많은 책이 다른 책의 연구 결과를 토대로 약간 추가한 것에 불과하다는 것이다.

이런 일이 일어나는 이유는 사람이 무에서 유를 창조하는 존재가 아니기 때문이다. 존재하고 있는 것에서 모양을 바꾸거나, 서로 엮거나, 서로 나누고, 방향을 바꾸거나, 색깔을 바꾸고, 허물고, 뒤집어서 다른 것을 만들어낼 뿐이다. 이것이 창작이고, 창조성의 원리이다.

하늘아래 완전히 새로운 것은 존재하지 않는다. 따라서 어떤 책을 읽더라도 다른 책의 내용이 담겨 있기 마련이다. 더구나 요즘에 나오는 책은 특히 이런 경향이 심하기 때문에 책을 읽다 보면 이미 알고 있는 내용이 많이 나온다. 이런 경우 굳이 그 부분을 읽을 필요는 없다. 한번 훑어보고 지나가면 된다. 뇌과학 공부법에 관한 책 중에는 일본의 책을 그대로 베낀 책도 있다. 우리나라의 뇌과학이 일본보다 십 년 정도 뒤처져 있을 때의 일이다. 목차는 물론이고 내용까지 비슷했다. 베낀 것이라는 생각이 강하게 들었다.

이처럼 심한 경우가 아니더라도 대부분의 책은 다른 책의 내용에 자신의 생각을 추가하여 집필하는 경우가 많다. 결국 세상일에 관심과 호기심이 많고, 그것에 대해 많이 생각하고 깊게 공부한 사람이라면 책을 읽고 이해하는 속도가 빠를 수밖에 없다. 반대로 속독법을 익힌 사람이라도 세상에 대한 이해가 없다면 글을 읽는 속도만 빠를 뿐 내용을 이해하는 것은 불가능할 것이다. 그러므로 책을 빨리 읽기 위해서는 세상의 일에 관심을 갖고 바라보는 습관을 길러야 한다.

이러한 자세는 철학하는 사람과 다를 바 없다. 이러한 자세를 갖지 않는다면 수천 권의 책도 무용지물에 불과하다. 물론 수천 권의 책을 읽으면서 세상사를 이해하게 되고, 생각의 폭은 넓어지지만 그 속도는 매우 느릴 것이다.

나는 특별한 재능이 있는 것이 아니다. 단지 굉장히 호기심이 많을 뿐이다.

아인슈타인이 위대한 과학자가 될 수 있었던 것은 바로 호기심 때문이다. 호기심은 사람에게 더 큰 능력과 더 넓은 시야를 가질 수 있게 도와준다.

똑같은 책을 읽어도 어떤 사람은 많은 것을 배우고 익히지만, 어떤 사람은 아무것도 얻지 못하는 경우가 많다. 이런 일이 벌어지는 이유가 바로 경험과 사고의 폭이 다르기 때문이고, 그것은 전적으로 세상에 대한 호기심과 관심에 기인한다.

고대 그리스 철학자 크세노파네스Xenophanes는 '우리의 인식認識이 생각의 틀에 갇힌 억측憶測에 불과하다'라고 말했다. 사람이 어떤 경험을 하거나 책을 읽을 때 깨닫게 되는 인식은 그 사람의 생각의 폭과 넓이의 한계를 벗어나지 못한다는 것이다. 따라서 생각의 틀이 좁고 규격화되어 있다면, 독서를 하더라도 많은 것을 얻지 못하게 되는 것이다.

버지니아 울프Virginia Woolf의 경우도 이런 사실을 잘 말해주고 있다.

해마다 셰익스피어의 비극《햄릿》을 새로 읽고 그때마다 감동을 글로 남기면 그것은 사실상 우리 자신들의 자서전을 기록하는 것이나 마찬가지다. 그 이유는 인생 경험이 풍부하면 풍부할수록 인생에 대한 셰익스피어의 해석도 그만큼 더 절실하게 와닿기 때문이다.

똑같이 《햄릿》을 읽어도 인생 경험에 따라 해석과 감동과 느낌이 다르다는 것이다. 인문 고전을 읽으면서도 경험에 따라 이처럼 큰 차이가 나는데, 자기계발서, 경제경영서라면 그 차이는 더욱 심할 수 있다.

수십 권의 책을 읽은 사람의 독서는 자기 수준만큼의 해석과 유익을 얻을 뿐이고 속도도 붙지 않는다. 그러나 수백 권의 책을 읽거나, 수천 권의 책을 읽은 사람이라면 어떤 책을 읽더라도 큰 유익과 놀라운 해석을 얻게 된다. 그로 인해 지혜와 지식은 기하급수적으로 늘어날 것이고, 독서의 속도는 상상 이상으로 빨라질 것이다.

책은 독자에 따라서 태양이 되기도 하고 암흑이 되기도 한다. 책의 가치는 독자들이 만들기 때문이다. 사고와 경험의 폭을 결정짓는 독자들의 독서량에 따라 책의 유익이 결정되는 것이다. 볼테르Voltaire도 이와 같은 말을 한 적이 있다.

아무리 유익한 책이라도 그 반은 독자가 만든다.

사람의 미래를 만드는 것 또한 책을 읽는 것과 다르지 않다. 수백 권의 책을 읽은 사람이 더 빨리 미래를 그릴 수 있을 것이다. 수백 권의 책을 읽은 사람은 자신의 미래를 수백 번 만들어봤기 때문이다. 이것이

아무리 유익한 책이라도
그 반은 독자가 만든다.
－볼테르Voltaire

3년 동안 1,000권의 책을 읽어야 하는 이유다.

 늘 호기심을 가지십시오. 난 회사에서 아무도 안 하는 멍청한 질문을 하기로 소문이 자자하답니다.

 전 코카콜라 회장 아이베스터Douglas Ibester의 말에 엄청난 지혜가 담겨 있는 것을 알고는 새삼 놀라게 된다. 호기심이 많은 사람일수록 책의 반을 훨씬 더 풍성하고, 다채롭고, 다양하고, 놀랍게 만들어간다. 훌륭한 책은 훌륭한 독자가 만드는 것이다.

 "삶이 끝날 때까지 잃어버리지 말아야 할 것은 신성한 호기심이다"라고 알버트 아인슈타인이 말한 것처럼, 우리가 평생 잃어버리지 않고, 유지해야 하는 것은 호기심인 것이다. 호기심이 없다면, 아무리 많은 경험을 하고, 책을 읽어도 그 경험과 책의 나머지 반을 풍성하게 만들지 못하기 때문에 유익함이 적어질 수밖에 없다.

06

책에서 달콤한 체리만 골라 먹는
포인트 독서법

책을 읽을 때 반드시 그 책이 주장하고 있는 핵심을 찾아내고,
그 핵심 중심의 독서를 하라. 핵심과 결론 위주의 책 읽기를 하라.

학창 시절, 공부를 별로 안 하는 것 같은데도 시험만 보면 전교 1등을 하는 친구가 있었다. 정말 무서운 놈이었다. 학교 수업을 마치면 중상위권 친구들은 공부하러 가기에 바쁘다. 그런데 이 친구는 공부를 포기한 친구들과 함께 야구를 하거나 농구를 하곤 했다. 그렇게 1시간 정도는 운동을 하고 친구들과 놀았던 것이다. 그런데 시험만 보면 전교 1등이었다. 그 비결이 무엇일까? 나는 그 비결이 궁금해 그 친구에게 물어보았지만, 그 친구는 절대 알려주지 않았다.

그로부터 몇 년이 지난 후에야 동창회 모임에서 자신의 공부비결을 공개했다. 그것은 '시험에 나오는 것만 공부한다'는 것이었다. 시험에 나오지 않는 것에는 시간을 낭비하지 않고, 오로지 시험에 나오는 핵심만 찾아 공부했다고 했다. 결국 그 친구는 우리보다 공부 실력이 뛰어난 것이 아니라 핵심을 찾아내는 능력이 뛰어났던 것이다.

책 읽기도 이와 다를 바 없다. 한 권의 책을 통해 얻을 수 있는 핵심은 처음부터 끝까지 성실하게 통독을 해야만 얻을 수 있는 것이 아니다. 특히 지금처럼 유사한 주제의 도서가 많은 시대에는 각각의 책이 주장하는 핵심을 찾아내고, 그 핵심 내용을 위주로 독서를 하면 더 효율적이다.

이런 방식으로 독서를 하다 보니 어떤 책을 한 마디로 표현하는 단어와 주제문을 쉽게 찾을 수 있었고, 그 문장을 중심으로 책을 읽게 되었다. 결국 더 많은 책을 더 쉽게 읽을 수 있게 된 것이다.

핵심과 결론 중심의 책 읽기 원리는 파킨슨 법칙Parkinson's Law에서 찾을 수 있다. 파킨슨 법칙이란, 영국의 행정학자인 파킨슨이 공무원 사회를 풍자하여 주창한 법칙이다. 즉 공무원의 수는 업무량의 증가와 관계없이 일정 비율로 증가한다는 것이다. 이 법칙이 왜 핵심 중심의 책 읽기와 관련이 있을까?

사람들이 핵심을 꿰뚫는 효율적인 독서를 하지 못하는 이유로 불필요한 파생적인 책 읽기를 들 수 있다. 책의 핵심만 정확히 꿰뚫어 읽으면 내용의 80%를 이해하는 것은 물론 저자와 충분한 소통을 할 수 있다. 그러나 책의 핵심을 찾아내지 못하면 저자가 핵심을 말하기 위해 집필한 파생적인 부분을 읽어야 한다. 따라서 시간을 낭비하는 것은 물론 책의 핵심에는 접근도 하지 못하게 된다.

　핵심을 파악하지 못하는 독자가 책을 읽는 데 걸리는 시간은 그 책의 내용과는 관계없이 증가한다.
　파킨슨의 법칙을 책 읽기에 적용한 것이다. 공무원들은 부하 직원이 생기면 핵심 업무가 아닌 종전에는 하지 않아도 되었던 지시, 보고, 감독, 평가 등과 같은 파생적이고 부수적인 업무를 해야 한다. 이에 따라서 이런 부수적인 일을 하기 위해 더 많은 공무원을 뽑아야 하는 것이다.
　책 읽기에도 이런 상황이 일어나고 있다. 책이 주장하는 핵심 내용과 메인 스토리를 중심으로 책을 읽으면 책 읽기가 재미있고 빨라진다. 그러나 핵심과 메인 스토리가 아닌 부수적인 내용을 정독하다 보면 시간은 물론 재미도 반감되기 마련이다.
　결국 많은 책을 효율적으로 빨리 읽는 방법은 핵심과 결론 위주로 책을 읽는 것이다. 따라서 읽기를 위한 읽기, 즉 파생적인 읽기를 하지 않도록 연습할 필요가 있다. 이런 방법은 공병호 소장이 실천하는 실용 독서법과 유사하다. 그는 책의 핵심 내용은 저자 서문, 목차, 결론, 초반부의 핵심 장에 숨겨져 있기 때문에 그것만 잘 읽으면 핵심을 찾아낼 수 있다고 한다. 또한 이런 능력이 생기면 책을 읽고 응용하는 데 그리 많은 시간이 걸리지도 않는다고 말한다.
　이런 독서 방법은 공부를 잘하는 학생과 공부를 못하는 학생의 차이와 같다. 공부를 잘하는 학생은 학교에서든, 집에서든, 도서관에서든 자리에 앉자마자 집중해서 공부를 한다. 같은 시간에도 남들보다 많은 양의 공부를 할 수 있는 것이다. 반대로 공부를 못하는 학생은 공부를 하기 위해 할 일이 많은 법이다. 책상을 정리하고, 연필을 깎고, 무슨 과목을 공부할 지 생각한다. 중요한 것은 공부를 하는 것인데, 파생적인 일에 관심을 갖고 만다. 공부는 시간이 아니라 질이다. 얼마나 많은 시간 동안 공부했는가의 문제보다는 얼마나 핵심적으로 시간을 활용했는지가 중요한 것이다. 독서의 질을 향상시키는 것도 얼마나 핵심적인 부분을 잘 찾아내고, 핵심 위주의 독서를 할 수 있느냐에 달려 있다. 중요한 것이 시간은 아닌 것이다.

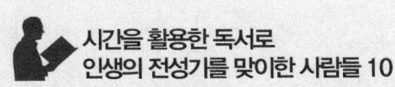
시간을 활용한 독서로
인생의 전성기를 맞이한 사람들 10

독서로 왕따에서 시대의 영웅이 된 나폴레옹

율리우스 카이사르Julius Caesar 이후 가장 위대한 세계사적 인물인 나폴레옹 보나파르트Napoleon Bonaparte. 그는 명성에 걸맞게 짧은 기간에 유럽을 점령하였을 뿐만 아니라, 문화와 교육에도 큰 뜻을 두어 문화적 재건을 통해 훗날 프랑스 문화 발전의 초석을 일구어냈다.

우리가 나폴레옹을 영웅이라고 하는 것은 그가 많은 전쟁에서 이겨 유럽을 정복한 사람이기 때문만은 아니다. 보통 사람들이 하지 못하는 도전과 용기를 보여주었고, 그것을 성공으로 이끈 의지와 지혜가 있었기 때문이다. '내 사전에 불가능은 없다'라는 말이 이런 사실을 잘 입증해준다.

그가 세계사에 큰 획을 그은 인물이라는 데 이의를 제기할 사람은 없을 것이다. 그는 작은 체구를 극복했고, 어려운 환경을 극복했으며, 마침내 유럽을 호령했다. 이런 까닭에 그는 세계사에서 빼놓을 수 없는 인물이 된 것이다.

그렇다면 그는 어떻게 해서 위대한 정신을 소유하게 되었고, 많은 전쟁에서 승리하는 전략가가 될 수 있었을까? 그는 육군

사관학교를 동기 58명 가운데 42등으로 졸업했다. 나폴레옹보다 우수한 인재가 많았다는 의미이다. 그러나 그는 사령관이 되었고, 유럽을 정복하였으며, 황제가 되었다. 그것은 비단 용기나 도전 정신만으로는 불가능한 일이었고, 그의 말대로 불가능에 가까운 일이었다.

그가 자신의 인생에 큰 획을 긋고, 세계사에서 빠질 수 없는 한 페이지를 장식할 만큼 거인으로 성장할 수 있었던 가장 큰 비결은 바로 '집중적인 독서의 경험'이었다. 그러니까 그의 모든 것은 독서를 통해서 이루어진 것이다. 그 사실을 입증해주는 저술을 살펴보자.

> 나폴레옹은 유년 시절부터 책방의 책을 온통 다 삼켜버릴 듯이 책을 읽었다고 한다. 그것도 군인에게 필요한 전문적인 전술 서적이나 포술砲術 서적뿐만이 아니라 역사, 지리, 수학, 법률, 문학 등 각계 각 분야에 걸친 책을 읽었던 것이다. (······) 법률 분야에서는 근신 명령을 받았을 때 하루 만에 6세기에 저술된 유럽 각국의 법률 원전原典이라고 하는 대저大著, 유스티니아누스Justinianus의 《법전(로마법 대전)》을 독파했다고 한다. 후에 새로운 헌법과 민법을 제정할 때, 쭉 늘어서 있던 법률학자들에게 지지 않을 정도의 법률 지식을 피력할 수 있었던 것도 그와 같은 독서 덕분이었다.

이렇듯 나폴레옹은 유년시대부터 생애 마지막에 도달할 때까지 탐욕스러운 독서가였다. 특히, 독서에 열중한 것은 파리의 육군 사관학교를 졸업하고 군대에 복무하기 시작한 16세 때부터 수년 동안의 일이었다. 이 시기에 집중적으로 독서하는 습관을 몸에 익히게 되면 평생을 두고 책과 떨어질 수 없는 모양이다.

이원용,《세계를 움직인 12인의 천재들》(을유문화사)

그는 전속 사서와 별동대를 따로 두어 신간 서적을 전쟁터까지 가져갈 정도로 책에 대한 애착이 많았는데, 그가 평생 동안 읽은 책은 약 8천여 권 정도이다. 당시 출간된 책에 비하면 엄청나게 많은 양의 독서를 한 셈이다.

나폴레옹이 치렀던 전쟁을 분석하며 전쟁의 본질을 규명하고자 했던 독일의 칼 폰 클라우제비츠는 자신의 불후 명저《전쟁론》에서, '전쟁은 순전히 지성의 방대한 힘이 필요한 것'이라고 결론짓고 있다. 이는 결국 전승의 비결은 책 속에 있다는 의미이기도 하다.

박상하,《스피드 독서 전략》(이롬미디어)

어린 시절 그는 친구라고는 한 명도 없는 외톨이였다. 그야말로 '왕따'였던 것이다. 고독한 외톨이 신세는 한동안 계속되었다. 그런데 그것이 나폴레옹에게는 약이 된 것이다. 그는 친구가 없는 탓에 헛간에 파묻혀 책에 미칠 수가 있었다. 그때 그는 엄청난 책을 읽었고, 결과적으로 우리가 아는 나폴레옹이 탄생할 수 있었던 것이다.

'근무 외에는 독서다. 속옷은 1주일에 한 번만 갈아입으면 된다. 요즘은 밤잠을 아껴 책을 읽고 있다. 식사도 하루 한 끼로 버티고 있다. 어머님의 말씀대로 고독의 벗은 독서뿐이다.' 나폴레옹의 성공비결이다. 그의 어린 시절은 참담했다. 용모는 물론 옷차림이나 태도까지도 또래들보다 나은 것이 없었다. 키는 매우 작았고 커다란 눈과 여윈 볼로 첫인상도 좋지 못한 편이었다. 귀족의 자제들은 그를 코르시카 촌뜨기, 가난뱅이, 땅딸보라고 놀려대며 놀아주지 않았다. 10대 어린 소년이었던 그에게는 엄청난 시련이었다. 하지만 그는 학교의 구석진 곳에 자신의 공간을 만들어놓고 시간만 나면 거기에 가서 책을 읽었다. 어머니가 권한 대로 외로움의 가장 좋은 친구로 독서를 택했던 것이다. 하지만 이 시기가 전화위복이 되었다. 전쟁뿐만이 아니라 법률, 경제, 문학 등에 그치지 않았다. 성서는 물론 코란, 역사, 지리, 여행기, 미술, 과학 등 관심이 미치지 않는 곳이 없었다. 그의 독서량은 자신이 점령한 유럽대륙보다 넓다고 할 정도였다. 많은 지식을 바탕으로 치밀한 논리를 펼쳤기 때문에 그는 토론이나 전략, 전술을 짤 때에도 다른 사람들에게 지는 일이 없었다.

진희정, 《내 인생을 바꿔준 위대한 명언》(좋은책만들기)

4주 동안 이집트 원정을 떠날 때에는 1,000여 권의 책을 싣고 떠났다. 참으로 엄청난 독서가이다. 물론 이런 독서력은 9살 때 외톨이로 지내면서 책만 읽었던 것이 원인이었다. 프랑스의 외딴섬 코르시카에서 태어나 프랑스어도 모르던 왜소한 소년이 어떻게 가난과 설움을 극복하고, 군사학교를 졸업하고, 프랑스 대혁명의 물결 속에서 승승장구를 거듭하여 프랑스가 낳은 세계적인 위인의 자리에 오를 수 있었을까? 그가 죽은 후, 그를 다룬 출판물은 8만 여 권에 이른다.

일찍이 칼보다 펜의 힘이 더 강하다고 말했던 나폴레옹은 치열한 전장에서도 내내 독서에 빠져 있었다. 그의 관심은 성서를 비롯하여 역사, 미술, 시, 희곡, 과학, 종교 등등 분야를 가리지 않고 넘나들었다. 나폴레옹의 이런 독서를 향한 열정은 통찰력과 목표를 향해 나아가는 인내심을 기르게 해주었고, 그는 수많은 전쟁에서 승리를 거둘 수 있었다. 52세로 세상을 떠나기 전까지 8천 권 이상의 책을 읽었다는 나폴레옹은 역사상의 어느 인물보다 책을 사랑했다.

이재환, 《내가 열망하는 삶, CEO》(경향미디어)

역사에 한 획을 긋는 인물들이 공통적으로 가지고 있었던 집중독서의 경험을 그도 가지고 있었다는 것이다.
누구라도 집중적인 독서를 통해, 자신을 위대한 존재로 성장시킬 수 있다.

07
훌륭한 독자가 되기 위한 원칙

가장 싼 값으로 가장 오랫동안
즐거움을 누릴 수 있는 것, 바로 책이다.
- 몽테뉴 -

당신은 훌륭한 독자인가? 무조건 빨리 읽고, 많이 읽는다고 훌륭한 독자는 아니다. 독자 스스로 책의 절반을 얼마나 풍성하고 다채롭게 만들 수 있는지가 훌륭한 독자를 결정하는 것이다.

앞에서 살펴본 여섯 가지 독서 노하우를 토대로 자신만의 독서 노하우를 개발해야 한다. 세상에는 최고의 독서법도 최악의 독서법도 없다. 어떤 이에게는 최고의 것이 어떤 이에게는 최악의 것이 될 수 있기 때문이다. 독서는 인생과 닮아 있다. 독서 고수 중에도 슬로 리딩을 주장하는 사람도 있는 것처럼 정해진 것이라고는 없는 법이다. 인생에 정답이 없는 것처럼 말이다.

그렇다면 다음에 제시하는 두 가지 원칙을 실천해보자. 그저 따라하다 보면 어느새 책과 친해진 자신을 발견하게 될 것이고, 책이 내 삶을 바꾸어줄 것이라는 확신이 생길 것이며, 독서광이 되어 48분 기적의 독서법을 실천하고 있을 것이다. 당신의 멋진 삶을 기대하며 책을 벗 삼아 여유를 즐기게 될 것이다.

인생을 바꿀 수 있다고 믿어라. 그러면 성공할 수 있다

나는 한 시간의 독서로 누그러들지 않는
어떤 슬픔도 알지 못한다.
-몽테스키외

사람의 운명이란 어떤 기회를 얻었는가의 문제가 아니라 어떤 선택을 했는가의 문제에 따라 달라진다. 지금부터 우리의 운명을 위한 선택을 시작하자.

알버트 아인슈타인은 사람의 삶은 기적으로 가득 차 있는 경이로운 것이라 했다. 이 말은 성공적인 삶과 그렇지 못한 삶의 차이는 자신의 문제이며 마음의 문제라는 것이다. 자신에 대한 불신이 강하고, 어떤 결단과 목표가 없는 것은 자신을 나태와 근태와 시간 낭비로 파멸시키는 것이다. 반대로 올바른 생각을 가지고 운명조차 개척하겠다는 굳은 결단을 하게 된다면 환희와 활력과 에너지가 넘치는 성공적인 삶을 향해 다가서게 된다.

삶의 변화와 혁신은 마음에서 비롯된다는 것이 만고불변의 진리라고 생각한다. 이것이 바로 당신 자신이 삶의 주인이 되는 법칙이다. 이제 그것을 실천하여 성취하는 일만 남았다. 선택을 하라. 할 수 있다고 믿어라. 그리고 과감하게 한 발을 내딛고, 또 한 발을 내딛어라. 어느 순간 멋지게 변해 있는 자신을 발견하게 될 것이다.

다만 명심할 것이 있다. 모든 것은 눈에 보이지 않는다. 마음의 결단도, 거인으로 성숙한 자신의 모습도 보이지 않는다. 오로지 자신만이 성장과 변화를 깨닫게 될 것이다. 사실 운명에 순응하는 삶은 동물의 삶에 불과하다. 그들은 주어진 운명에 순응하며 살아가기 때문이다. 사람만이 운명을 거스를 수 있다.

영국의 비평가 겸 역사가인 토머스 칼라일Thomas Carlyle은 자신에게 불어 닥친 가혹한 운명에 좌절하지 않았고, 오히려 운명을 개척한 좋은 본보기가 되었다.

영국의 유명한 사학자 토머스 칼라일이 수천 페이지에 이르는 프랑스 혁명사에 관한 원고를 탈고했다. 그는 자신의 원고를 이웃에 사는 존 스튜어트 밀에게 읽어보라고 건네주었다. 그런데 밀의 하녀가 원고를 폐지로 알고 그만 불쏘시개로 써버렸다. 칼라일은 이 사실을 알고 허탈해서 한동안 아무것도 할 수가 없었다. 2년 동안 심혈을 기울였던 결과가 하루아침에 물거품이 되었으니 기가 막힐 노릇이었다. 그는 다시 원고를 쓸 엄두도 내지 못한 채 하루하루 무기력하게 보냈다. 그러던 어느 날 칼라일은 길을 걷다 인부들이 벽돌 쌓는 모습을 보았다. 그 작업을 지켜보던 칼라일은 문득 깨달은 바가 있었다. '아, 바닥에서부터 한 장 한 장 쌓은 벽돌이 어느새 높은 담장이 되었구나. 그래, 나도 처음부터 다시 시작하는 거야!' 칼라일은 벽돌이 쌓이는 모습을 보며 새로운 용기를 얻었다. 서둘러 집으로 돌아간 칼라일은 펜을 들고 다시 원고를 쓰기 시작했다. 그리고 마침내 긴 여정을 마치고 책으로 펴낼 수 있었다.

박인철,《내 인생의 위대한 조언자들》(평단문화사)

2년 동안 모든 에너지를 쏟아 부은 원고가 재가 되어버렸다면 당신은 과연 어떻게 할 것인가? 그냥 한숨만 쉴 것인가? 그러나 칼라일은 '나는 오늘부터 하루에 한 페이지씩 저 벽돌을 한 장 한 장 쌓듯 그렇게 써 나갈 것이다'라고 결심했고, 그 결심을 실천했다.

'길을 떠날 때는 무릇 사무치는 바가 있어야 하듯, 책을 읽을 때도 그런 것이 하나 있다면 책과 충분히 하나 될 수 있을 것이다'라는 말이 있다. 즉 무슨 일을 하든 간절한 마음이 있어야 가능하다는 의미이다. 1,000권의 책을 독파하기 위해 필요한 것도 간절한 마음이고, 미래와 운명을 창조하고 개척하기 위해 필요한 것도 간절한 마음이다. 그런 간절함이 있어야 용기가 생기고 실천할 수 있게 된다.

당신의 삶에 사무치는 바가 있는가? 좌절을 겪었는가? 실패를 경험했는가? 회사에서 퇴출당했는가? 삶이 만족스럽지 않은가? 지금 하는 일에서 어떤 기쁨도 느끼지 못하는가? 그렇다면 오히려 기회를 가진 것이다. 오로지 책에 미쳐 소중한 인생역전의 기간을 가져보자.

책을 통해 스스로를 도야하고, 정신적으로 성장해 나가고자 하는 데는 오직 하나의 원칙과 길이 있다. 그것은 읽는 글에 대한 경의, 이해하고자 하는 인내, 수용하고 경청하려는 겸손함이다. 그저 시간이나 때우려고 읽는 사람은 좋은 책을 아무리 많이 읽은들 읽고 돌아서면 곧 잊어버리니, 읽기 전이나 후나 그의 정신은 여전히 빈곤할 것이다. 하지만 친구의 이야기에 귀를 기울이듯 책을 읽는 사람에게 책들은 자신을 활짝 열어 온전히 그의 것이 될 것이다. 그리하여 그가 읽는 것은 흘러가거나 소실되지 않고, 그의 곁에 남고 그의 일부가 되어 깊은 우정만이 줄 수 있는 기쁨과 위로를 전해주리라.

헤르만 헤세, 김지선 역, 《독서의 기술》(뜨인돌)

책을 대할 때에는 항상 겸손해야 한다. 어떤 책을 읽더라도 글에 대한 예의와 경의를 가져야 한다. 또한 이해하고, 수용하고, 경청하려는 겸손한 자세와 마음가짐을 가져야 한다. 그런 마음으로 책을 읽을 때 자신의 일부가 되어 깊은 교감을 나누게 될 것이고, 남들이 깨닫지 못한 기쁨과 위로와 용기와 지혜를 얻게 된다.

도야陶冶한다는 말이 있다. 여기서 도陶는 '도자기를 굽는다'라는 뜻으로 질그릇 '도' 자를 쓰고, 야冶는 '쇠를 뽑는다'라는 뜻으로 대장간 '야'를 쓴다. 따라서 도야를 한다는 것은 엄청난 온도에서 그릇을 굽는 것과 같아야 하고, 수천 번의 담금질을 통해 명검을 만들어내는 것과 같아야 한다는 말이다. 책으로 도야하기 위해서는 겸손한 마음, 배우고자 하는 태도, 열린 마음을 가져야 한다.

데카르트René Descartes는 '좋은 책을 읽는다는 것은 지난 몇 세기에

좋은 책을 읽는다는 것은 지난 몇 세기에 걸쳐
가장 훌륭한 사람들과 대화하는 것과 같다.
-데카르트René Descartes

걸쳐 가장 훌륭한 사람들과 대화하는 것과 같다'고 했다. 몇 세기에 걸쳐 훌륭하다고 인정받는 사람과 책을 통해 만나는 것, 그 자체만으로도 영광스러운 일이다. 이때 필요한 것이 겸손이며 낮춤이다. 그리할 때 책이 가진 지혜와 지식과 통찰력이 자신에게 유입된다. 교만한 사람에게는 절대 불가능한 일이다. 자신의 생각과 견해만 옳다고 믿는 사람은 남의 지혜를 얻을 수 없기 때문이다. 이런 이들이 책을 읽는 것은 오히려 시간 낭비일 뿐이다.

파브르Jean Henri Fabre는 '누구에게나 정신에 하나의 획을 그어주는 책이 있다'라고 말했다. 물론 한 권의 책이 인생을 바꾸어주는 것은 아니지만, 정신적으로 큰 감동을 주는 책은 있는 법이다. 이 또한 겸손하고 마음이 열려 있는 사람에 해당되는 이야기이다. 그렇지 못하다면 그 어떤 지혜를 전해주는 책도 무용지물에 불과할 것이다.

또한 독서를 통해 높은 수준으로 올라가기 위해서는 항상 책과 맞붙어 싸워야 한다. 이 말에는 자신을 향상시켜야 한다는 의미가 포함되어 있다. 책과 악착같이 씨름을 하라는 것이다. 겸손한 자세로 자신을 향상시키기 위한 노력, 각오, 집중력이 필요한 것이다.

모티머 J. 애들러Mortimer Jerome Adler는 《독서의 기술》이란 책에서, 독서는 도움을 받지 않는 발견과 마찬가지이며, 보이지 않는 교사에게 배우는 것이므로 그 방법을 잘 익혀 실천해야 한다고 했다. 또한 그 방법을 알고 있는 정도에 따라 독서의 수준을 네 가지로 나누기도 했다. 그러나 여기서는 독서의 수준은 염두에 두지 말자. 독서를 할 때 갖추어야 하는 마음의 자세와 각오와 준비에 초점을 맞추고자 한다. 독서의 수준은 독서를 통해 올라갈 것이며, 독서의 방법 또한 스스로 터득할 것이다. 다만 독서에 임하는 자세는 처음에 바로잡지 못하면 시간이 흐를수록 잘못되기 때문에 매우 주의해야 한다.

48분 기적의 독서법을 실천하기 위해 가장 필요한 마음의 자세는 어떤 책에서든지 배우고자 하는 겸손과 반드시 1,000권을 독파해내겠다고 하는 각오이다. 더불어 어떤 책이라도 도전할 수 있는 도전 정신이 반드시 필요하다고 말할 수 있다.

겸손한 마음과 함께 반드시 갖추어야 할 것은 최고가 되겠다는 진취적인 기상이다. 오해는 하지 않길 바란다. 성공이나 부에 집착하라는 것은 결코 아니기 때문이다. 오히려 부와 성공에 대한 마음을 통해 완벽함과 탁월함을 추구할 수 있다. 이런 기상이 있어야 남과 비교하지 않고 자신만의 길을 갈 수 있고, 마음의 평정이 유지되어 좋은 성과를 올릴 수 있는 법이다.

'나는 어제보다 덜 똑똑한 사람은 높이 평가하지 않는다'라고 링컨은 말했다. 맞는 말이다. 하루하루 나아진 자신을 발견할 수 있어야 한다. 오늘은 어제의 자신을 넘어서고, 내일은 오늘의 자신을 넘어서야 한다.

메마른 땅에 선 나무가 뿌리를 깊게 박는 것처럼 사람도 적절한 목마름을 유지해야 한다. 적절한 목마름이 없으면 뿌리를 깊게 박지 않기 때문이다. 그러면 약한 비바람에도 쉽게 뿌리가 뽑힌다. 3년 독서를 위해서도 적절한 목마름이 있어야 한다. 사람에게 가장 적절한 목마름은 최고가 되겠다는 마음이다.

독서를 통해 최고가 되겠다는 마음가짐과 자부심은 독서에 더욱 매진하게 하는 원동력이 된다. 최고를 기대하고, 최고임을 선언한 사람에게는 최고의 결과가 돌아오는 법이다.

1968년 하버드 대학교 사회심리학과 교수 로버트 로젠탈Robert Rosenthal과 초등학교 교장을 지낸 레노어 제이콥슨Lenore Jacobson은 실험을 통해 한 가지 사실을 증명하였다. 이들은 미국 샌프란시스코의 한 초등학교에서 전교생을 대상으로 지능검사를 했고 검사 결과와 상관없이 무작위로 한 반에서 20% 정도의 학생을 뽑아 그 명단을 교사에게 주고는, '지적 능력 및 학업 향상 가능성이 높은 학생들'이라고 했다. 그리고 8개월 후 지능검사를 다시 실시했는데, 그 명단의 학생들이 다른 학생들보다 평균 점수가 높게 나왔다. 나아가 학교 성적도 향상되어 있었다. 명단에 오른 학생들에 대한 교사의 기대와 격려가 중요한 요인으로 작용했다는 증거였다.

류지성, 《마음으로 리드하라》(삼성경제연구소)

기대와 격려가 얼마나 큰 효과를 발휘하는지 잘 보여주고 있다. 마찬가지로 자기 스스로 기대하고 격려하고 자부심을 갖는 것 또한 큰 효과가 있다.

상상만으로 실제로 근육이 늘어나고 빨리 달리는 자신을 상상한 후 달리면 실제로 빨리 달리게 되고, 상상 훈련을 통해 훈련을 해도, 어느 정도 효과가 있는 이유는 바로 우리의 자율신경계가 상상과 사실을 구별하지 못하기 때문이다. 즉 자율신경계는 대뇌에서 일어나고 있는 것(생각)과 현실에서 일어나는 것을 구별하지 못한다. 예를 들어 고민을 하거나 걱정을 하거나 불안해하는 일들은 현실에서 일어난 일은 아니지만, 대뇌는 현실에서 일어난 일로 받아들인다. 그 결과 건강까지 해치는 사태를 초래하기도 한다.

사토 도미오, 오현숙 역,《행복하다고 말하면 진짜 행복해진다》(북폴리오)

자신이 최고라고 생각하면 현실에서는 그렇지 않다고 해도 대뇌에서는 그런 사람으로 착각한다. 결과적으로 뇌 안에서 먼저 최고가 되는 것이고, 뇌는 그런 기준에서 몸과 행동을 지배한다. 결국 '나는 이런 사람이야'라고 규정하면 정말로 그런 사람으로 변해가는 '자기 규정 효과'가 엄연히 존재하는 것이다.

인생을 바꿀 수 있는 힘은 자신에게 있다. 자신을 믿지 못하면 아무리 많은 노력을 기울여도 세상은 자신을 돕지 않을 것이다. 스스로 믿어라. 최고를 갈망하고, 최고가 되고, 최고임을 선언하라.

기적의 독서 노트를 작성하라

사색하는 데 요령이 있는 것처럼, 쓰는 데도 요령이 있고,
책을 읽는 데도 요령이 있다.
-벤저민 디즈레일리

인간은 자기의 운명을 창조하는 것이지, 받아들이는 것이 아니다.

프랑스의 문학사가 비르만의 말처럼 사람의 운명은 세상과 환경이 주는 대로 받아들이는 것이 아니라, 자신의 의지와 노력으로 창조해나가야 한다. 이를 위해 무엇보다 먼저 해야 할 일은 시간을 낭비하지 않는 것이다.

'현대는 유별나게 주의력을 도둑맞고 있다. 그 주범 네 가지를 꼽자면 서두름, 과잉 정보, 걱정, 잡동사니이다.'

하버드대학교 의대 교수 출신으로 주의력결핍장애ADHD 전문가로 활약하는 할로웰Edward Hallowell은 《창조적 단절》에서 위와 같이 이야기했다. 그는 사람들의 주의력이 결핍되는 이유로 4가지를 꼽았다. 그럼 서두르지 않고, 과잉 정보와 무익한 걱정을 하지 않고, 잡동사니에 휘둘리지 않으려면 어떻게 해야 할까? 나는 '기적의 독서 노트'를 작성하라고 권하고 싶다.

'시간을 정복한 남자'라 불리는 러시아 과학자 알렉산드르 류비셰프는 쓸데없이 시간을 낭비하는 일이 없었다. 책을 읽거나 업무를 보는 것도 자투리 시간에 이루어졌으니 말이다. 그가 시간을 절약할 수 있었던 것은 50여 년 동안 하루도 빠짐없이 '시간 통계' 노트를 작성했기 때문이었다. 일에 소요된 시간을 계산해서 기록하는 것은 물론 매달, 매년 시간 통계를 내면서 시간 계획을 세웠다고 한다. 그는 이러한 생활습관을 통해 70여 권의 학술서적과 단행본 100권 분량에 해당하는 총 1만 2,500여 장의 연구논문, 그보다 방대한 양의 학술자료와 꼼꼼하게 수제본한 수천 권의 소책자들을 남겨놓을 수 있었다.

그렇다면 우리도 시간의 낭비를 하지 않기 위해 노트를 만들어보자. 노트에 읽으려는 책의 제목과, 읽었던 책의 제목, 저자, 한 줄 요약, 가장 마음에 남는 문장이나 내용을 기록한다면 훌륭한 '기적의 독서 노트'가 될 것이다. 이 노트는 낭비하는 시간을 찾아내고 줄이는 것은 물론 어떤 책을 읽고 느낌을 적는, 시간 노트와 독서 노트를 결합한 것이다.

기적의 독서 노트 = 시간 관리 노트 + 독서 활동 기록 노트

사실 많은 이들이 시간을 낭비하며 살고 있다. 물론 이런 사실을 알고 있는 사람 또한 많으며, 시간을 적절히 활용하기 위해 고민을 하는 사람도 많다. 그렇다면 시간을 절약하기 위한 유용한 방법에 대해 생각해보자.

먼저 주말의 시간 낭비를 막아야 한다. 《주말 경쟁력을 높여라》의 저자인 공병호 소장은 '주말을 제대로 보낼 수만 있다면 지금과는 완전히 다른 삶을 창조해낼 수 있을 것이라는 자신의 생각과 경험담'을 밝히고 있다. 사실 주말 48시간을 제대로 활용한다면 많은 일을 할 수 있다. 어쩌면 직장인들이 제2의 인생을 시작할 수 있는 좋은 기회가 되는 것이다. 수많은 사람들은 특별히 하는 일 없이 거실에서 빈둥대며, '왜 이렇게 재미있는 것을 안 하냐?'며 애꿎은 방송사만 나무라면서 황금 시간을 낭비하고 있다.

주말은 출퇴근 시간과 같은 낭비 요소가 없기 때문에 직장인들에게 최고의 황금 시간이다. 이 시간을 빈둥대면서 보내는 사람에게 미래는

없다. 이런 식으로 주말을 망치는 이유에 대해 공병호 소장은 3가지 잘못된 생각 때문이라고 말했다.

    첫째, 주말은 지난 한 주에 대한 보상이다.
    둘째, 주말엔 무조건 쉬거나 놀아야 한다.
    셋째, 주말엔 가족에게 봉사해야 한다.

이에 대한 해법 또한 제시했다.

    첫째, 한 주의 시작을 월요일이 아니라, 일요일부터라고 생각을 바꿔보자. 그렇게 생각을 바꾸면 좀 더 주말을 가치 있게 보내는 일에 신경을 쓸 수 있다.
    둘째, 진정한 휴식은 무조건 쉬거나 노는 것이 아니라, 자신의 미래를 준비하고, 에너지를 재충전하는 것이라고 생각하자.
    셋째, 자기 자신이 만족하고 가슴 뿌듯한 일을 하면서 주말을 보낼 때, 가족들도 따라서 행복해진다.

그렇다면 주말을 알차게 보내기 위한 방법은 무엇일까? 앞서 설명한 주말활용법에서는 지난주를 정리하고 다가올 한 주를 준비하는 방법을 이야기했다. 하지만 주중에 오전, 오후 48분 독서법을 제대로 활용하지 못했거나, 더 많은 독서를 원한다면 다음의 내용을 따르는 것도 좋은 방법이 될 것이다.

첫째로 반드시 새벽에 일어나라는 것이다. 주말이면 온종일 잠을 자는 사람이 있다. 그러나 잠은 잠을 부르는 법이다. 한번 잠에 빠지면 헤어나지 못하게 되고 나아가 월요병이 생기는 이유가 된다. 그러나 새벽에 일어나면 이러한 현상은 나타나지 않는다. 새벽에 일어나 활동하게 되면 주말이 2~3배나 길어진 느낌을 받게 된다. 새벽 시간만으로도 3~4시간은 온전히 책에 집중할 수 있을 것이다.

둘째로 반드시 도서관에 가라는 것이다. 주말의 낮에 집에 있으면 절대 책에 집중할 수 없다. 가족이 있는 경우에는 더욱 심하다. 새벽에 일찍 일어나 책을 읽은 사람이라면 잠이 쏟아질 수도 있다. 집이라면 침대에 올라가 잠을 청할 수도 있지만, 도서관에서는 그렇지 않다. 잠이 온다 해도 잠시 엎드려서 눈을 붙이면 원기 회복이 된다. 또한 도서관에는 수많은 책이 있으므로 도서관에 가는 것을 습관화하는 것이 좋다.

셋째로 밤 10시까지 도서관에 있어야 한다. 주말의 저녁은 가장 낭비하기에 좋은 시간이다. 특별히 할 일도 없으면서 시간을 낭비하는 일이 많다. 그러므로 주말 저녁에는 반드시 밤 10시까지 도서관에 있어야 한다. 물론 처음에는 힘이 들 수도 있다. 그러나 습관이 되면 이보다 신나는 일이 없을 것이다. 일단 시작하자. 일단 도서관에 가서 책을 읽자. 인생이 달라지는 느낌을 얻게 될 것이고, 실제로 인생이 달라질 것이다.

프랭클린 코비 사의 최고 경영자이자 시간 관리 전문가인 하이럼 스미스Hyum Smith는 자신의 저서인 《성공하는 시간 관리와 인생 관리를 위한 10가지 자연 법칙》에서 철저한 시간 관리를 강조했다. 그는 자신

사람이 얼마나 행복하게 될 것인지는
자기의 결심에 달려 있다.
-에이브러햄 링컨Abraham Lincoln

의 책에서 시간을 낭비하게 만드는 요소를 '시간도둑'이라고 말하면서 5가지를 제시했다.

특히 일이 엄청나다는 생각에 미루는 경우나 시도조차 하지 못하는 경우에는 이 충고를 반드시 명심하라고 말한다.

그는 시간 낭비의 주범 중 하나로 엉성한 계획을 지목했다. 오래 전부터 알고 있는 격언 중에 '계획에 실패하면 실패를 계획하는 것이다'라는 말이 있다. 이는 실패를 계획하는 것뿐만 아니라 시간 낭비를 계획하는 것과 같은 것이다. 바로 링컨의 말이다. 시간 관리의 비법과 관련한 링컨의 명언을 보자.

장작을 패는 데 쏠 수 있는 시간이 8시간이라면 나는 그 중 6시간을 도끼날 세우는 데 쓸 것이다.

8시간 중에 무려 6시간을 도끼날을 세우는 준비 작업에 사용하겠다는 것이다. 장작을 패는 데 8시간이 주어졌다면 6시간은 장작을 패야 하지 않을까? 하지만 나는 이런 생각이 잘못된 것이라는 사실을 깨달았다. 성공을 거둔 사람은 먼저 큰 그림을 그리고 계획을 세운 후에 일에 착수한다. 그러나 보통 사람들은 그런 과정을 생략하거나 축소시킨 후에 눈앞의 일에만 몰두하는 경향이 있다. 이것은 시간의 낭비이다. 그러나 반대로 생각하면 인생의 낭비를 예방하는 방법이기도 하다. 먼저 큰 그림을 그리자. 그리고 멀리 내다보자. 그러면 시간과 인생을 낭비하지 않을 것이다.

이에 대해 미국의 작가인 제임스 보트킨James Botkin은 '15대 4의 법칙 15:4 Rule'에 대해 말했다. 일을 하기 전에 15분을 생각하면 4시간을 절약할 수 있다는 것이다. 시간을 낭비하지 않으려면 미리 계획을 세우고, 무엇을 할 것인지를 명확하게 정한 후 시작하라는 것이다. 이 법칙은 열심히 일은 하지만 시간 낭비가 많은 이들에게 유용한 법칙이다.

15대 4의 법칙은 시작하기 전에 15분 동안 무엇을 할 것인지 생각하면 나중에 4시간을 절약할 수 있다는 법칙으로, 미국의 작가인 제임스 보트킨이 성공한 사람들의 시간 사용 패턴을 분석하는 과정에서 정립한 것이다.

SERI CEO 콘텐츠팀, 《수중혜(내 손 안의 지식 은장도)》(삼성경제연구소)

참으로 놀라운 법칙이다. 어리석은 사람과 현명한 사람이 차이가 나는 것은 능력의 차이라기보다는 이 보이지 않는 사고와 지혜의 차이인 것이다. 이 법칙을 보고 있으면 벤저민 프랭클린Benjamin Franklin이 떠오른다. 그는 시간 관리와 자기 관리로 200여 년간 '자기계발의 대명사'가 되었다. 정규 교육은 2년밖에 받지 못했지만, 부단한 자기계발과 독학으로 미국 건국의 아버지 중 한 명이 되었고, 그의 자서전은 미국에서 성경 다음으로 많이 읽힌 고전이 되었다.

그대는 인생을 사랑하는가? 그렇다면 시간을 낭비하지 마라.
왜냐하면, 시간은 인생을 구성하는 재료이기 때문이다. 똑같이 출발했는데, 세월이 지난 뒤에 보면 어떤 이는 뛰어나고 어떤 이는 낙오되어 있다. 이 두 사람의 거리는 좀처럼 가까워질 수 없게 되어버렸다.

　이것은 하루하루 주어진 자신의 시간을 잘 이용했느냐, 허송했느냐에 달려 있다.

벤저민 프랭클린, 김경진 역,《벤저민 프랭클린 자서전》(인터미디어)

48분 기적의 독서법을 실천하고, 성공하기 위해 가장 중요한 것은 시간을 확보하는 것이다. 그리고 그 시간을 유용하게 사용할 수 있어야 한다. 무조건 시간 계획을 빡빡하게 세우고 실행하기보다는 먼저 큰 그림을 그려야 한다. 15분 정도 어떤 책을 어떻게 읽을 것인지 그리고 어디서 읽을 것인지를 생각하면 4시간을 줄일 수 있는 것이다.

**시간을 활용한 독서로
인생의 전성기를 맞이한 사람들 11**

학교를 그만두고 도서관에 파묻힌
중국의 국부 마오쩌둥

20세기 중화인민공화국 최고 영웅으로 손꼽히는 마오쩌둥毛澤東, 농부의 아들로 태어난 그가 어떻게 10억 중국인을 이끄는 위대한 영웅이 되었을까? 이 질문의 답을 찾으려면 그의 삶을 잘 살펴야 한다. 그는 학교를 그만두고 도서관에 파묻혀 책만 읽은 적이 있을 정도의 다독가였다. 로스 테릴Ross Terrill의 《모택동전》에 다음과 같은 구절이 나온다.

> 세계사의 모든 지도자들 가운데 프랑스 대통령 드골과 중국 주석 마오쩌둥만큼 독서를 즐겼던 사람은 없다.

마오쩌둥은 장제스蔣介石의 국민당에 10만 리를 쫓겨 간 적이 있었다. 그때 그는 말라리아에 걸렸음에도 책을 읽었다고 한다.

> 현명한 군주는 언제나 탁월한 위인들의 책을 읽고 그들을 모방하려고 애써야 한다. 알렉산더, 카이사르, 스키피오 같은 과거의

위대한 인물들 역시 찬양과 영광의 대상이 되었던 다른 선배들을 모방했다.

니콜로 마키아벨리, 강정인·김경희 공역, 《군주론》(까치)

마오쩌둥은 19세에 성립제일중학교에 입학했지만, 다음 해에 학교를 그만두고 도서관에서 책에 파묻혀 살았다.

성립제일중학교에 입학하였는데, 나는 이 학교를 좋아하지 않았습니다. 교과과정에 지나치게 제한이 많았고, 규정 또한 못마땅하기 때문입니다. 나는 다른 학생들이 귀가한 후에도 홀로 교실에 남아 독서를 했습니다. 어두워서 보이지 않으면 양초를 바꿔서 읽었습니다. 이 학교에는 여러 가지로 나를 도와준 선생님이 한 분 있었습니다. 그 분이 빌려준 《어비통감집람》을 읽은 뒤에 나는 혼자서 책을 읽으며 공부하는 것이 낫겠다고 결론을 내렸습니다. 입학한 지 6개월 만에 나는 이 학교를 그만두었습니다. 대신에 매일 호남의 성립도서관에서 독서를 하였습니다. 나는 규칙적으로 집중해서 매우 열심히 책을 읽었습니다. 아침 일찍 도서관에 가서, 도서관 문이 열리기를 기다렸습니다. 점심은 떡 두 개로 해결했습니다. 그리곤 도서관 문이 닫힐 때까지 책을 읽었습니다. 이렇게 보낸 6개월이 나에게는 참으로 귀중한 시간이었습니다.

마오쩌둥, 남종호 역, 《모택동 자서전》(다락원)

중국혁명의 위대한 지도자이자 중화인민공화국의 국부인 그를 만든 것은 과연 무엇이었을까? 그것은 바로 그가 6개월 동안 독학을 하면서, 아침부터 저녁까지 종일토록 수많은 책을 독파한 경험이었다. 그는 그 기간 동안 많은 서적을 읽었고, 그 결과 12억 중국인들의 마음을 하나로 이끌 수 있는 위대한 지도자로 거듭날 수 있었던 것이다.

당시 책을 읽으면서 책을 '먹어 치운다'라는 표현을 쓴 것을 보면 얼마나 많은 책을 읽었는지 충분히 상상할 수 있다. 아마 1,000권 이상은 되었을 것이다.

1893년 후난성湖南省 샹탄湘潭 샤오산韶山이라는 농촌 마을에서 농민 가정에서 태어난 그가 만약에 학교를 그만두지 않고 남들처럼 학교를 다녔다면, 과연 중국의 국부 마오쩌둥이라는 인물이 존재했을까? 6개월이라는 짧은 기간이었지만, 평소 독서를 좋아했던 그는 누구보다도 더 지독하게 폭발적인 독서 경험을 했을 것이라 추측된다. 이 집중적인 독서 경험을 통해 그는 의식과 사고의 비약적인 도약을 경험하게 되었다.

농촌 마을에서 농민의 아들로 태어난 그가 위대한 혁명가, 정치가, 사상가, 군사가, 전략가로 인생에 큰 획을 그을 수 있었을 뿐만 아니라, 중국공산당의 역사 자체가 될 수 있었던 것은 짧은 기간 동안의 엄청나게 폭발적이었던 독서의 경험 때문이었다. 다른 요인이 전혀 개입되지 않았지만, 집중적인 독서 경험이 없었다면 이토록 큰 중국의 별이 될 수는 없었을 것이라고 감히 말할 수 있다.

CHAPTER 6

천 권 독서
필승 노하우

독서는 인간의 삶에서 가장 필수적인 요소이다. 나아가 그것을 3년 안에 마친다면 그 효과는 더욱 높을 것이다. 3년 동안의 집중 독서로 세상을 이해하고, 깨우칠 수 있는 사람이라면 최고의 삶을 누릴 수 있다. 48분 기적의 독서법은 당신을 명품으로 만드는 법칙이다.

01
48분씩 3년이면 1,000권이다

책은 견실한 세계로 순수하고 아롭다.
그 세계는 살이 되고, 피가 되는 튼튼한 덩굴손이 있어
즐거움과 행복이 무성해진다
- 다산 정약용 -

고대 철학자 소크라테스는 '훌륭함은 가르칠 수 없다'라고 말했다. 이 말을 뒷받침이라도 하듯 꽤 많은 사람들이 학교 교육에 적응하지 못하고, 심지어 학교를 박차고 나오는 경우도 있다. 더구나 이런 일은 성공적인 삶을 살아가는 사람에게는 흔한 일이었다. 자의든, 타의든, 환경이든, 능력 부족이든 학교 교육을 제대로 받지 못한 이들은 대신에 책을 읽어 자신을 성장시켰고 성공을 거두었다.

소크라테스의 말처럼 훌륭함은 정규 교육을 통해 배울 수 있는 것이 아니기 때문이다. 특히 우리나라의 학교 교육은 사람을 표준화하고, 규

격화하고, 정형화하는 경향이 있다. 똑똑한 바보를 만들거나, 생각 없는 박사를 양산하고 있는 것이다. 그렇다면 위인들은 어떻게 만들어진 것인가?

소크라테스와 플라톤, 그리고 아리스토텔레스까지 고대 그리스의 지성들 사이에는 공공연한 비밀이 있었다. 바로 평범한 사람이 위대한 영웅으로 거듭나기 위한 비법이 그것이다. 이 비법을 통해 영웅으로 거듭난 대표적인 사람이 알렉산더 대왕인데, 그는 아리스토텔레스로부터 2년간 이 비밀을 전수받았다. 그와 함께 수학했던 프톨레마이오스 Ptolemaios 역시 훗날 이집트의 위대한 왕이 된다. 프톨레마이오스는 왕이 된 후 이집트의 불멸을 위해 이 비밀을 밝히기로 결심한다.

이 비밀이 무엇인지 아는가? 바로 독서이다. 프톨레마이오스가 비밀을 밝힌 방법은 바로 천문학적인 비용을 들여 역사상 유례가 없는 거대한 규모의 도서관을 만드는 것이었다. 지금 생각해보면 대단할 것도 없어 보이는 당연한 이야기 같지만, 일반인들이 책을 거의 읽지 않았던 당시에는 위대한 사람은 하늘이 정해주는 것이라 믿어 의심치 않았다.

그로부터 수천 년이 지날 때까지도 독서는 상류 계급의 전유물이었고, 당연히 일반인들은 신분 상승의 계기조차 없이 살아왔다.

하지만 지금은 어떤가? 우리는 마음만 먹으면 당장이라도 독서를 할 수 있을 만큼 수많은 책들 사이에 파묻혀 살고 있다. 누구라도 위대한 사람이 될 수 있는 기회의 시대를 살아가고 있는 것이다. 그런데도 독서를 하지 않는다는 것은, 또한 독서의 엄청난 힘을 믿지 않는다는 것은 결국 끌려가는 인생에 머물겠다는 다짐이 아니고 무엇이겠는가.

그렇다면 다독을 했음에도 위인으로 거듭나지 못하는 이유에 대해 알아보자. 지능이나 재능 혹은 소질에 기인하는 것일까? 나는 절대 아니라고 생각한다. 분명 다른 요소와 다른 이유가 있다.

그것은 똑같은 양의 독서를 하더라도 독서 기간에 따라 차이가 나기 때문이다. 물이 끓으려면 중간에 멈추지 않고 섭씨 100도를 돌파해야 한다. 80도나 90도에서 그치고 다음 날 다시 0도부터 시작한다면 물은 평생 100도를 돌파할 수 없다. 독서에도 이와 같은 임계점이 존재하는데, 그 임계점은 양과 시간이라는 두 가지 요소에 전적으로 의존한다. 이런 이유로 똑같이 책을 좋아하는 독서광이라 할지라도 한 사람은 인생 자체가 송두리째 변하는 위대한 성공을 거두는 것이고, 다른 사람은 평범한 책벌레로 남는 것이다.

우리 자신의 발견은 세상의 발견보다 중요하다.

세계에서 가장 영향력 있는 경영사상가 중의 한 명인 찰스 핸디의 말이다. 그렇다. 세상의 그 어떤 발견보다 소중한 것이 자신이 누구이고 어떤 존재인지 아는 것이다. 또한 어떤 노력을 통해 얼마나 성장이 가능한 존재인지 제대로 발견하는 것이다. 이제 나는 우리 자신과 관련된 발견에 대해 이야기하려고 한다. 우리 자신과 관련된 발견이라고 하는 이유는 그 중심에 우리 자신이 있기 때문이며, 우리 자신을 위한 법칙이기 때문이다.

이 책에서 말하고자 하는 핵심 내용은 '매일 오전과 오후 48분씩 꾸준히 3년간 책에 미치면 인생이 바뀐다'라는 것이다. 먼저 이 법칙의 토대가 되는 원리에 대해 알아보자.

능력의 차이는 고작 5배를 넘지 않지만, 의식의 차이는 100배의 격차를 낳는다.

사람들은 흔히 범재와 천재를 구분하는 기준을 능력이라 생각한다. 그러나 나는 그렇게 생각하지 않는다. 세계에서 가장 빨리 달리는 사람도 평균보다 2~3배 이상 빠른 것은 아니다. 천재와 범재도 마찬가지이다. 결국 범재와 천재를 가리는 것은 능력이 아닌 의식의 차이인 것이다. 능력은 5배 이상 차이가 나지 않지만 의식의 차이는 100배를 넘어 1,000배 이상도 가능하다고 생각한다. 연봉이 1억 원인 사람도 있지만, 연봉이 500억 원 이상 되는 사람도 있다. 세계 최고의 연봉을 받는 사람은 3조 6천억 원이라고 하니 참으로 어마어마한 차이이다.

결국 우리가 살아가는 시대는 남보다 더 빨리, 더 잘할 수 있는 '능력'이 중요한 시대가 아니라, 생각과 의식의 바탕이 되는 창의성과 아이디어, 상상력이 중요한 시대이다. 의식의 도약을 이룬 사람은 세계적인 인물이 되고, 세계 최고의 갑부가 되고, 인류의 삶을 도약시키는 혁신적인 제품과 네트워크를 만들어낸다.

이처럼 중요한 의식을 발달시키는 것이 독서이다. 그리고 이 독서를 어떻게 해야 가장 효율적이고 확실한 효과를 가져오는지 분석한 것이 바로 '48분 기적의 독서법'이다.

오늘의 패자가 내일의 승자가 될 것이다.
시대가 변하고 있기 때문이다.
-스티브잡스Steve Jobs

48분 기적의 독서법을 실천한다고 해서 눈에 보이는 실재적인 능력이나 재주, 기술이 무조건 향상되는 것은 아닐 것이다. 하지만 사고와 의식이 비약적으로 발전하는 것은 분명하다. 그런 의식의 도약이 평범한 사람을 비범하게 만들고, 끌려가는 인생을 살고 있는 사람을 삶의 주인으로 만들어주는 것이다.

상상력과 창의성이 중요한 이 시대에는 아이러니하게도 예전 계급사회였던 시절보다 더 큰 빈부격차가 벌어질 수밖에 없다. 앞서 설명한 바와 같이 독서의 부익부 빈익빈 현상이 더욱 심해지기 때문이고, 그로 인해 의식의 격차가 날로 벌어지기 때문이다. 책을 읽는 사람은 더 많은 책을 읽고, 그렇지 않은 사람은 나이가 들면서 책과 점점 멀어지는 현상이 그대로 반영된 결과이다.

그래서 우리는 지금 주어진 시간을 쪼개서라도 독서에 나눠줘야 하는 것이다. 처음부터 꾸준하게 독서 습관을 가진 사람이라면 모르겠지만, 아마 대다수의 사람들에게 독서는 항상 새해 계획쯤이나 일시적인 충동 정도에 머물지 않는다.

한국인의 평균수명은 곧 90세가 된다고 한다. 그 중에서 3년만 독서에 쏟아 부으면 누구라도 지금보다 훨씬 나은 삶을 살 수 있다. 여기서 말한 3년은 한 달에 한두 권정도 읽으며 교양을 쌓는 정도의 독서를 말하는 것이 아니다. 1,000권의 책을 모두 완독하는 시간을 말하는 것이다. 불가능하다거나 어렵다고 생각할 수 있다. 직접 해보지 않았기 때문이다. 물론 쉽지 않다. 사고와 의식이 확장되고 인생이 달라지는 게 생각처럼 쉽다면 누가 힘들게 살겠는가. 하지만 앞서 말한 것처럼 누구라도 가능하다. 결국 차이는 시도를 하느냐 안하느냐밖에 없다. 고대 그리스에서 세상을 이끄는 자가 되기 위한 비밀은 '독서'였지 않는가! 당시에도 이를 알고 있는 사람이 더 있었을 것이다. 그런데 우리는 그들을 기억하지 못한다. 실행에 옮기지 않았기 때문이다.

48분 기적의 독서법은 가장 간단한 실행법이다. 3년간 1,000권의 책을 읽고, 의식을 확장시키고, 인생을 바꾸는 거창한 방법은 당장 오늘부터 실천할 수 있는 방법이기도 하다.

수많은 금융 상품 중에 마법이라고 불리는 '복리' 상품에 대해 한 번쯤 들어봤을 것이다. 예금을 꾸준히 넣다 보면 이자에 이자가 붙어서 예금이 기하급수적으로 불어나는 상품을 말한다. 이 책에서 말하는 48분 기적의 독서법도 그와 같은 원리이다. 3년 후에 찾아올 의식의 확장도 그렇거니와, 하루하루 읽어나가는 독서량도 그렇게 늘어날 것이다. 한 달에 한 권을 읽던 습관이 시간이 지나면서 10권, 20권, 30권으로 불어나게 되는 것이다.

02
48분 기적의 독서법의 비밀

우리가 진정으로 소유하는 것은 시간뿐이다.
가진 것이 달리 아무것도 없는 이에게도 시간은 있다.
- 발타자르 그라시안 -

다음은 48분 기적의 독서법이 나오게 된 공식이다.

90년(평균수명) : 3년(독서 시간) = 24시간(하루) : X(독서 시간)

- 최소 조건 : 3년간 1,000권을 읽는다.
- 설명 : ○ 90년 인생 중에 3년간 독서에 몰두하면 인생이 바뀐다.
  ○ 90년 인생을 하루 24시간에 대입했을 때, 3년이라는 시간은 얼마에 해당하는가?

3년이라는 시간은 멀게만 느껴지는 막연한 시간이다. 하지만 앞에서 꾸준히 설명한 바와 같이 획기적인 사고의 변화를 통해 인생역전을 성공시키기 위해서는 3년간 1,000권의 독서가 필요하다. 2040년 한국인 평균 예상수명은 90년이라고 한다. 그렇다면 인생에서 3년이란 시간을 하루로 환산했을 때 독서 시간 X는 얼마일까?

바로 48분이다. 우리가 매일 보내는 하루 24시간이란 시간 중 고작 48분이란 시간이 인생의 3년과 같다는 말이다. 바꿔 말하면 48분간의 꾸준한 독서는 인생에서 3년 동안 꾸준히 독서한 것과 같다.

책을 많이 읽으면 인생이 바뀐다는 사실을 충분히 설명했다. 그러나 실제적인 효과를 얻기 위해서는 양과 시간이라는 두 가지 요소를 충족시켜야 한다. 독서량이 아무리 많아도 시간이 너무 오래 걸리면 임계점을 돌파하지 못한다. 반대로 제시간에 독서를 마쳤지만 독서량이 적은 경우에도 마찬가지이다. 무조건 책을 많이 읽는다고 능사가 아니며, 48분 동안 책을 꾸준히 읽었다고 무조건 기적이 실현되는 것도 아니다. 양과 시간을 모두 만족해야 한다.

결국 독서량은 최대로, 독서 시간은 최소로 하는 것이 이 법칙을 실천하는 최고의 방법인 셈이다. 그리고 독서의 임계점을 돌파하기 위한 최적의 독서량과 독서 시간은 1,000권 이상의 책을 3년 동안 읽는 것이다.

그렇다면 하루 48분씩 읽었을 때 3년간 1,000권을 읽을 수 있을까? 엄청나게 숙련된 독서가가 아닌 이상 성공하기 힘들 것이다. 그래서 이 책에서 강조한 것은 오전과 오후에 자투리 시간을 활용하여 각각 48분의 시간을 만드는 것이다.

독서는 운동과 닮은 부분이 많아서 하면 할수록 실력이 향상된다. 가까운 예로 마라톤을 생각해보면 쉬울 것이다. 평범한 사람이 42.195km를 달린다는 건 완주조차 쉽지 않다. 하지만 꾸준히 연습하다 보면 5시간 정도 만에 완주를 하게 된다. 그렇게 훈련이 늘수록 시간은 단축되고 결국 2시간 초반대의 기록이 될 수도 있다.

48분 기적의 독서법도 이와 비슷하다. 처음 시작했을 때는 1주일에 한 권 정도 읽을 수 있을 것이다. 무슨 책을 선택했느냐에 따라 더 걸릴 수도, 조금 적게 걸릴 수도 있다. 하지만 3년 동안 48분 기적의 독서법을 꾸준히 실천한다면 하루에 한 권, 나아가 오전에 한 권을 읽는 것도 가능하다는 이야기다.

48분 기적의 독서법 성공 조건
① 독서한 양이 1,000권이 넘어야 한다.
② 독서하는 데 걸린 기간이 1,000일(3년) 이내여야 한다.
③ 오전 48분, 오후 48분의 독서법을 꾸준히 실천해야 한다.
④ 권당 평균 독서 시간을 100분 정도로 맞춰야 한다.

단, 초기에는 며칠이 걸려도 상관없다. 앞서 설명한 독서법을 활용하고, 본인의 독서력이 늘어나는 것을 고려한 것이 전체 평균시간이다.

최적의 독서량과 독서 시간

이 책에서 3년 독서를 계속해서 강조하는 것은 그 기간이 독서 임계점에 대한 기준이기 때문이다. 그러나 분명한 점은 이것이 절대 지식의 임계점은 아니라는 점이다. 지식보다는 사고력의 수준이 중요하기 때문이다. 즉 지식이 아무리 많아도 새로운 이론과 법칙을 만들어내기 위해서는 또 다른 것이 필요하다. 이때 중요한 것이 바로 사고력과 의식 수준이다. 결국 지식의 양이라기보다는 의식과 사고력의 수준이라 보는 것이 타당하다.

따라서 독서의 임계점을 돌파했다는 것이 지식의 그것을 돌파했다는 의미는 아니다. 꾸준히 독서를 한 사람에게는 엄청난 양의 지식이 차곡차곡 쌓일 것이다. 그러나 인생을 역전시키기 위한 책 읽기 프로젝트의 요체는 지식이 아니라, 의식과 사고의 혁명이다. 아인슈타인의 말처럼 '상상력이 지식보다 더 중요'하기 때문이다. 지식의 차이는 크지 않지만, 사고와 의식의 차이는 수백 배 이상으로 벌어질 수 있다. 의식과 사고는 무한한 에너지와 특성을 가지고 있기 때문이다.

그동안 수많은 사람들이 독서를 중요한 자기계발의 도구라 생각했다. 심지어 고대에는 독서가 보잘것없는 평범한 인간을 신화적인 영웅으로 성장시키는 비밀이었을 정도였다. 그러나 그 누구도 어느 정도의 양을 어느 정도의 시간 동안 읽어야 하는지에 대해서는 생각조차 하지 않았다. 이것이 바로 독서의 힘을 제대로 이용하지 못한 원인이었다.

48분 기적의 독서법에서 언급한 3년은 바로 1,000권의 책을 읽었을

최적의 독서량과 독서 시간은
48분 기적의 독서법으로
3년간 1,000권을 읽는 것이다.

때 돌파할 임계점의 기준을 말한 것이고, 이를 통해 의식과 사고가 비약적으로 도약하여 천재와 영웅의 반열에 오를 수 있다.

독서의 임계점을 돌파한 사람들은 독서를 통해 사고 수준이 도약하는 것을 느끼면서 눈부신 미래를 내다볼 수 있게 되었다고 말한다. 또한 자신과 세상을 전혀 다른 눈으로 꿰뚫어볼 수 있을 만큼 성장했다고 말하며, 정복해야 할 더 큰 세상이 있다는 사실을 알게 되었다고도 한다. 하늘로 솟아오르는 희열을 느끼기도 하며, 변해 있는 자신의 모습을 보기도 한다.

훌륭한 도자기가 아닌 평범한 질그릇을 만들 때에는 가마가 필요 없다. 왜냐하면 500도에서 800도 정도의 온도면 충분하기 때문이다. 그러나 최상품의 그릇을 만들려면 반드시 가마가 있어야 한다. 1,000도 이상의 온도가 필요하기 때문이다. 1,250도의 온도에서 그릇이 구워질 때에는 800도에서 구워질 때와 다른 놀라운 현상이 나타난다. 흙의 밀도가 비약적으로 높아진다는 점이다. 흙의 밀도가 높아짐으로써 흙 속에 숨겨져 있던 유리질이 녹아서 밖으로 흘러나오는 것이다. 덕분에 내구성이 뛰어난 것은 물론 금속과 같은 맑은 음을 내는 고급 도자기가 되는 것이다.

사람의 독서도 이와 많이 닮아 있다. 적은 양의 책을 여유 있게 읽는다면 마음의 양식을 얻는 데 지장이 없을 것이다. 그러나 성공을 하거나, 인생을 획기적으로 바꾸거나, 자신을 넘어서는 사람이 되고 싶다면 이런 식의 독서로는 불가능하다. 고온의 가마에서 나온 그릇이 고급 도

자기가 되는 것처럼 3년이라는 단기간 동안 폭발적인 독서가 필요한 것이다.

우리가 3년이라는 단기간에 수천 권의 책을 독파해야 하는 또 다른 이유는 뇌의 특성 때문이다. 에빙하우스H. Ebbinghaus의 망각곡선 이론을 보면 아무리 기억을 해도 시간이 지나면 뇌는 망각하게 되어 있다는 사실을 잘 보여주고 있다. 평생 동안 꾸준히 책을 읽는 것보다 3년 정도의 단기간에 책을 읽어야 하는 이유가 바로 이것이다. 집중적인 독서만이 망각하는 뇌의 특성을 다소 억제할 수 있기 때문이다.

세상을 움직이는 것은 책이다. 책에는 세상의 원리와 법칙이 고스란히 담겨 있다. 그런 이유로 책은 세상을 움직이는 도구이기도 하지만, 그 자체가 세상의 근원이기도 하다. 따라서 책을 많이 읽은 사람은 세상의 원리를 깨치게 되고, 문리가 트이게 된다.

> 당신은 책이라는 것을 좋아하지 않을지도 모른다. 그런 당신은 분명히 부질없는 야심과 쾌락에만 몰두하고 있을 것이다. 그러나 세상은 당신이 생각하는 것보단 훨씬 광범위한데, 그 세계가 책에 의해 움직이고 있다는 것을 알아야 한다. - 볼테르

결국 독서는 인간의 삶에서 가장 필수적인 요소이다. 나아가 그것을 3년 안에 마친다면 그 효과는 더욱 높을 것이다. 3년 동안의 집중 독서로 세상을 이해하고, 깨우칠 수 있는 사람이라면 최고의 삶을 누릴 수 있다. 48분 기적의 독서법은 당신을 명품으로 만드는 법칙이다.

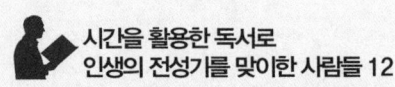 시간을 활용한 독서로
인생의 전성기를 맞이한 사람들 12

세계 최고의 독서가
알베르토 망구엘

　칼레 플로리다의 인파를 헤치고 새로 지은 갈레리아 델에스테를 관통해서 반대편으로 나온 나는 칼레 마이푸를 가로질러 전면에 붉은 대리석을 댄 994번지에 몸을 기댄 채 6B 옆의 초인종을 누른다.

　서늘한 현관을 지나 6층 계단을 오른다. 다시 종을 누르고 가정부가 문을 열어주지만, 안으로 들어서기도 전에 묵직한 커튼 뒤에서 보르헤스가 나타난다. 그는 몸을 틀어 거실로 앞장을 서고, 입구를 바라보는 소파에 허리를 곧게 펴고 앉는다. 내가 오른쪽에 있는 일인용 소파에 앉으면 그가 묻는다.

　자, 오늘 밤엔 키플링을 읽어볼까?

알베르토 망구엘, 강수정 역, 《보르헤스에게 가는 길》(산책자)

　알베르토 망구엘Alberto Manguel은 아르헨티나 출신의 캐나다 작가이자 번역가, 편집자이다. 그는 세계 최고의 독서가로 독서량이 방대하기로 유명한 사람이다. 또한 그가 발간하는 책

마다 해박한 지식이 돋보이는 사람이다. 그는 비견할 대상이 없는 세계 최고의 독서가인데, 그 역시 집중적인 독서를 했던 시기가 있었다. 학창 시절 '피그말리온'이라는 서점에서 점원으로 일할 때 그는 서점에 온 호르헤 루이스 보르헤스Jorge Luis Borges를 만났다. 안타깝게도 당시 보르헤스는 시력을 점점 잃어 가고 있었는데, 여든여덟 살 된 노모의 손에 이끌려 망구엘이 일하던 서점에 찾아온 것이다. 그리고는 책 몇 권을 사서 떠날 때쯤 망구엘에게 저녁 시간에 바쁜지 물었다. 보르헤스는 매우 정중한 말투로 '어머니가 나이가 많아 나에게 책을 읽어줄 사람이 필요합니다'라고 말했다.

그날 이후 4년 동안 망구엘은 그에게 책을 읽어주었는데, 결과적으로 이 일이 계기가 되어 집중적인 독서 훈련을 하게 된 것이다. 그 결과 독서에 완전히 빠지게 되었고, 작가가 되었고 나아가 세계 최고의 독서가가 된 것이다.

그가 경험한 집중 독서는 다른 위인들의 독서와는 차이가 있다. 그러나 그 역시 책에 미쳐 살 수 있었던 놀라운 경험을 한 것이다. 또한 그 경험이 그를 독서가로 살 수 있게 해주었고, 작가가 되게 해주었다.

만약 그에게 그런 기회가 없었다면 지금의 망구엘은 없었을 것이다. 그 시기에 망구엘은 작가가 되기로 결심을 했고, 실제로도 작가가 되었다. 이는 이문열 작가가 3년 동안 1,000권의 책을 독파한 후 작가가 된 것과 매우 흡사하다.

  사실 알베르토 망구엘에게는 행운이었다. 수만 권의 책을 읽은 것과 같은 경험을 할 수 있는 독서의 대가이자 현대문학의 3대 거장 중에 한 명이고, 20세기 위대한 작가 중 한 명이며, '작가들의 작가'라고 불리는 대문호 호르헤 루이스 보르헤스와 만났기 때문이다. 어쩌면 보르헤스와 꾸준히 만난 4년이 의식과 사고의 도약기가 되었다고 볼 수 있다.

  책을 읽는 것은 작가와의 소통이자 만남이다. 따라서 망구엘이 '책을 너무 많이 읽어서 눈이 먼 독서의 대가' 호르헤 루이스 보르헤스를 만난 것은 그 자체만으로도 수많은 책을 읽은 것과 같은 경험을 할 수 있었다.

  보르헤스의 영향을 받은 그는 오늘날 세계 최고의 독서가라는 평가를 받게 되었다. 또한 자기 스스로도 독서가라고 말한다. 그를 통해 독서의 무한한 세계를 향유하는 방법을 배워 보는 것을 어떨까? 광활한 책의 세계를 경험한 후 참다운 독서가이자 작가가 되었던 망구엘은 수많은 저서를 통해 자신의 직업인 독서가 자신을 이끌었다고 말했다.

  지금까지 12명의 독서의 대가들을 만나보았다. 그들은 모두 독서를 통해 누구보다도 눈부시고 찬란한 인생의 전성기를 맞이한 사람들이다. 수천 권의 책을 통해 인생을 전성기를 스스로 창조할 수 있는 거인으로 성장하고 발전했던 것이다. 그러나 이것은 어려운 일이 아니다. 누구라도 집중적인 다독을 실천하고 정신의 개안開眼을 경험한다면 큰 인물로 성장할 것이라 확신한다.

에필로그
책을 읽는다는 것은 삶의 특권이다

내게 있어서 책冊을 읽는다는 것은 삶의 특권이었다.

대학생 취업 1순위를 오랫동안 독차지했던 회사를 그만두었을 때는 주위에서 난리였다.

왜 그 좋은 회사를 그만 두냐고 말이다. 하지만 회사를 그만둠으로써 나는 나의 길을 발견하게 되었다. 평생 살면서 인간이 누릴 수 있는 특권 중에서 가장 큰 특권이 아무것도 하지 않고 1년 내지 3년 동안 책만 읽을 수 있는 특권이 아닐까? 최소한 필자에게는 그랬다. 그렇게 3년 동안 책에 미친 인생을 살고 난 후 비로소 내 인생에 큰 대로가 건설되었음을 발견하게 되었다. 인생이 완전히 뒤바뀌었다고 말해도 과언이 아닐 정도로 3년간 빠져 있던 독서의 결과는 실로 엄청난 것이었다.

3년 동안 최고의 특권을 누림으로써 가장 큰 혜택은 인간다운 삶의 길이 무엇인지 발견하게 되었다는 것이다. 아무 꿈도 없이, 아무 미래도 없이 살아가는 사람도 불쌍하지만, 그저 남들을 따라 매일 열심히 살아가면서, 돈을 많이 벌고, 사회적인 성공을 하는 것이 자신의 꿈이며 그것이 인생의 전부라는 착각에 빠져서 오늘도 열심히 앞만 보고 달리고 있는 사람이야말로 진짜 불쌍한 사람이 아닐까? 최소한 자기의 삶을 발견하고, 만들고, 자신의 길을 개척해 나간다는 것은 우리 삶에 있어서 최고의 목표라고 나는 생각한다. 독서는 그것이 가능하도록 사람을 변화시키고 성장시켜준다. 아무리 돈이 많아도, 아무리 높은 지위를 얻게 된다 해도 그것만으로는 삶의 행복이 보장되지 않는다. 삶에 대한 진지한 성찰이 없었기 때문이다.

　3년 동안 최고의 특권을 누린 사람은 세상이 아무리 자신을 휘두르려고 해도 휘둘리지 않을 정도로 내공이 쌓이게 된다. 이것 또한 일개 인간으로서 누릴 수 있는 최고의 삶이 아닐까? 아무리 돈이 많고, 권력이 있고, 지위가 높아도 일개 소인배처럼 평생 좌불안석하며 세상의 작은 것들에 연연하며 살아가는 사람들이 적지 않다. 하지만 돈과 권력과 지위에 무관하게 군자처럼 지극한 기쁨과 마음의 평정을 갖고 사소한 삶에 연연하지 않는 삶을 살 수 있게 된다는 것은 생각만 해도 가히 멋진 삶이 아닐 수 없다.

　3년 동안 최고의 특권을 누린 사람은 자신이 가고자 하는 길이 어떤 길이든 그 방면에서 일가를 이룰 수 있게 된다는 유익함이 있다. 자신이 투자가가 되고 싶다 해도 책을 읽어야만 세계적인 투자가가 될 수 있고, 위대한 기업가가 되고 싶다 해도 책을 읽어야만 창조적인 기업가가 될 수 있다. 이것은 정치가, 예술가, 방송인, 학자, 변호사, 의사, 디자이너, 발명가, 스포츠맨, 종교인, 교사, 교수, 군인 등등 그 어떤 분야에 종사하더라도 적용이 되는 말이다.

중국 송宋나라 제3대 임금 진종황제眞宗皇帝의 권학문勸學文에 보면 책 속에 온갖 좋은 것이 다 들어 있다고 말한 바 있다. 책 속에 천 가지 종류의 곡식이 들어 있고, 책 속에 황금으로 지은 집이 들어 있고, 책 속에 온갖 부귀와 영화가 들어 있다. 바로 그렇기 때문에 자신이 어떤 분야의 길을 가더라도 독서는 성공을 위해 필수 조건인 것이다.

권두에 언급한 바 있듯이 자신의 이름으로 책 한 권 낸다는 것도 평범한 사람들에게는 기적과 같은 일이 아닐 수 없다. 그것도 어떤 분야에 대해 전문적인 교육을 받은 적도 없고, 석 박사 학위도 없는 평범한 샐러리맨에게는 더욱 더 그럴 것이다.

하지만 책에 미친 결과 한 달에 두세 권의 책을 거뜬히 쓸 수 있는 사람이 되었다면 얼마나 놀라운 변화인가! 글쓰기에 대해 전문적으로 배운 적도 없고, 나이 마흔이 넘어 머리가 조금씩 굳어져 가고 있는 아저씨가 무슨 재주로 1년에 열 권 가까운 책을 출판사와 출간 계약한다는 말인가? 누가 생각해봐도, 아무리 생각해봐도 있을 수 없는 일이었다.

독서의 위력은 우리가 무엇을 상상하든 우리의 상상을 뛰어넘고도 족히 남는다는 사실을 느낄 수 있었다.

나는 확실하게 말할 수 있는 한 가지 사실이 있다.

"세상에서 자기 자신을 넘어설 수 있게 해주는 가장 확실하고 쉬운 방법은 독서를 하는 것이다."

독서는 우리가 처한 환경이 어떠하든지 그것마저도 뛰어넘을 수 있게 해준다. 그런 점에서 돈이 없다면 책을 읽어야 한다. 책 속에 금은보화가 가득하기 때문이다. 나는 이 사실을 몸소 체험한 바 있다. 지혜가 없다면 책을 읽어야 한다. 책 속에 지혜가 숨겨져 있기 때문이다. 장사를 하고 싶다면 책을 읽어야 한다. 위대한 상인이 되는 비법이 그 속에 있기 때문이다. 위대한 발명가가 되고 싶다면 그래도 책을 읽어야 한다. 책 속에 세상의 모든 것을 발명할 수 있는 원리가 숨겨져 있기 때문이다. 위대한 사상가가 되고 싶다면 역시 책을 읽어야 한다. 그 속에 위대한 사상들이 숨죽이고 주인을 기다리고 있기 때문이다. 위대한 기업가가 되고 싶다면 우리는 책을 읽어야 한다. 그 속에 위대한 기업가가 되는 방법이 숨어 있기 때문이다.

이 세상에 존재하는 불가사의 중에 가장 큰 불가사의는 어떻게 사람이 다시 태어나지도 않았는데도 불구하고 책에 미치게 되면 전혀 다른 존재로 도약을 하게 되냐는 것이다. 독서를 통한 사고와 의식의 도약은 말이 도약이지 완전히 차원이 다른 존재로 다시 태어나는 것과 무엇이 다르랴?

중국의 주周나라 때부터 송宋나라 때에 이르기까지 주옥과 같은 고시古詩와 고문古文을 모아놓은 고문진보古文眞寶의 전집前集에는 다양한 위인들의 권학문勸學文 총 8편이 소개되어 있다. 그 8편 중에서 필자의 가슴을 오랫동안 사무치게 해주는 송나라 때의 개혁 정치가인 왕안석王安石의 권학문 중 일부를 소개한다.

독서에는 큰 비용이 들지 않고
독서를 하면 만 배의 이익이 생긴다.

책은 관리들에게 재주를 더해주고,
책은 군자에게 지혜를 더해준다.

돈이 생기면 곧 서재를 짓고
돈이 없으면 도서관에 가서 책을 읽어라.

가난한 사람은 책으로 인하여 부유해지고
부유한 자는 책으로 인하여 귀해진다.

어리석은 사람은 책을 얻어 현명해지고,
현명한 자는 책으로 인하여 이로워진다.

책 읽어 영화를 누리는 것은 보았어도
책 읽어 실패하는 사람은 보지 못했다.

황금을 팔아 책을 사서 읽어라.
책을 읽으면 더 많은 황금을 쉽게 살 수 있다.
-왕안석의 권학문을 현대적인 감각에 맞게 일부 수정한 것

나는 오늘도 책을 탐독한다.

충만한 특권을 누리기 위해!
어제의 나를 넘어서기 위해!
새로운 인생을 개척하기 위해!

[책 안의 선물] 1

천 권 독서를 돕는
Must Have
T-독서프로젝트

오늘 당장 좋은 습관을 택해 실천하겠다고 다짐하면
머지않아 그 습관을 자신의 것으로 만들 수 있다.
- 워런 버핏

01
왜 천 권을
읽어야 하는가?

천 권 읽은 자, 어느새 세상의 중심에 서리라.

어느 시대라도 가장 탁월한 혁신의 수단은 독서였다

당나라 때 시인 두보의 시에 '남아수독오거서男兒須讀五車書'라는 말이 있다. 남아는 모름지기 다섯 수레의 책을 읽어야 한다'는 뜻이다. 물론 당시의 책이 한 수레에 어느 정도 들어가는지 짐작하기는 어렵지만 적게 잡아도 2백 권 정도의 책은 실렸을 것이다. 역시 두보의 시 중에 '독서파만권讀書破萬卷 하필여유신下筆如有神'이라는 구절이 있다. 만 권의 책을 읽으니 신들린 듯 글이 써진다는 뜻이다.

책을 읽는다는 행위에는 단순한 지식 습득 그 이상의 것이 존재한다. 저자가 책 속에 모아둔 지식은 제대로 된 독자를 만나는 순간 무서울 정도의 팽창 효과를 일으킨다. 이렇듯 팽창된 지식을 얻은 독자가 또 다른 책을 접하면, 그 순간 팽창된 지식과 팽창하는 지식이 만나 소위 팽창의 연쇄반응을 일으킨다. 그리고 이러한 연쇄반응이 짧은 기간에 일어날 때 그것은 말 그대로 독자의 의식을 상상할 수조차 없는 넓은 지평으로 확대해버린다. 법가를 따르던 진시황은 유학의 융성을 경계해 유가의 서적들을 모조리 불태우는 분서갱유를 일으켰다. 그는 독서가 일으키는 의식의 팽창 효과를 누구보다 잘 알고, 그만큼 극도로 경계했던 것이다.

고대에서부터 독서는 비범한 사람을 만드는 은밀한 지혜로 조심스레 전승되어왔다. BC 323년 이집트의 왕이 된 프톨레마이오스는 아들의 교육을 위해 도서관을 만들었다. 성경에 나오는 바벨탑의 일화에서도 인간을 경계한 신은 언어를 혼란시켰다. 한 번도 만나지 못한 저자와 언어로 소통하는 독서의 파괴력은 신마저도 두려워할 정도였던 것이다. 움베르토 에코의 《장미의 이름》을 보면 한 권의 책을 둘러싸고 벌어지는 은밀하고도 잔혹한 살인 이야기가 서술되어 있는데, 그 살인 사건의 계기 역시 책으로 인한 인식의 확장을 경계한 것이었다. 스페인을 만든 이사벨라 여왕은 콜럼버스의 신대륙 항해는 허락하면서도 같은 시기 의견이 올라왔던 '언어와 문법의 통일'이라는 의견에는 단호한 반대 의견을 표시했다. '모두가 각자의 언어로 신을 찬미하는 자유'를 뺏지 않기 위해서라는 사족을 달았지만 새로운 대륙을 찾는 항해의 위험 요소보다는 언어의 통일로 인한 지식의 확산을 더욱 경계하였던 것은 아닐까 조심스레 생각해본다. 그리고 오늘날 우리가 알고 있듯, 종교개혁과 시민혁명의 첫 시작은 누구나 읽을 수 있게 번역된 성경과 그를 뒷받침할 수 있는 인쇄술의 발달이었다. 책을 돌려 읽으면서 일반 민중들의 의식 역시 이전과는 비교할 수 없이 넓어져, 기존의 권력 체계를 뛰어넘고 말았던 것이다.

현대를 사는 우리에게 독서는 자기계발을 위한 강력한 방법으로 더욱 의미가 깊다. 역사를 살펴보아도, 수천, 수만 권 이상의 책을 읽은 독서가들은 세계를 제패했다. 마오쩌둥, 나폴레옹은 국가의 중심이 되었고 빌 게이츠, 에디슨은 자기 분야의 최고가 됐다. 그들은 태풍의 눈이 돼 자신의 마음대로 세상을 주물렀다. 서로 다른 관점을 제시하는 두 권의 책을 읽은 사람은 한 권의 책에 담긴 하나의 관점만을 읽은 사람보다 적게 잡아도 의식의 폭이 두 배는 넓다고 말할 수 있을 것이다. '사별삼일士別三日이면 괄목상대刮目相待(선비는 헤어지고 삼 일 후 다시 만나면 몰라볼 정도로 달라진다는 뜻이다)'라는 말이 괜히 나온 말은 아닌 것이다. 삼 일이면 적어도 세 권의 책은 읽었을 테니 말이다. 그리고 이렇듯 의식이 넓어지는 경험을 한두 번이 아닌 수천, 수만 번 거듭한 사람은 보통 사람은 상상할 수 없을 정도로 그 의식의 지평이 넓다고 할 수 있을 것이다.

그러나 수만 권의 책을 읽은 이들도 언제나 첫 시작은 천 권 독서부터였다. 천 권의 집중 독서로 넓어진 의식은 결국 수천, 수만 권 이상의 독서로 이어졌고 마침내 세상을 장악할 수 있는 위대한 인물들을 태어나게 했다. 책은 위대해지는 지름길이자, 인생을 통째로 바꾸는 가장 쉬운 실천이다. 남들보다 빨리 성공의 문턱에 다가가려면 앞서 천 권을 읽어야 한다. 천 권이 내면에 새겨져야 또 다른 천 권을 읽을 수 있는 힘을 얻는다. 만약 이를 지킬 수 있다면 당신은 어느새 역사 속 위대한 인물들과 어깨를 나란히 하게 될 것이다.

당신이 누구이든, 책을 읽지 않는 것은 사치다

그러나 정작 천 권의 책을 읽으려고 하면 엄두조차 내지 못하는 게 우리 같은 보통 사람들이다. 시간은 없고, 살기는 바쁘고, 회사와 집 사이를 반복하는 빼곡한 일상에 독서라는 두 글자를 집어넣는 것이 왜인지 낯설게 느껴진다. 나 역시 그랬다. 어느 가을날, 문득 밀려든 허탈함을 뒤로 하고 홀린 듯 도서관을 찾아가기까지 독서란 의무적으로 해치우는 몇몇 자기계발서를 제외하면 나와는 무관한 것처럼 생각되었다. 독서가 인생의 향상에 도움이 된다는 사실은 막연히 알고 있었지만 독서라는 것보다 더 중요한 것들이 아직 많이 남았다고 생각하고 있었던 것이다. 그리고 당시 나에게 그 중요한 것은 오직 일, 그것뿐이었다.

그러나 세상에는 다른 아무것도 없이 '오직 독서만이 희망'이었던 사람들도 존재한다. 절망과 불행의 틈바구니 사이를 걸어 나가며 이들은 말 그대로 '독서에 목숨을 걸었다'. 그리고 이전에는 상상도 못할 정도로 자신의 가치를 끌어올리는 데 성공했다.

그 중 대표적인 인물이 우리에게도 익숙한 에이브러햄 링컨이다. 미국 역사상 가장 훌륭한 대통령으로 꼽히는 링컨에게, 삶의 유일한 무기는 독서였다. 그의 독서 환경은 그리 좋은 편이 아니었다. 목수의 아들로 태어나 배고픈 유년 시절을 보냈고, 여덟 살에 친어머니와 사별했으며, 학교 교육은 통틀어 일 년 미만이었다. 심지어 아버지는 그가 공부하는 것을 심하게 반대했다. 그럼에도 불구하고 그는 독서로 인생을 변화시켰다. 독서를 통해 무지와 가난을 이겨내려 했던 것이다.

어린 시절 그는 천 권 이상의 독서를 한 것으로 추정된다. 책을 빌리려고 심지어 몇 킬로미터를 왕복하기도 했다. 시간만 나면 손에서 책을 떼지 않았고, 통나무집에서든 일터에서든 틈만 나면 무섭게 독서에 몰입했다. 그의 옆구리에는 늘 책이 있었다. 결국 천 권이 넘는 방대한 독서량은 가난함에 허덕였던 링컨을 미국 최고의 대통령으로 만들었다.

좀 더 최근의 사람으로는 오프라 윈프리가 있다. '2004년 올해의 세계지도자상', '타임지가 뽑은 2004년 세계에서 가장 영향력 있는 인물 100인의 한 사람' 등 화려한 이력을 자랑하는 미국의 방송인 오프라 윈프리는 성공의 비결로 언제나 '독서'를 꼽는다. 그런데 그녀의 독서 환경 역시 그리 좋은 편은 아니었다. 주변의 성적 학대와 끊임없는 괴롭힘 속에서 불우한 유년 시절을 보냈고, 14세에 아이를 출산해 미혼모가 되었으며, 2주 후에는 그 아이가 죽는 것을 두 눈으로 지켜보아야 했다.

당신이 내일 아침에 오늘보다 더 나은 사람이 되어 깨어나고 싶다면
잠들기 전에 책을 펴고 단 세 장이라도 읽어라.
-오프라 윈프리Oprah Winfrey

마약을 했고, 비만에 시달리기도 했다. 그러나 그녀는 그 모든 것을 이겨내고 오늘날 최고의 여성으로서 부와 명예를 모두 거머쥐었다. 두말할 나위 없이 독서의 힘이다. 그리고 그 뒤에는 새어머니 젤다의 도움으로 어린 시절 몸에 익혔던 독서 습관이 자리하고 있다. 아무리 힘들어도 일주일에 한 권의 책을 꾸준히 읽었고, 책을 읽은 후에는 반드시 독후감을 작성했다. 불행한 하루를 벗어나기 위해 독서에 목숨을 걸었던 것이다. 오늘날 오프라 윈프리는 불우한 인생을 역전시킨 롤모델이자 미국의 사랑받는 아이콘이다.

이들 말고도 오늘날 우리 곁에는 독서로 자신의 가치를 끌어올린 사람들이 적지 않게 존재한다. 마을 도서관의 책을 전부 읽었다는 빌 게이츠나, 독서가 최고의 방법이라는 워런 버핏, 일본 제일의 부자인 손정의부터 가까이는 이건희 회장까지. 이들은 하나같이 인생의 어려운 시기에 독서로 맞섰고, 끝내 범인은 다가서기조차 힘든 자리에 자기 자신을 확고히 올려놓았다.

만약 자신에게 견디기 힘든 순간이 찾아온다면, 그때는 책을 읽어야 할 유일한 시기이다. 책만이 힘든 시기를 뛰어넘게 해줄 유일하며 강력한 무기이기 때문이다. 그런데 만약 현재의 자신이 그저 피곤하고 시간이 없는 정도라면? 그럴 때조차 책을 읽지 않는 것은 나쁘게 말하면 사치에 가깝다. 적어도 지금 이 책을 읽고 있는 당신이라면 주저 말고 책의 바다에 뛰어들어보자. 당신과 평생 함께 싸워나갈 무기를 그곳에서 발견할 수 있을 것이다.

02

천 권 독서,
시작은 어떻게 해야 하는가?

'21일 법칙'으로 '작심삼주' 하라!

작심삼일이 일곱 번 모이면 당신의 미래를 바꿀 수 있다

어려운 환경을 이겨내고 어린 시절 천 권의 독서를 이루어낸 에이브러햄 링컨, 그리고 역경 속에서도 꾸준한 독서를 잊지 않았던 오프라 윈프리. 이렇듯 롤모델로 삼을 인물이 가까운 곳에 있어도 정작 우리의 마음은 천 권이라는 말 앞에 서면 쉽사리 위축되어 버린다. 애써 계획을 세워도 고작 작심삼일이 되어버리지 않을까 시작하기도 전에 포기하는 마음부터 먹기도 한다. 그러나 아무리 작심삼일 계획이더라도 그것이 일곱 번 모이면 21일이라는 적지 않은 시간이 된다. 그리고 이 21일은 우리의 습관을 변화시키는 마법의 시간이기도 하다.

마치 말장난 같은 이 이론은 그러나 강력한 학술적 근거를 갖고 있다. 1970년대 중반 캘리포니아 대학의 언어학과 존 그라인더 교수와 당시 심리학도이던 리처드가 NLP이론이라는 것을 만들어냈다. 긍정적인 습관을 꾸준히 유지하면 그것이 사람의 인생을 변화시킨다는 것이다. 여기서 파생된 것이 21일 법칙이다. 21일 법칙은 어떤 일이 습관이 되기 위해선 21일간의 연습이 필요하다고 말한다. 성인의 경우 14일에서 21일 정도의 기간을 거쳐야 새로운 습관이 생성된다는 것이다. 대뇌피질에서 뇌간까지 걸리는 최소한의 기간인 21일 후면 당신이 연습한 것들은 곧 습관이 된다. 예일·하버드·콜롬비아·영국의 옥스퍼드 대학 등에서 인성 및 학습 상담에 널리 활용되고 있는 이론이다.

독서의 기초를 만드는 작심삼주 법칙의 기본원리

세상에 하루만 투자해서 이룰 수 있는 일은 없다. 적어도 사흘은 투자해야 한다. 이른바 작심삼일이다. 그리고 이 작심삼일을 일곱 번만 반복하자. 자칫 길게 느껴질 수 있는 21일도 사흘씩 끊어서 보낸다면 감내하지 못할 정도로 길지 않게 느껴질 것이다. 오전 오후 48분씩, 딱 삼 일만 원하는 책을 읽자! 그리고 삼 일 후 다시 원하는 책을 골라보자! 어느새 어린 시절의 링컨처럼, 역경 속에 놓였던 오프라 윈프리처럼, 책에서 손을 떼지 못하는 자신을 발견하게 될 것이다. 처음에는 삼 일 동안 정해진 책을 읽는다는 것에 부담을 느낄 수도 있다. 그러나 다음 삼일이 되면 어느새 첫 삼 일보다 독서의 속도가 향상되었다는 것을 느낄 수 있을 것이다. 그리고 작심삼주 역시 계속 반복할수록 읽는 속도가 더욱 빨라져 하루 한 권 이상 읽어낼 수 있는 속독의 힘을 얻을 수 있게 된다. 이른바 48분 독서법의 '작심삼주 실천법'이다.

3일 계획 ➡ 3일 계획 ➡ 3일 계획 …… (총 7번) = 21일 = 마법의 시간

누구든 실천할 수 있는 작심삼일을 일곱 번 반복하여 NLP 법칙이 주장하는 마법의 21일에 이르게 된다는 것이 '작심삼주 실천법'의 핵심이다. 그리고 이 실천법을 주장할 수 있는 또 다른 이유는 이것이 '골라 읽는 즐거움'을 초반부터 향상시킬 수 있는 방법이기 때문이다.

먼저 '작심삼주 실천법'을 위한 자기만의 도서목록을 스스로 만들어보자. 관심이 가는 분야를 정하고, 그 분야의 책을 21일 동안 자신이 읽을 수 있을 만큼 골라놓는다. 책 한 권을 사흘 내 읽기 버겁다는 생각이 들면 책의 일부분만을 목록에 넣어도 좋다. 하지만 시간이 지날수록 도서의 수는 늘어난다. 처음에만 어렵지 갈수록 많은 책을 짧은 기간에 읽을 수 있게 되기 때문이다.

이렇게 모인 책들을 분량과 난이도에 따라 일곱 개로 나누어 해당하는 기간에 읽어 내려간다. 그리고 사흘 간격으로 독서량과 진도를 체크

하여 다음 사흘의 분량을 조금씩 조절해나간다.

만약, 정해진 사흘 안에 책을 다 읽지 못하더라도 일단 21일이 끝날 때까지는 남겨두자. 대신 다음 사흘의 분량을 그에 맞춰 조금 줄인다. 이때 읽지 못한 책은 21일의 프로젝트가 끝나는 순간 당신이 제일 먼저 찾아 읽는 책이 될 것이다. '작심삼주 실천법'을 처음 시도하는 사람이라면 사흘 안에 어떤 책을 완독했다는 성취감을 느끼기 위해 실용, 자기계발서나 에세이 같은 읽기 쉬운 분야의 책부터 시작하는 것이 좋다. 독서습관의 형성에도 유리하고 독서가 빨라지는 것을 직접 체감할 수 있기 때문이다.

평생 동안 책과 함께 작심삼주하라!

'작심삼주 실천법'은 만 권 독서의 길을 트는 천 권 독서를 시작하기 위한 일종의 연습 기간이기도 하다. 첫 삼 주만 독서로 삶을 장악한다면 '3년 천 권 읽기' 장기 레이스의 첫 단추를 잘 낄 수 있다. 굳어진 습관은 웬만하면 녹이 슬지 않는다. 몸이 독서를 체득하는 단계에 이르는 것이다.

'작심삼주 실천법'은 평생 활용할 수 있는 유용하고 강력한 방법이기도 하다. 고전이면 고전, 사회과학이면 사회과학, 혹은 '요리' 같은 작은 카테고리의 책까지 읽고 싶은 분야의 책을 21일간 읽을 만큼 골라놓고 난이도에 따라 삼 일씩 나누어 읽어보자. 21일 후에는 해당 분야의 지식이 놀랄 만큼 늘어나 있는 것을 스스로도 느낄 수 있을 것이다. 이러한 활용 방법은 특히 특정 분야에서 전문가 수준의 지식을 쌓고 싶은 사람에게 더 나위 없이 유용하다. 필자 역시 지금까지도 의식적이든 무의식적이든 사용하고 있는 방법이기도 하다.

우선 해당 분야의 21일간 독서목록을 작성하는 과정에서 독자는 이미 그 해당 분야에 대한 잠재적인 지식을 쌓을 수 있다. 그리고 본격적인 지식을 쌓기 위해 머리가 미리 준비를 하기 시작한다. 이렇게 준비가 된 상태의 머리가 쉬운 책부터 시작하여 구체적이고 어려운 책까지 순차적으로 읽어 내려가게 되면 그때 21일치 책의 지식들은 마치 '노트로 정리를 한 것처럼' 머릿속에 차곡차곡 쌓여가게 된다. 어느 분야의 서적이든 일단 '작심삼주 실천법'에 도전해보면 이 방식의 효과에 놀라움을 금치 못하게 될 것이다.

그러나 평생 처음으로 '작심삼주 실천법'에 도전하는 초보자의 경우에는 다른 무엇보다 시행하는 동안 독서의 습관을 만드는 데 치중하는 편이 좋다. 하루 48분을 잘 쪼개서, 같은 시간과 장소에서 독서하는 것이다. 몸이 끼니 때를 기억하는 것과 비슷한 이치다. 매일같이 지하철에서 책을 읽다가 읽지 않는다든가, 잠들기 전에 책을 읽다가 읽지 않는다면 독서의 생체리듬은 깨지고 만다. 같은 시간, 장소에서의 독서 연습은 독서습관을 더욱 단단하게 만든다.

현명한 사람은 21일 법칙을 따라간다. 단지 오전 오후 48분, 21번의 독서를 반복하는 것이다. 21일은 또 다른 21일을 낳는다. 그러면 어느새 자란 당신의 독서 능력은 3년 레이스를 무리 없이 끌어갈 정도로 커져버릴 것이다. 그리고 그때부터 '작심삼주 실천법'은 당신의 지식 향상을 도와주는 더할 나위 없는 지지대가 되어줄 것이다.

> 오늘 당장 좋은 습관을 택해 실천하겠다고 다짐하면 여러분은 머지않아 그 습관을 자신의 것으로 만들 수 있다. - 워런 버핏

작심삼주 실천법 적용 예시

처음 도전하는 경우
1. 총 21일 동안 읽고 싶은 책을 자유로이 고른다. 어려운 책보다는 가급적 쉽게 읽을 수 있는 자기계발, 에세이 류를 고르는 게 좋다.
2. 이렇게 고른 책을 읽기의 난이도에 따라 일곱 개의 더미로 분류한다.
3. 가장 쉬운 더미부터 3일 단위로 끊어서 읽어나간다.

단기간에 지식을 쌓고 싶은 경우
1. 원하는 분야의 책을 21일 동안 읽을 수 있을 만큼 고른다. 고르는 게 어렵다면 부록 2 [추천 도서] 중 '작심삼주 실천법을 위한 Great Books 리스트'를 활용하라.
2. 이렇게 고른 책을 읽기의 난이도에 따라 일곱 개의 더미로 분류한다.
3. 가장 쉬운 더미부터 3일 단위로 끊어서 읽어나간다.

★ 만약 주어진 3일 안에 다 읽지 못했을 경우에는 일단 내버려두고 다음 더미를 읽어나가자. 21일 후 당신은 버려둔 책들을 가장 먼저 찾게 될 것이다.
★★ 첫 작심삼주 실천법이 끝나면 새로운 책으로 새로운 작심삼주 실천법에 도전해보자.

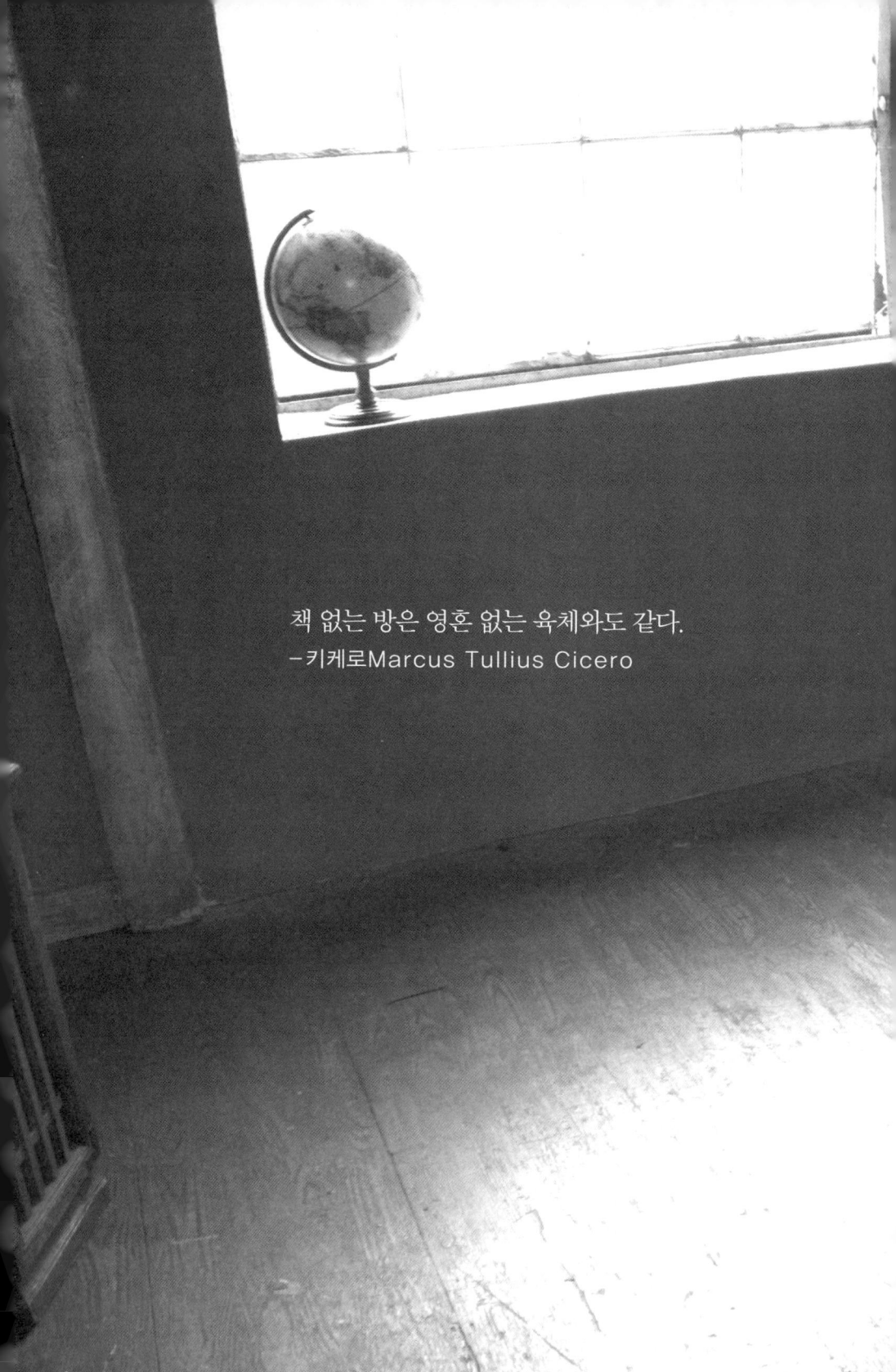

책 없는 방은 영혼 없는 육체와도 같다.
−키케로 Marcus Tullius Cicero

03

천 권, 어떻게 하면 빨리 읽을 수 있을까?

당신을 독서의 고수로 만들 4가지 핵심 비법

자신의 삶과 독서를 일치시켜라

독서에는 매력을 넘어선 마력이 존재한다. 이를테면 다음과 같다. 한 권 한 권 읽을수록 넓어지는 당신의 인식이 당신을 새로운 책 앞에서 말 그대로 '주체 못하게' 말들어버린다. 머릿속의 지식이 책 속의 지식과 만나 팽창하는 즐거움은 세상 어느 것과도 바꿀 수 없는 강렬한 경험을 당신에게 선사한다. 어느 날 책이 만들어내는 수많은 갈림길 사이에서 당신은 즐거운 비명을 지르며 이렇게 외치게 될지도 모른다. "세상 모든 책이여, 나에게 오라!"라고.

다소 과장된 얘기일 수도 있지만, 실제로 많은 독서가들이 독서가 주는 마력에서 빠져나오지 못한다. 오죽하면 '활자 중독'이라는 이름까지 생겨났겠는가? 독서의 매력에 한껏 빠져든 이러한 사람들은 현실과의 연결점을 좀체 찾아내지 못한다. 독서도 중요하지만 정작 독서 그 자체에 자신의 삶이 송두리째 빠져들어서야 애초에 독서를 하는 목적이 희미해지지 않을까?

반면 대부분의 사람들은 자신의 삶 속에서 '독서하는 시간'을 좀처럼 뽑아내지 못한다. 생활의 무거움에 한껏 잠겨버린 이러한 사람들(그리고 우리들 대부분)은 언제나 "시간은 없고, 게다가 책 한 권을 읽는 시간은 만만치 않다"고 스스로를 위안하며 산다.

이러한 두 부류의 사람들에게 내가 제안하고 싶은 것은 일상 속에서 실천할 수 있는 독서의 기술 네 가지이다. 독서를 쉽게 할 수 있는 기술이지만, 자칫 활자중독이라는 즐거운(?) 현상에는 이르지 않도록 독서의 규칙성을 담을 수 있는 기술 역시 빠짐없이 담았다. 삼 년 천 권의 독서를 시행해나가며 내가 직접 경험했던 방식이기도 하다. 전자 회사에서 일하던 평범한 직장인인 나를 변화시켰던 기술이니 수수해 보여도 효과는 장담해도 좋을 것이다.

독서를 하는 장소에 따라, 자신의 독서 능력에 따라 활용할 수 있는 독서법은 달라져야 한다. 이는 독서의 효율과 독서한 내용을 받아들이는 효율을 동시에 고려한 결과이다. 장소에 따라 각기 다른 독서법을

책 한 권 읽기를 간절히 바라는 사람과 읽을 만한 책을 기다리다 지친 사람 사이에는 매우 큰 차이가 있다.
−G. K. 체스터튼Gilbert Keith Chesterton

적용함으로써 자투리 시간을 제대로 잘 활용할 수 있게 될 것이며, 자신의 독서 능력에 맞춘 독서법을 활용하면 그렇게 읽은 책들을 자신의 것으로 확실히 만들 수 있을 것이다. 마지막으로 오늘의 독서법으로 다음 날 독서를 이어갈 힘을 얻을 수 있다면 금상첨화일 것이다. 이제부터 다룰 네 가지 독서의 기술은 이러한 효과를 모두 극한까지 발휘할 수 있도록 구성되어 있다. 독서의 기술을 제대로 활용하면 같은 시간을 들여도 독서의 효율은 비약적으로 높아진다.

독서의 기술을 말하려는 참이지만, 따지고 보면 독서 역시 하나의 기술이다. 계속해서 독서를 하다 보면 점점 읽는 속도가 빨라지고, 문단에서 핵심 내용을 쉽게 끄집어낼 수 있으며, 몰입의 시간이 늘어나고, 다음 이야기조차 미리 알아낼 수 있게 되는 것이다. 그러면 삼 년 천 권의 여정, 실생활 속 천 권 독서의 세계로 매일 출근하는 독서의 기술을 이제부터 얘기해보겠다.

당신을 독서의 고수로 만들 4가지 핵심 비법

① 자투리 시간에는 몰입 독서하라!

보통 직장인들은 아침 식사를 거를 정도로 늦게 일어난다. 출근시간엔 여유가 없고, 어제 벗어둔 양말을 그대로 신으며, 집부터 회사까지는 육상선수같이 뛰어간다. 심지어 화장실 가는 시간조차 없어진 지 오래다. 당신의 모습은 어떠한가?

책을 읽으려면 지금보다 40분 먼저 일어나라! 30분은 출근 준비를 하고, 화장실에서 단 5분만이라도 책을 읽어라. 화장실은 개인적으로 가장 내밀한 공간이다. 아내의 잔소리도 없고 아이의 울음도 없다. 몰입을 방해할 것이 아무것도 없는, 이른바 몰입 독서법을 실천하기에 최적의 장소가 바로 화장실이다.

몰입은 소리 없는 중독으로 이어진다. 무의식 상태에 이르기 때문이다. 초당 2천 바이트 정도의 정보를 소화하는 의식과 달리 무의식은 4천억 바이트의 정보를 처리한다. 몰입 독서는 평소보다 훨씬 많은 분량의 글을 읽을 수 있게 하는 독서가의 든든한 힘이다.

송나라 시대를 대표하는 학자인 구양수는 책을 읽기에 가장 좋은 장소 중 하나로 측상廁上, 그러니까 화장실을 들었다. 홈플러스를 창조적으로 이끌었던 이승한 전 사장 역시 출근 전 화장실에서 독서를 했다. 화장실 앞에 아예 책장을 들여 놓을 정도였다. 그들은 화장실 몰입 독서법을 알고 그대로 실천했던 것이다.

자, 아침 5분을 활용한 몰입 독서를 무사히 마쳤는가? 그러면 이제 또 다른 독서법이 기다리고 있는 출근길의 지하철로 달려갈 시간이다.

② 복잡한 곳에서는 이미지 독서하라!

출퇴근길 독서, 많은 독서 서적들이 권장하는 방법이지만 정작 실행해보면 쉽지 않은 방법이다. 출퇴근 지하철과 버스에는 사람이 넘친다. 책을 펼칠 공간이 턱없이 부족하다. 힘들여 책을 펼쳐도 책장이 쉽게 넘어가지 않는다. 왜 이렇게 독서가 쉽지 않은 것일까. 그것은 앉아서 책을 읽듯 글자 하나하나를 읽어 내려가려고 하기 때문이다.

　대중교통에서 효과를 볼 수 있는 가장 합리적인 독서전략은 이미지 독서법이다. 활자 하나하나에 집중하는 것이 아니라 글자를 이미지로 찍어내듯 읽는 독서법이다.

　왜 이미지 독서법일까? 출퇴근길 대중교통은 변수가 많은 공간이다. 사람들의 이동이 잦고, 몸은 밀착돼 있으며, 상대방과 마주보게 되는 경우도 생긴다. 즉 뇌가 신경 쓸 것이 많아진다. 때문에 글자 하나하나를 정독하려는 기분으로 책을 읽으면 원치 않는 순간에 의식의 흐름이 깨지는 순간이 자주 생겨버린다.

　그러나 이미지 독서법은 텍스트 전체를 단지 하나의 그림으로 생각하면서 감상하듯 책을 읽는 방식이다. 책을 '읽는' 게 아니라 '보는' 개념이기에 짧은 시간에 많은 양의 독서를 할 수 있고, 그만큼 의식의 흐름이 깨져도 복기해야 할 시간이 적어지는 방법인 것이다.

　게다가 책을 읽을 때 이미지화 연습을 하면 논리적이고 순차적인 좌뇌를 사용하던 독서가 우뇌 중심의 활동으로 바뀐다. 우뇌는 이미지 중심의 종합적인 사고를 할 수 있기 때문에 이미지 독서법이 더욱 더 원활해진다. 지하철에서 그림을 보듯 책을 훑어라. 어느새 시야의 폭이 넓어져 한 번에 서너 줄씩, 나중에는 한 페이지씩 동시에 읽어낼 수 있는 독서고수가 되어 있을 것이다.

　속독의 달인 하워드 S.버그는 이미지 독서법을 활용해 10분이면 책 한 권을 읽어낸다고 한다. 당신 역시 책을 풍경으로 감상하라. 적어도 출퇴근길에 2~3권의 책을 읽을 수 있다.

③ 수면 독서법으로 독서에 지속성을 부여하라!

퇴근을 해 집에 돌아왔다면 이제 또 다른 새로운 독서법을 적용해볼 시간이 된 것이다. 이 방법은 독서법이라기보다는 독서를 지속하게 만드는 방법에 가깝다. 무슨 방법인지 궁금하다고? 그러나 그 전에 해야 할 일이 있다. 잠들기 전 10분을 활용해 책을 읽는 것이다.

잠들기 전 10분 독서는 지금 소개할 수면 독서법의 준비 작업이다. 읽던 책을 놓고, 침실의 불이 꺼지면 다음 날 책을 읽는 모습을 상상하며 잠을 청해보자. 눈을 감기 전 상상하는 행위는 매우 중요하다. 하루 중 의식이 잠재의식에게 보내는 마지막 편지이기 때문이다.

세계적인 비즈니스 컨설턴트인 브라이언 트레이시Brian Tracy는 '집중의 법칙: The Law of Concentration'을 들어 인생에서 깊이 생각하는 것들이 자라고 발전한다고 말한다. 원하는 것을 상상하면 곧 현실로 다가온다는 것이다. 책을 읽는 모습을 매일 밤 상상하는 것만으로도 책을 읽게 된다. 책 읽는 모습을 계속 상상하면 잠재의식에 각인돼 책을 읽게 되는 것이다. 그는 또한 한 강연에서 '3년만 책을 읽어 인생이 변하지 않는다면 나의 전재산을 모두 주겠다'라고도 말했다. 이처럼 3년 천 권 독서를 강력히 지지하는 말이 또 있을까? 꿈속에서라도 책을 읽어라. 잠재의식이 당신에게 책을 읽어라 명령하고 독서는 곧 현실로 자란다.

④ 3단계 점층적 독서법으로 인식을 한계까지 확장하라!

이제 당신은 아침에 일어나서 출퇴근을 하며 잠들기 전과 심지어 잠든 후까지 말 그대로 빈틈없이 책을 읽는 사람이 되었다. 하지만 나는 이런 질문을 하고 싶다. "당신은 무엇을 읽고 있는가?"라고.

그저 꾸준히, 많이 읽는 것으로는 부족하다. "책 읽는 순서에는 정도 正道가 있다." 잘못된 길을 쫓다 보면 이내 지쳐 흥청망청하기 마련이지만, 바른 길은 걷기만 하면 영혼의 양식을 찾고, 돈을 벌거나 성공하는 방법에 도달할 수 있다. 그리고 무엇보다 '의식의 팽창'이라는 천 권 독서의 길에 한발짝 더 다가가게 만들어준다.

주자는 사서를 읽으려면 《대학》,《논어》,《맹자》,《중용》의 순서로 읽어야 한다고 주장했다. 먼저 《대학》을 읽어 학문의 뜻을 세우고, 《논어》로 학문하는 근본을 배운 후, 《맹자》를 통해 의리를 분별하는 법을 깨닫고, 마침내 《중용》을 통해 우주의 원리를 터득한다는 것이다. 《미쳐야 미친다》를 쓴 한문학자 정민 교수 역시 처음 책을 읽을 때의 주의사항을 책 종류 별로 꼼꼼하게 얘기한다. 이렇듯 한 발 앞선 사람들은 책 읽는 바른 순서를 알고 있다. 여기서는 책을 읽는 방법을 책의 난이도에 따라 세 단계로 나누어서 설명한다.

첫 단계는 독서의 습관을 들이는 워밍업 단계이다. 이 단계에서는 무엇보다 '책을 읽는다는 것' 그 자체만을 목적으로 삼아야 한다. 어려운 제목, 두꺼운 분량의 책은 던져버려라. 먼저 '쉬운 책', '당장의 흥미를 유도할 수 있는 책'부터 읽어라. '실용서나 자기계발서, 에세이, 만화' 등을 먼저 읽는 것이다. 이 책들은 독서 습관을 키우는 촉매제 역할을 한다. 이후 문학 서적까지 섞어 읽으면 독서가 자신의 인생에 편입해 들어오는 느낌을 받을 수 있을 것이다. 격렬한 운동을 하기 전 준비운동과 같이 본격적인 책읽기를 위해 심호흡을 하는 단계다.

독서란 사람이 밥을 먹고 운동을 하는 것과
똑같은 것이라 할 수 있다
-헨리 밀러Henry Miller

두 번째 단계는 지식의 폭을 넓히는 단계이다. 이 단계에서는 무엇보다 '인문학'을 읽어야 한다. 첫 단계를 거친 당신은 이제 읽는 재미도 알았으며, 글에 대한 전반적 이해가 넓어진 상태다. 준비운동을 끝내고 본격적인 책읽기로 빠져들어야 한다. 독서의 양을 늘리고 무엇보다 지식을 주는 고전을 읽어야만 한다. 특히 인문학 책들은 기존에 갖고 있던 상식을 단번에 깨뜨리는 폭탄과 같다. 알지 못했던 새로운 사실들이 당신의 케케묵은 시선을 탈바꿈시키기 때문이다. 시대가 던지는 화두도 알게 되고 이미 검증된 양서들을 통해 시대의 흐름에 눈을 뜨게 된다.

마지막 단계는 당신 머릿속 인식의 한계를 본격적으로 확장시키는 단계이다. 여러 관점을 제시하는 책을 읽어 인식의 팽창을 즐겨보자. 이 시기는 집중 독서가 가장 큰 힘을 발휘하는 시기이기도 하다. 지식의 확장을 연거푸 경험하며, 지식과 생활이 따로 노는 상황을 극복할 수 있게 노력한다. 사회과학과 자연과학을 번갈아 읽으며 기존에 읽었던 책들을 하나씩 되새겨 반추해보는 과정을 갖도록 하자. 저장된 지식이 생활로 넘어가며 책과 당신은 하나가 된다. 즉 독서로 인한 지식이 몸에 전달되는 것이다. 이것이 점층적 독서법의 제3단계, 통섭과 융합의 시기다. 이 단계를 지나다 보면 위인들과 같은 내공을 몸에 쌓을 수 있을 것이다. 마더 말러의 말처럼, '우리는 우리가 읽은 것으로 만들어진다'.

3단계 점층적 독서법

① 워밍업 단계: 현실에 발을 딛고 흥미에 맞는 책을 읽어라

현실과 가장 가까운 분야의 쉬운 책을 읽는 것이 먼저다. 만화, 여행서, 요리서, 육아서 어떤 분야든지 괜찮다. 단지 독서와 가까워지도록 읽기만 해라. 독서 습관이 형성되면 이야기 중심인 문학을 읽어라.

⬇

② 지식의 확장 단계: 인문학으로 독서의 양을 질로 전환시켜라

독서의 양이 질로 전환되고, 흥미를 끄는 분야부터 시작하여 골고루 읽는 것이 좋다. 심리에서 역사로, 역사에서 철학으로, 철학에서 예술로 나아가면서 분야를 넘나드는 지식의 향연이 펼쳐진다.

⬇

③ 인식의 한계를 넓히는 단계: 사회과학과 자연과학으로 쌓인 지식을 꺼내라

인문학을 배웠다면 사회과학과 자연과학과의 통섭이 필요하다. 자신이 가장 좋아하는 분야, 혹은 가장 자신 있는 분야와 연관되는 사회과학서적부터 도전해보자. 특히 인문과 사회과학의 결합은 이론과 현실과의 연계를 강화시키며 독서의 깊이를 더한다.

[책 안의 선물] 2

Must Read
S-독서리스트

누구든 유익하고 재미있는 책을 한 시간 동안 읽는다면
반드시 더 나은 존재가 되고, 더 행복해질 것이다.
- 존 러벅

당신의 나이에 맞춘 연령대별 도서 목록

Ⅰ 꿈 많은 10대

1. 《10대, 꿈을 이루어주는 8가지 법칙》, 김태광 저(하늘아래)
2. 《좋은 꿈 하나 맡아 드립니다》, 고마쓰바라 히로코 글, 기타미 요코 그림, 김지연 역(책과콩나무)
3. 《꿈꾸라》, MBC 희망특강 파랑새 글, 김성희 그림(리젬)
4. 《워렌 버핏, 소년들에게 꿈을 말하다》, 윤태익 저(랜덤하우스코리아)
5. 《12살 꿈은 이루어진다》, 류현아 글, 최상규 사진(조선북스)
6. 《꿈을 향한 위대한 도전》, 박은교 글, 유명희 그림(꿈꾸는 사람들)
7. 《17살 너의 꿈을 디자인하라》, 이충호 저(하늘아래)
8. 《네 꿈과 행복은 10대에 결정된다》, 이민규 저(더난출판)
9. 《존 아저씨의 꿈의 목록》, 존 고다드, 이종옥 그림, 임경현 역(글담)
10. 《16살 나는 세계 일주로 꿈을 배웠다》 제시카 왓슨 저, 김한결 역(다산에듀)
11. 《그림책에서 찾은 책 읽기의 즐거움》, 강승숙 외(나라말)

Ⅱ 20대 청춘

1. 《20, 30대가 준비해야 할 인생설계》, 김사현 저(미래지식)
2. 《20대 공부에 미쳐라》, 나카지마 다카시 저, 김활란 역(랜덤하우스코리아)
3. 《씨앗 뿌리는 20대 꼭 해야 할 37가지》, 고도원 편, 김정훈 그림(나무생각)
4. 《미래의 나를 완성해주는 20대 심리학》, 곽금주 저(랜덤하우스코리아)
5. 《20대에 침몰하는 사람 성장하는 사람》, 센다 타쿠야 저, 김지현 역(문화발전)
6. 《대한민국 20대 멋진 오늘을 사는 지혜》, 이철한 저(포스트인하우스)
7. 《20대 정답은 없다》, 크리스틴 해슬러, 김수진 역(홍익출판사)
8. 《20대에 꼭 알아야 할 지혜로운 이야기 49가지》, 제임스 볼드윈, 강미경 편역(느낌이있는책)
9. 《경제수명 2050시대 20대》, 홍성민 저(거름)
10. 《나무처럼》, 패트리샤 헤이먼 저, 김나나 그림, 허형은 역(웅진윙스)

III 열정의 30대

1. 《20대에는 사람을 쫓고 30대에는 일에 미쳐라》, 김만기 저(위즈덤하우스)
2. 《30대 평생 일자리에 목숨걸어라》, 김상훈·이동영 공저(위즈덤하우스)
3. 《도전하는 30대 공부하라》, 와다 히데키 저, 박현미 역(파라북스)
4. 《30대 다시 공부에 미쳐라》, 니시야마 아키히코 저, 김윤희 역(예문)
5. 《30대에 하지 않으면 안될 50가지》, 나카타니 아키히로 저, 이선희 역(바움)
6. 《30대 당신의 로드맵을 그려라》, 윤영돈 저(매일경제신문사)
7. 《30대 30년 후 가난하지 않게 풍요롭게 사는 법》, 최성우 저(한스미디어)
8. 《30대 나의 가치를 키워줄 귀중한 만남 50》, 나카타니 아키히로 저, 이선희 역(다산북스)
9. 《날개 없는 30대 남자들의 유쾌한 낙법》, 최국태 저(마젤란)
10. 《제 2의 인생 30대에 시작하라》, 와타나베 파코 저, 김현희 역(이코노믹북스)

IV 자기 완성의 40대

1. 《남자의 후반생》, 모리야 히로시 저, 양억관 역(푸른숲)
2. 《인생 후반전 대비하기》, 이동우 등저(동아일보사)
3. 《40대 공부 다시 시작하라》, 와다 히데키 저, 이성림 역(롱셀러)
4. 《40대, 왜 망설이고만 있는가》, 와다 히데끼 저, 김숙이 역(네오비전)
5. 《길어진 인생을 사는 기술》, 슈테판 볼만 저, 유영미 역(웅진지식하우스)
6. 《40대 인생경영》, 김병숙 저(미래의창)
7. 《돈 걱정 없이 행복하게 인생의 절반은 부자로 살자》, 오종윤 저(끌리는책)
8. 《마흔 이후 두려움과 설렘 사이》, 정도영 저(시간여행)
9. 《마흔 이후 인생작동법》, 프레데릭 M. 허드슨, 김경숙 역(사이)
10. 《폰더 씨의 위대한 하루》, 앤디 앤드루스 저, 이종인 역(세종서적)

V 안정의 50대

1. 《중년이 행복해지는 여섯 가지 비결》, 히로카네 켄시 저, 정인영 역(아카데미북)
2. 《류태영 박사의 나는 긍정을 선택한다》, 류태영 저(비전과리더십)
3. 《대한민국 50대의 힘》, 탁석산(랜덤하우스코리아)
4. 《산티아고 가는 길에서 유럽을 만나다》, 김효선 저(바람구두)
5. 《지금 다시 시작할 수 있다》, 김재우 저(비전과리더십)
6. 《아버지는 매일 가출하고 싶다》, 김희곤 저(다산책방)
7. 《50헌장》, 빠왕독서회 저(샘터사)
8. 《50대 나 자신을 발견하는 책》, 구니시 요시히코 저, 이정환 역(자유문학사)
9. 《좋아하는 일을 하며 나이든다는 것》, 사이토 시게타, 신병철 역(리수)
10. 《나는 50에 꿈을 토핑한다》, 성신제 저(더난출판사)

VI 지혜의 60대

1. 《노년의 역사》, 조르주 미누아 저, 박규현,김소라 공역(아모르문디)
2. 《노년의 즐거움》, 김열규 저(비아북)
3. 《노년에 인생의 길을 묻다》, 어르신사랑연구모임(궁리)
4. 《아름다운 노년》, 지미 카터, 김은령 역(생각의나무)
5. 《노년의 새로운 인생》, 이계성 저(뿌리출판사)
6. 《노년의 아름다운 삶》, 한국노년학회 편(학지사)
7. 《행복하고 활기찬 노년을 설계한다》, 오끼후지 노리꼬 저, 송진태·이종해 공역(홍익재)
8. 《즐거운 노년 인생을 자유롭게 즐기자》, 시모쥬 아키코 저, 오희옥 역(지혜의나무)
9. 《노년을 더 활기차게》, 한네그레트 하스 저, 홍미경 역(씨뿌리는사람)
10. 《존 로빈스의 100세 혁명》, 존 로빈스 저, 김은령 역(시공사)

작심삼주 실천법을 위한 Great Books 리스트

I 1~3일
1. 《소크라테스의 변명》, 《크리톤》, 플라톤
2. 《안티고네》, 소포클레스
3. 《정치학》, 아리스토텔레스
4. 《군주론》, 마키아벨리
5. 《맥베스》, 윌리엄 셰익스피어
6. 《국부론》, 애덤 스미스
7. 《공산당선언》, 칼 마르크스
8. 《이반 일리치의 죽음》, 레프 톨스토이
9. 《시민불복종》, 헨리 데이비드 소로
10. 《플루타크 영웅전》, 플루타르코스

II 3~6일
11. 《오디세이》, 호머
12. 《오이디푸스 왕》, 《콜로누스의 오이디푸스》, 소포클레스
13. 《메논》, 플라톤
14. 《니코마코스 윤리학》, 아리스토텔레스
15. 《햄릿》, 윌리엄 셰익스피어
16. 《방법서설》, 르네 데카르트
17. 《팡세》, 파스칼 블레즈
18. 《걸리버 여행기》, 조나단 스위프트
19. 《인간 불평등 기원론》, 장 자크 루소
20. 《허클베리 핀의 모험》, 마크 트웨인

III 6~9일
21. 《펠로폰네소스 전쟁사》, 투키디데스
22. 《향연》, 플라톤
23. 《신학대전》, 토마스 아퀴나스
24. 《리어 왕》, 윌리엄 셰익스피어
25. 《대혁신》, 프랜시스 베이컨
26. 《시민정부론》, 존 로크
27. 《캉디드》, 볼테르
28. 《사회계약론》, 장 자크 루소
29. 《카라마조프가의 형제들》, 도스토옙스키
30. 《정신분석의 기원과 발달》, 지그문트 프로이트

IV 9~12일
31. 《논어(論語)》, 공자
32. 《국가론》, 플라톤
33. 《시학》, 아리스토텔레스
34. 《기하학원론》, 유클리드

35. 《자성록》, 마르쿠스 아우렐리우스
36. 《니벨룽겐의 노래》, 프란츠 퓌만
37. 《수상록》, 몽테뉴
38. 《템페스트》, 윌리엄 셰익스피어
39. 《인간오성론》, 존 로크
40. 《실락원》, 존 밀턴

V 12~15일
41. 《선악의 피안》, 프리드리히 니체
42. 《테아이테토스》, 플라톤
43. 《자연학》, 아리스토텔레스
44. 《프린키피아》, 아이작 뉴턴
45. 《신곡》, 알리기에리 단테
46. 《백경》, 허먼 멜빌
47. 《상대성 원리》, 알버트 아인슈타인
48. 《사슬에 묶인 프로메테우스》, 아이스킬로스
49. 《파이드로스》, 플라톤
50. 《형이상학》, 아리스토텔레스

VI 15~18일
51. 《캔터베리 이야기》, 제프리 초서
52. 《리차드 2세》, 윌리엄 셰익스피어
53. 《돈키호테》, 미구엘 드 세르반테스
54. 《에티카》, 스피노자

55. 《역사철학》, 게오르크 빌헬름 프리드리히 헤겔
56. 《종의 기원》, 찰스 다윈
57. 《빌리 버드》, 허먼 멜빌
58. 《나사의 회전》, 헨리 제임스
59. 《바가바드 기타》
60. 《철학의 위안》, 보에티우스

VII 18~21일
61. 《타르튀프》, 《인간 혐오자》, 몰리에르
62. 《도덕철학》, 임마누엘 칸트
63. 《파우스트》, 요한 볼프강 폰 괴테
64. 《의지와 표상으로서의 세계》, 쇼펜하우어
65. 《죽음의 집의 기록》, 도스토옙스키
66. 《꿈의 해석》, 지그문트 프로이트
67. 《인간의 사명》, 피히테
68. 《일리아스》, 호머
69. 《고리오 영감》, 오노레 드 발자크
70. 《악의 꽃》, 샤를 피에르 보들레르

★ '21법칙'으로 읽을 수 있도록 그레이트 북스 재단 추천 도서 144권 중 70권을 재선별. 날짜별로 체계적 독서를 가능케 구성했다. 국내에서 찾기 쉬운 도서로 엄선했으니 해당하는 날짜에 원하는 것을 골라 읽자.

서울대학교
권장도서 100선

1. 《고전시가선집》
2. 《연암산문선》, 박지원
3. 《구운몽》, 김만중
4. 《춘향전》
5. 《한중록》, 혜경궁 홍씨
6. 《청구야담》, 작자미상
7. 《무정》, 이광수
8. 《삼대》, 염상섭
9. 《천변풍경》, 박태원
10. 《고향》, 이기영
11. 《탁류》, 채만식
12. 《인간문제》, 강경애
13. 《정지용전집》, 정지용
14. 《백석시전집》, 백석
15. 《카인의 후예》, 황순원
16. 《토지》, 박경리
17. 《광장》, 최인훈
18. 《당시선》
19. 《홍루몽》, 조설근
20. 《루쉰전집》, 루쉰
21. 《변신인형》, 왕멍
22. 《마음》, 나쓰메 소세키
23. 《설국》, 가와바타 야스나리
24. 《일리아드》, 《오딧세이아》, 호메로스
25. 《변신이야기》, 오비디우스
26. 《그리스비극선집》, 소포클레스/아이스킬로스/에우리피데스
27. 《신곡》, 단테
28. 《그리스로마신화》
29. 《셰익스피어(Hamlet, Macbeth, As you like it, Tempest)》, 셰익스피어
30. 《위대한 유산》, 찰스 디킨스
31. 《주홍글씨》, 호손
32. 《젊은 예술가의 초상》, 제임스 조이스
33. 《허클베리 핀의 모험》, 마크 트웨인
34. 《황무지》, 엘리엇
35. 《보바리 부인》, 플로베르
36. 《스완네 집 쪽으로》, 프루스트
37. 《인간조건》, 말로
38. 《파우스트》, 괴테
39. 《마의 산》, 토마스 만
40. 《변신》, 카프카
41. 《양철북》, 그라스
42. 《돈키호테》, 세르반테스

43. 《백년동안의 고독》, 마르께스
44. 《픽션들》, 보르헤스
45. 《고도를 기다리며》, 베케트
46. 《카라마조프가의 형제들》, 도스토예프스키
47. 《안나 카레니나》, 톨스토이
48. 《체호프 희곡선》, 체호프
49. 《동양사상》, 《삼국유사》, 일연
50. 《보조법어》, 지눌
51. 《퇴계문선》, 이황(李滉)
52. 《율곡문선》, 이이(李珥)
53. 《다산문선》, 정약용(丁若鏞)
54. 《주역》, 작자미상
55. 《논어》
56. 《맹자》, 맹자(孟子)
57. 《대학》, 《중용》, 증자(曾子), 자사(子思)
58. 《제자백가선도》
59. 《장자》, 장자(莊子)
60. 《아함경》, 작자미상
61. 《사기열전》, 사마천(司馬遷)
62. 《우파니샤드》, 작자미상
63. 《서양사상 역사》, 헤로도토스
64. 《의무론》, 키케로
65. 《국가》, 플라톤
66. 《니코마코스 윤리학》, 아리스토텔레스
67. 《고백록》, 아우구스티누스
68. 《군주론》, 니콜로 마키아벨리
69. 《방법서설》, 르네 데카르트
70. 《리바이어던》, 토마스 홉스
71. 《정부론》, 존 로크
72. 《법의 정신》, 몽테스키외
73. 《에밀》, 장 자크 루소
74. 《국부론》, 아담 스미스
75. 《페더랄리스트 페이퍼》, 알렉산더 해밀턴
76. 《미국의 민주주의》, 알렉시스 토크빌
77. 《실천이성비판》, 임마누엘 칸트
78. 《자유론》, 존 스튜어트 밀
79. 《자본론》, 칼 마르크스
80. 《도덕계보학》, 프리드리히 니체
81. 《꿈의 해석》, 지크문트 프로이트
82. 《개신교의 윤리와 자본주의 정신》, 막스 베버

83. 《감시와 처벌》, 미셸 푸코

84. 《간디 자서전》, M.K. 간디 지음 ; 함석헌 옮김

85. 《물질문명과 자본주의》, 페르낭 브로델

86. 《홉스봄 4부작》, : 혁명의 시대, 자본, 제국, 극단의 시대 에릭 홉스봄

87. 《슬픈 열대》, 레비스트로스

88. 《문학과 예술의 사회사》, 아르놀트 하우저

89. 《미디어의 이해》, 마샬 맥루한

90. 《과학고전선집》,

91. 《신기관》, 프란시스 베이컨

92. 《종의 기원》, 찰스 다윈

93. 《과학혁명의 구조》, 토마스 쿤

94. 《괴델, 에셔, 바흐》, 더글러스 호프스태터

95. 《부분과 전체》, 베르너 하이젠베르크

96. 《엔트로피》, 제레미 리프킨

97. 《이기적 유전자》, 리처드 도킨스

98. 《객관성의 칼날》, 찰스 길리스피

99. 《같기도 하고, 아니 같기도 하고》, 로얼드 호프만

100. 《카오스》, 제임스 글리크

뉴욕타임즈 선정 100대 필독도서

I 문학

1. 《아들과 연인》, 데이비드 로렌스
2. 《아큐정전》, 루쉰
3. 《황무지》, T. S. 엘리엇
4. 《율리시스》, 제임스 조이스
5. 《마의 산》, 토마스 만
6. 《심판》, 프란츠 카프카
7. 《잃어버린 시간을 찾아서》, 마르셀 프루스트
8. 《등대로》, 버지니아 울프
9. 《무기여 잘 있거라》, 어니스트 헤밍웨이
10. 《서부전선 이상없다》, 레마르크
11. 《멋진 신세계》, 올더스 헉슬리
12. 《인간조건》, 앙드레 말로
13. 《분노의 포도》, 존 스타인벡
14. 《토박이》, 리처드 라이트
15. 《억척어멈과 그 자식들》, 베르톨트 브레히트
16. 《이방인》, 알베르 카뮈
17. 《1984》, 조지 오웰
18. 《고도를 기다리며》, 사뮈엘 베게트
19. 《롤리타》, 블라디미르 나보코프
20. 《밤으로의 긴 여로》, 유진 오닐
21. 《길 위에서》, 잭 케루악
22. 《닥터 지바고》, 파스테르나크
23. 《무너져내린다》, 치누아 아체베
24. 《양철북》, 귄터 그라스
25. 《캐치 22》, 조지프 헬러
26. 《수용소 군도》, 솔제니친
27. 《백년 동안의 고독》, 가르시아 마르케스
28. 《장미의 이름》, 움베르토 에코
29. 《참을 수 없는 존재의 가벼움》, 밀란 쿤데라
30. 《악마의 시》, 살만 루슈디

II 인문

1. 《꿈의 해석》, 지그문트 프로이트
2. 《일반언어학강의》, 페르디낭 드 소쉬르
3. 《프로테스탄트 윤리와 자본주의 정신》, 막스 베버
4. 《인도철학사》, 라다크리슈난
5. 《역사와 계급의식》, 지외르지 루카치
6. 《존재와 시간》, 마르틴 하이데거
7. 《중국철학사》, 펑유란

8. 《역사의 연구》, 아놀드 토인비

9. 《모순론》, 마오쩌둥

10. 《이성과 혁명》, 헤르베르트 마르쿠제

11. 《존재와 무》, 장 폴 사르트르

12. 《열린 사회와 그 적들》, 칼 포퍼

13. 《계몽의 변증법》, 호르크하이머 · 아도르노

14. 《제2의 성》, 시몬 드 보봐르

15. 《전체주의의 기원》, 한나 아렌트

16. 《철학적 탐구》, 루트비히 비트겐슈타인

17. 《성과 속》, 미르치아 엘리아데

18. 《역사란 무엇인가》, 에드워드 헬렛 카

19. 《야생의 사고》, 클로드 레비-스트로스

20. 《혁명의 시대》, 에릭 홉스봄

21. 《현상학의 이념》, 에드문트 후설

22. 《말과 사물》, 미셸 푸코

23. 《언어와 정신》, 노엄 촘스키

24. 《부분과 전체》, 베르너 하이젠베르크

25. 《앙티오이디푸스》, 질 들뢰즈 · 펠릭스 가타리

26. 《소유냐 삶이냐》, 에리히 프롬

27. 《오리엔탈리즘》, 에드워드 사이드

28. 《물질문명과 자본주의》, 페르낭 브로델

29. 《구별짓기》, 피에르 부르디외

30. 《소통행위이론》, 위르겐 하버마스

III 사회

1. 《무엇을 할 것인가》, 브라디미르 일리치 레닌

2. 《과학적 관리법》, 프레드릭 윈슬로 테일러

3. 《옥중수고》, 안토니오 그람시

4. 《도덕적 인간과 비도덕적 사회》, 라인홀트 니버

5. 《고용. 이자. 화폐 일반이론》, 존 메이너드 케인스

6. 《사회보험과 관련 사업》, 윌리엄 베버리지

7. 《현대세계의 일상성》, 앙리 조르주 르페브르

8. 《남성의 성행위》, 앨프리드 킨지

9. 《고독한 군중》, 데이비드 리스먼

10. 《자본주의. 사회주의. 민주주의》, 조지프 슘페터

11. 《미국의 자본주의》, 존 갤브레이스

12. 《이데올로기의 종언》, 대니얼 벨

13. 《영국노동계급의형성》, 에드워드 톰슨
14. 《현대정치의 사상과 행동》, 마루야마 마사오
15. 《미디어의 이해》, 마셜 맥루헌
16. 《성의 정치학》, 케이트 밀레트
17. 《정의론》, 존 롤스
18. 《세계체제론》, 이매뉴얼 워러스틴
19. 《제3의 물결》, 앨빈 토플러
20. 《강대국의 흥망》, 폴 케네디

Ⅳ 과학

1. 《상대성원리》, 알버트 아인슈타인
2. 《사이버네틱스》, 노버트 비너
3. 《중국의 과학과 문명》, 조지프 니덤
4. 《과학혁명의 구조》, 토머스 쿤
5. 《유전자의 분자생물학》, 제임스 왓트슨
6. 《가이아》, 제임스 러브록
7. 《사회생물학》, 에드워드 윌슨
8. 《코스모스》, 칼 세이건
9. 《혼돈으로부터의 질서》, 이리야 프리고진
10. 《시간의 역사》, 스티븐 호킹

Ⅳ 예술, 기타

1. 《헬렌 켈러 자서전》, 헬렌 켈러
2. 《나의 투쟁》, 아돌프 히틀러
3. 《자서전》, 마하트마 간디
4. 《중국의 붉은 별》, 에드거 스노우
5. 《문학과 예술의 사회사》, 아놀드 하우저
6. 《안네의 일기》, 안네 프랑크
7. 《서양미술사》, 에른스트 한스 곰브리치
8. 《말콤 엑스의 자서전》, 말콤 엑스
9. 《작은 것이 아름답다》, 에른스트 슈마허
10. 《자유를 향한 긴 여정》, 넬슨 만델라

48분 기적의 독서법

초 판 1쇄 2011년 12월 22일
초 판 8쇄 2013년 4월 15일
개정판 1쇄 2013년 5월 10일
개정판 8쇄 2014년 9월 1일

지은이 김병완
펴낸이 류종렬

펴낸곳 미다스북스
등록 2001년 3월 21일 제313-201-40호
주소 서울시 마포구 서교동 486 서교푸르지오 101동 209호
전화 02)322-7802~3
팩스 02)333-7804
홈페이지 http://www.midasbooks.net
블로그 http://blog.naver.com/midasbooks
트위터 http://twitter.com/@midas_books
전자주소 midasbooks@hanmail.net

ⓒ 김병완 2011, Printed in Korea.

ISBN 978-89-6637-045-0 13020
값 14,800원

「이 도서의 국립중앙도서관 출판시도서목록(CIP)은
e-CIP홈페이지(http://www.nl.go.kr/ecip)와
국가자료공동목록시스템(http://www.nl.go.kr/kolisnet)에서 이용하실 수 있습니다.
(CIP제어번호:2013005990)」

※파본은 본사나 구입하신 서점에서 교환해드립니다.
※이 책에 실린 모든 글과 그림과 사진은 미다스북스가 저작권자와의 계약에 따라 발행한 것이므로
  인용하시거나 참고하실 경우 반드시 본사의 허락을 받으셔야 합니다.